湛庐CHEERS

与最聪明的人共同进化

HERE COMES EVERYBODY

CHEERS
湛庐

INFLUENCE

SCIENCE AND
PRACTICE,5E

影响力

时尚典藏版

[美]罗伯特·西奥迪尼 著
Robert B. Cialdini

闫佳 译

中国财经出版传媒集团
中国财政经济出版社
北京

你的影响力水平有多高?

扫码加入书架
领取阅读激励

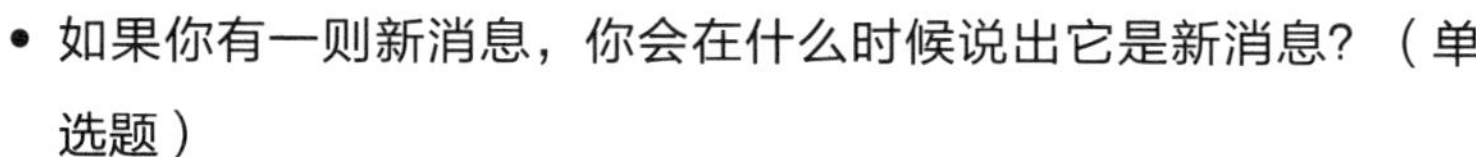

- 如果你有一则新消息，你会在什么时候说出它是新消息？（单选题）

  A. 在讲述这则消息之前

  B. 在讲述这则消息当中

  C. 在讲完这则消息之后

  D. 你不会提到这是一则新消息

扫码获取全部测试题及答案，
看一看你是如何影响他人、
识破套路的

- 客户对你的方案很感兴趣，但还没有完全下定决心。你选择怎么做，能更快地达成协议？（单选题）

  A. 强调如果不签约，他将失去什么

  B. 强调这个方案能带来的好处

  C. 让客户说说他担心什么

  D. 提醒他之前曾经答应过要尽快签约的

- 最近你带领的部门人员流失严重，所以你组织了一次团建来鼓舞士气。你想给参加团建的每位员工送一份礼物，并由此强化员工回馈组织的承诺。以下哪种策略可能产生最好的结果？（单选题）

  A. 给他们同样的、昂贵的礼物，并刻上公司名

  B. 不要送礼物，但要感谢他们的参加

  C. 给每位员工一个有意义的个性化礼物，即使它不贵

  D. 只给完成相关评估表格的员工送礼物

扫描左侧二维码查看本书更多测试题

Robert B. Cialdini

影响力教父

我们这个时代最伟大的思想家之一

罗伯特·西奥迪尼

西奥迪尼出生于 1945 年，在北卡罗来纳大学取得博士学位后，他接着在哥伦比亚大学从事博士后的研究工作。西奥迪尼后来于亚利桑那州立大学执教多年，从事社会心理学的研究工作，现为该校心理学和市场营销学名誉教授。他同时还担任斯坦福大学市场营销、商业和心理学客座教授，加州大学圣克鲁兹分校客座教授。

西奥迪尼倾其职业生涯来研究影响力，在说服、顺从和谈判领域享有广泛的国际声誉，他提出的影响力原则被认为是提升销售效率、领导力、营销水平和管理能力的基石。因其在商业道德和政策运用方面所做的前沿研究，西奥迪尼被誉为“影响力教父”。

影响力科学的奠基人

自《影响力》1984 年首次出版以来，西奥迪尼就一直是营销领域最好的心理学家。

——美国心理协会

西奥迪尼曾将他对社会影响的兴趣归因于其多元文化碰撞的成长背景：他在一个完全是意大利人的家庭中长大，生活在一个主要是波兰人的社区，身处以大量德国移民著称的密尔沃基，属于原本是地道乡村的威斯康星州。正因如此，西奥迪尼对影响力科学的兴趣与研究几乎贯穿了他的整个职业生涯。

《影响力》作为西奥迪尼 30 多年研究成果的结晶，自 1984 年出版以来，三度登上《纽约时报》畅销榜，被译为 40 多种文字，累计销量突破 500 万册，受到全球读者的喜爱，多年来雄踞亚马逊网站消费者行为学类图书排行榜首位。

《影响力》是心理学和管理学专业学生的必读书，是《财富》杂志鼎力推荐的"75 本商业必读书"之一、是亚马逊网站推荐的"人生必读 100 本书"之一，也是巴菲特和芒格向他们的股东推荐的唯一图书。畅销书作家丹尼尔·平克称赞道："任何关于说服和影响力的写作都是站在西奥迪尼肩膀上的。"

这部开创性著作最初是基于西奥迪尼 3 年的"卧底生涯"创作而成的。他通过参加电话营销公司、二手车经销商、筹款组织等机构的培训项目，观察和记录营销、销售等行业说服他人的技术，结合自己对社会心理学的潜心研究，先后总结出说服他人的 6 大原则，即互惠、承诺与一致、社会认同、喜好、权威、稀缺。

《影响力》改变了很多人和组织，被引述率高居当今社会心理学研究之冠。然而，西奥迪尼并未止步于既有成就，而是在对社会影响力的不断研究和实践中，持续迭代《影响力》。他推出了极具收藏价值的时尚典藏版，该书被斯坦福大学列为经典权威教材，又出版了着重在人们做出决定之前对其施加潜在影响的《先发影响力》。

西奥迪尼理念的影响范围包括政界、商界、学界、文艺界甚至军界，巴菲特、芒格、丹尼尔·卡尼曼、福格等各界翘楚都曾在“影响力”系列作品中得到不少启发。正如斯坦福大学商学院组织行为学教授奇普·希思所说：“西奥迪尼就是影响力研究领域的本杰明·富兰克林。”

在全球践行影响力

西奥迪尼对影响力的研究并不限于教学和对大众的科学普及，他还专门成立了职场影响力咨询公司（INFLUENCE AT WORK, IAW），带领企业从事影响力的研究与培训工作，提高组织和个人的绩效和道德影响力，旨在帮助管理人员更好地决策，巧妙地发挥他们的影响力。

西奥迪尼的客户除了谷歌、微软、思科公司、可口可乐、爱立信、IBM、葛兰素史克、奥美等“世界 500 强”企业，还包括哈佛大学肯尼迪政治学院、美国司法部等教育和政府部门。

2012 年，西奥迪尼作为行为科学团队的一员，帮助奥巴马在当年的大选中获胜。西奥迪尼说，无论是政治领域还是职场，只要学会在不同的场合灵活使用不同的影响力策略，你便能成功赢得他人的支持。

因在社会心理学、消费者心理学以及社会影响力方面所做的贡献，西奥迪尼赢得了众多赞誉和奖项：

- 1996 年至 1997 年担任美国人格与社会心理学会主席。
- 2000 年获得消费者心理学会颁发的杰出科学成就奖。
- 2003 年获得“唐纳德·坎贝尔奖”和首届“皮托奖”。
- 2008 年获得人格与社会心理学会颁发的杰出服务奖。
- 2009 年获得实验社会心理学会颁发的科学家奖，以及西部心理学会颁发的杰出教学奖。
- 2016 年获得西部心理学会终身成就奖。
- 2019 年亚利桑那州立大学为纪念西奥迪尼在行为研究领域所做的杰出贡献，特将原营销实验室（Marketing Lab）更名为西奥迪尼行为研究实验室（Robert B. Cialdini Behavioral Research Lab）。

西奥迪尼以科学为依据，将说服打造为多面体，告诉人们什么是影响力，以及如何根据不同的情况，在不违背道德的情况下，有技巧地使用影响力武器。作为说服领域的权威，西奥迪尼以人类的基本本能为基础，帮助人们更好地掌握影响他人的方法。

西奥迪尼“影响力”系列作品

商业成功的秘密

湛庐决定出版《影响力》(时尚典藏版)，我深感荣幸。让我高兴的是，中国读者也可以读到这本书了。我高兴的一部分原因在于中国日益成为国际公认的商业领袖，而本书的主题——社会影响力，正是商业成功的关键；另一部分原因是从我过去与中国人民的接触来看，他们既聪明又热心，完全是我喜欢相处之人的类型。所以，我希望本书的出版能增加我们未来互动的机会。当然，我还希望，读完本书之后，中国读者会因出版社献上的这份礼物而感到愉悦，因为他们会逐渐意识到，就理解社会影响力复杂性这一方面而言，本书将给他们带来弥足珍贵的帮助。说到这一点，我想举个例子，这是我自己在为本书做研究的最初阶段碰上的。

为了给本书收集素材，我曾参加过大量的职业培训项目，接触了诸多以说服他人为目的的职业。我给心怀远大志向的营销人员、广告人员、管理人员、筹资人、公共关系专家和招聘人员录制了教程。我原本的计划是，从中找出那些经受住了时间考验、能发挥最大效用的做法。我以为，既然这些从业者的生计全仰仗着它们，那么正处于上升阶段的说服行业组织①肯定会把相关的技术教授给自己的一线代理人。于是，我参加了这些组织的培训，或者被安排到教室旁听。我拿着笔记本，随时准备吸收“说服产业”长期积累的智慧。

在这些培训项目里，高级学员往往可以观察或陪同有经验的从业者开展业务，并向他们学习。只要碰到这样的机会，我无不欣然接受，因为我不光想识别出从业者普遍运用的顺从技巧，还想尝试分辨出最佳从业者使用的手法，即从一流从业者那里获取成功的独家秘诀。

到培训班“卧底”没多久，我便瞅出了一些有趣的门道。

> 培训师几乎无一例外地告诉学员，他们这一行跟其他相关行业使用的方法是不同的：在打动人方面，广告跟营销不同，营销跟筹款不同，筹款跟公共关系不同，公共关系跟招聘不同……诸如此类。就连在同一个行业，人们也很注重强调使用方法的区别：卖轿车跟卖卡车不同，网络销售跟店面销售不同，出售产品跟出售服务不同，面向个人销售跟面向企业销售不同，零售跟批发不同。

---

① 说服行业组织，指以说服他人为核心业务的职业和行业的组织。这些组织包括但不限于营销、广告、管理、筹资、公共关系和招聘等领域的公司或机构。——编者注

并不是说培训师们强调自己的行业有别于其他类似行业的这种行为是错的，但强调独特性难免会导致判断失误。因为过分突出各种说服行业在实现成功途径上的区别，另一个极为重要的问题就会被人忽视：它们相同的地方在哪儿？

在我看来，这是一个重大失误。因为要是能给学员展示哪些说服手段适用的影响环境最广，那么必然有助于他们在各种情况下达成目的。如果能够让他们理解和运用成功说服术背后所蕴藏的普遍原则，那么细节的变化就没那么重要了，他们自然而然就能在各种环境下做到最好。

通过考察这些商业培训项目，我的目的是找出所有真正优秀的专业人士施加影响力的共同方法。后来，有一个问题在不停地推动我前进："这些效果最好的方法都有哪些共同点呢？"答案让我感到吃惊，因为它们涉及的范围极为有限。我锁定了长期以来说服行业惯用的 6 项基本原则。我认为，这 6 项原则，即互惠、承诺与一致、社会认同、喜好、权威和稀缺，代表了说服术所具有的某种心理共性。本书一章对应一项原则，将对这 6 项原则展开详尽的论述。这 6 项原则可概述如下：

- **互惠。**面对首先给予自己恩惠、信息、优惠以及向自己表达了善意的人提出的请求，人们往往更愿意接受。
- **承诺与一致。**如果人们认为某个方向跟自己已经做出的承诺是一致的，那么会更乐意转向它。
- **社会认同。**如果人们看到有证据说明其他许多人，尤其是跟自己类似的人接受了建议，那么他们也会更乐意接受。

- **喜好。**人们更乐意答应自己了解并喜欢的人提出的要求。
- **权威。**如果人们把沟通者视为相关的权威或专家，那么会更乐意遵从其指示或建议。
- **稀缺。**如果人们发现目标或机会稀缺到一定程度，或是越来越难得到，那么便会觉得它们更具吸引力。

之所以说这是 6 项基本原则，是因为有证据显示，它们能在最为广泛的环境下成功说服他人。但要让它们真的具有普遍性效力，我们还必须回答另一个问题。对这个问题，我想中国读者会特别感兴趣：这 6 项原则放诸各国而皆准吗？它在中国能像在美国或欧洲国家那样管用吗？既是也否。归根结底，全世界的公民都是人，容易受人类这一物种的所有成员具有的基本倾向影响。但不同的文化规范、传统和经验，又会修正这些“原则”影响他人的力度。这里，我们不妨来看一下斯坦福大学研究员迈克尔·莫里斯（Michael Morris）、乔尔·波多尼（Joel Podolny）和谢拉·阿里尔（Shayla Ariel）在花旗银行所做的研究。

研究人员选择了在美国、德国、西班牙和中国香港地区这四种不同社会文化环境下的花旗银行进行考察。他们调查了每一种社会文化环境下花旗银行的多家分行，衡量其员工是否愿意顺从同事提出的要求，并主动协助后者完成任务。这四个地方的员工顺从要求的主要原因完全不同，但每一种原因都可以归纳到 6

项社会影响力基本原则之下。

- **对美国分行的员工来说，最有力的顺从原因建立在互惠原则的基础上。**他们会问自己：“这个人最近为我做过什么吗？”如果他们觉得自己欠了别人的人情，就会觉得应该答应对方的请求。
- **对德国分行的员工来说，承诺与一致原则对他们的影响最大。他们出手帮忙，是为了与组织的现行规定保持一致。**他们通过向自己提出以下问题来判断自己是否应该顺从：“根据正式的规章和岗位职责，我应该帮助提出请求的人吗？”如果答案是肯定的，他们就会产生强烈的义务感，满足他人的要求。
- **西班牙分行的员工受喜好原则的影响最大。**他们会根据“忠于朋友”的友谊原则来施以援手，不管朋友的职位或地位如何。他们会问自己：“提要求的人跟我的朋友有关系吗？”如果答案是肯定的，他们便特别容易顺从。
- **中国香港分行的员工受权威原则的影响最大。**对群体中地位高、资历深者保持忠诚，是他们施以援手的基础。他们会问自己：“提要求的人跟我公司里某位高层人士有关系吗？”如果答案是肯定的，他们便会选择顺从，以免得罪领导。

对读者而言，最重要的是认识到上述每一种社会文化中都存在这 6 项原则。比方说，西班牙人不仅受友谊影响，同样也受权威、互惠、社会认同等原则的影响。其他国家和地区的人也是这样。只不过，在特定的文化当中，某种原则比其他几种原则的影响力更大。总之，**尽管所有的人类社会似乎都符合同一套影响规则，但不同规则在不同文化里的适用程度有所不同。**

我曾拜访过中国，中国人民表现出来的善意给我留下了深刻的印象。我希望这本书能向中国读者提供有益的信息和见解，作为对我当初收到善意的报答。

西奥迪尼

前言

说服与谈判

我现在可以坦白了，我这一辈子，一直是个容易上当的家伙。在记忆所及的岁月里，我总是容易被小贩、筹款人、这样那样的运营商当成好捏的柿子。是的，这些人中只有一部分动机不大光彩，其他人，比如慈善机构的代表，都有着崇高的目的。我发现自己老是会订些根本不想要的杂志，或是买下环卫工人舞会的门票。这种事情出现的频率之高，让我自己都感到吃惊。兴许，我这种一贯的傻瓜蛋状态，正解释了我为什么会对研究顺从性感兴趣：到底是什么因素让一个人向另一个人说“行”？哪些技术最有效地利用了这些因素，使人们产生了顺从心理？我想搞清楚，为什么相同的请求，按某种方式说出来会遭到拒绝，稍微换种方式说，结果却会不一样呢？

所以，我干上了实验社会心理学这一行，开始研究顺从心理学。起初，研究大多以实验的形式开展，基本上在我的实验室进行，受试者是大学生。我想找出是哪些心理原则会对人们答应一个要求产生影响。现在，关于这些原则是什么、如何发挥作用，心理学家已经有了很多认识。我认为这些原则是影响力的武器，并将在本书中重点讨论其中的一部分。

不过，过了一段时间，我逐渐意识到：做实验尽管有必要，但还不够。一旦走出心理学大楼，走出我研究它们的校园，我就没办法再靠实验来判断这些原则在真实世界里有多重要。很明显，要想彻底了解顺从心理，我得放宽自己的调查范围。我需要去观察专门利用人们顺从心理的职业老手，也就是套用这些原则左右了我一辈子的那些人。优胜劣汰的生存法则让他们知道哪些原则可行，哪些原则不可行。他们的生计就是让我们顺从，他们是靠这一套吃饭的。他们当中，那些不知道怎样才能让别人顺从的人很快就会被淘汰，知道的人则能留下来，并将买卖做得风生水起。

当然，了解并利用这些原则帮助自己的人，不光只有上述那些专业人士。在跟邻居、朋友、爱人或其他家人进行日常交往的过程中，我们或多或少地都会用到这些原则，或者成为它们的“受害者”。但哪些原则最管用，我们大多数人最多只有些模糊、不上道的认识，以让他人顺从为业的专家们却懂得更多。我仔细想了想，要了解哪些顺从原则对我适用，这些专家是最丰富的信息源。于是，近年来，我把自己的实验研究跟一个更有趣的项目结合了起来。我系统地让自己深入"顺从专业人士"[①]的职业，如销售员、筹款家、广告商等。

我的目的是从内部观察诸多顺从专业人士最常使用且效果最好的技术和策略。在这一观察项目实施的过程中，我有时会访问从业者本人，有时则会调访某些从业者的"天敌"，如警方的反诈骗调查人员、消费者权益保护机构等。还有些时候，我会大范围地检验一代代传承顺从策略的书面资料，如销售手册等。

我们最常采用的手段是**参与式观察**（participant observation）。参与式观察是一种由研究人员充当各种"间谍"的调研方法。研究人员会利用一个伪装的身份，捏造一套意图，渗入感兴趣的环境，成为所调查群体里的一员。所以，如果我想了解百科全书或是真空吸尘器、肖像摄影、舞蹈课销售的顺从手段，我就会去应征报纸上招募销售实习生的广告，直接让他们教给我方法。使用类似但不尽相同的办法，我得以渗透到广告、公共关系和筹款机构内部去考察。故此，这本书列举的许多证据都来自我在各类致力于让你点头称是的组织里假冒顺从专业人士或怀有远大抱负的专业人士的亲身体验。

我通过这几年的参与观察掌握的一些信息极具启发意义。尽管顺从专业人士会使用上千种不同的策略来让人顺从，但绝大部

① 顺从专业人士，指那些善于利用心理学和销售技巧来影响和引导顾客行为的销售人员或营销专业人士。——编者注

分策略都能分为 6 个基本类型。每一个类型都是从一种能指导人们行为的基本心理原则衍生出来的，正因如此，这些策略才具有左右人们行为的力量。本书将围绕这 6 项原则，即互惠、承诺与一致、社会认同、喜好、权威和稀缺的社会功能来展开讨论，看看顺从专业人士是如何将之整合到购买、捐赠、让步、选举或赞成等请求当中，使之发挥出巨大力量的。①

最后我想说的是，每一原则均能使人产生不同的自动、无意识的顺从行为，即一种不假思索就答应的冲动。证据表明，现代社会日益加快的步伐和大量信息带来的冲击，会使人们的无意识顺从在将来变得越发普遍。故此，理解无意识影响是怎么一回事、为什么会这样，对当今社会来说是非常重要的。

① 值得注意的是，我并未在 6 大原则中涵盖物质利己主义的简单原则，即人们希望通过自己的选择得到更多，付出更少。我没有这么做，并不是因为我认为最大化利益、最小化成本的欲望在推动我们做决策方面无关紧要，也不是因为我找到了什么证据，说明顺从专业人士忽视了物质利己主义的力量。恰恰相反，在调查中，我经常看到从业者使用“我能给你一笔划算的交易”这样的强制方法（有时他们说的是真心话，有时则不然）。在本书中，我不会对物质利己主义做单独的讨论，因为我认为这是一项给定的动机，一个不言而喻的事实，所以人人都理解它，无须深入描述。

INFLUENCE

目录

第 2 章　互惠 033

第 3 章　承诺与一致 097

Influence

第 1 章

影响力的武器

武装自己

文明的进步，靠的是人们不假思索就可以做的事情越来越多。

——阿尔弗雷德·诺斯·怀特海德

章首案例 我以为是将军要我这么做的

第二次世界大战期间，小托马斯·沃森（Thomas Watson，Jr.）受命调查有高级将领遇难或受伤的飞机事故。有一起事故牵涉著名的空军将领乌扎尔·恩特（Uzal Ent）。起飞之前，恩特的副驾驶员生病了。新分来的副驾驶员听说能和传奇将领一起飞行，感到很光荣。起飞时，恩特轻声哼着歌，并随着脑海里的节奏点头打着拍子。新的副驾驶员以为这是恩特要他把飞机的助跑轮收起来。尽管那时候他们的速度还非常缓慢，根本没法飞上天，副驾驶员还是把助跑轮给抬了起来。结果，飞机的腹部立刻贴在了地上。混乱中，螺旋桨叶片切入了恩特的背部，割断了他的脊椎，导致他下半身瘫痪。按照沃森的描述，副驾驶员是这样解释自己的行动的：

"副驾驶员作证的时候，我问他：'既然你知道飞机不能起飞，为什么还要把助跑轮升起来呢？'"

"他说：'我以为是将军要我这么做的啊。'他真是个蠢货。"

蠢吗？在这一起事件中，副驾驶员的确是够蠢的。但现代生活的迷宫确实需要捷径，从这个角度看，这就完全可以理解了。

一天，我接到一个朋友打来的电话，她新近在亚利桑那州开了一家印度珠宝店。朋友有点前言不搭后语地告诉我她碰到了一件不可思议的事情，她认为，我这个心理学家或许能够为她解释清楚。

故事是这样的，朋友手里有一批绿宝石首饰，一直不太好卖。当时正值旅游旺季，商店里挤满了客人，绿宝石首饰的质量着实对得起她开的价钱，可就是卖不出去。为了卖掉它们，我朋友尝试了若干种销售技巧：把它们放到更显眼的展示区，引起人们的注意，没用；让销售人员使劲“推销”，也没用。

最后，在她要出城采购新商品的前一晚，她给雇员潦草地写了一张破罐破摔的字条：“本柜的所有物品，价格乘以 1/2。”本意是哪怕亏本，也得把这批倒霉的货给卖出去。几天后，她回来了，竟发现所有的东西都销售一空，当然了，这也在她的预料之中。可随即她发现，由于自己的字迹太潦草，雇员把“1/2”误当成了“2”，所有的首饰都是按原价的 2 倍卖出去的！这下子，她彻底惊呆了。

就这样，她给我打来了电话。我想，我知道是怎么回事，但我告诉她，要解释清楚这件事，她也得听我讲一个故事。其实，这不是我的故事，而是关于雌火鸡的。

影响力研究

雌火鸡是很合格的母亲，它充满关爱，警惕性也高，会全心全意地保护小宝宝。雌火鸡会花很多时间照料小火鸡，做好保暖和清洁工作，把孩子们收拢在身子底下。可有个奇怪的现象，上述一切母爱行为几乎都是靠一样东西触发的：小火鸡的“叽叽”声。在雌火鸡的照料过程中，火鸡宝宝的其他特点，比如气味、动作和相貌等，都扮演着非常次要的角色。要是一只小火鸡发出了“叽叽”声，那么火鸡妈妈就会照料它；要是小火鸡不出声，火鸡妈妈就会完全忽视它，有时甚至还会误杀它。

动物学家 M. W. 福克斯（M. W. Fox）在 1974 年做了一个实验，生动展现了雌火鸡对“叽叽”声的极度依赖性。实验用到了一只雌火鸡和一个臭鼬充气玩具。对雌火鸡来说，臭鼬是大敌，只要它一出现，雌火鸡就会“嘎嘎”大叫，并用喙啄它，用爪子抓它。事实上，实验发现，哪怕仅仅是用绳子将一只臭鼬充气玩具拉到雌火鸡面前，臭鼬玩具也会立刻遭到猛烈的攻击。然而，要是在充气玩具里装上一台播放火鸡宝宝“叽叽”声的小型录音机，那么雌火鸡不仅会接受臭鼬充气玩具，还会把它收拢到自己的翅膀底下。录音机一关掉，臭鼬玩具又会立刻遭到雌火鸡猛烈的攻击。

按一下就播放

雌火鸡的不同举动看起来是何等荒谬啊！它热烈地拥抱起了天敌，仅仅因为对方发出了“叽叽”声；它虐待甚至害死了自己的宝宝，仅仅因为小火鸡没有发出“叽叽”声。雌火鸡像是一台机器，它的母性本能全受一种声音的自动控制。动物行为学家告诉我们，这种情况并不是火鸡独有的，他们已经确认有大量物种都具有这种规律、盲目、机械的行为模式。

这其实就是所谓的**固定行为模式**，其中甚至包括极为复杂的行为序列。固定行为模式的基本特点是：构成模式的所有行为每一次几乎都是按相同的方式、顺序发生的。这些行为就好像是被记录在动物身体内置的磁带上一样。在一个完整的求偶或交配过程中，每当出现适合求偶的环境，求偶磁带就会播放；每当出现适合抚养、生育的环境，母爱磁带就会播放。只要按个键，动物体内相应的磁带就会被激活。“哗啦啦”，固定的行为按顺序依次展开。

其中最有意思的是磁带的激活方式。举例来说，当一种动物要采取行动保护自己领地的时候，说明此时是同一物种另一动物的侵入启动了前者捍卫领地的磁带，触发了它严阵以待、威胁甚至战斗（如有必要）的行为。然而，这套系统里有个很怪的地方，**触发者并不是对手这个整体，而是对手具备的一些特征**。通常，触发特征只是整体上不足挂齿的一小方面。有时，颜色就是触发特征。比如，动物行为学家的实验指出，雄性知更鸟只要看到一撮红色知更鸟的胸羽，就会做出一副有敌人侵犯自己领地的样子，凶猛地攻击胸羽。可只要你拿走那撮红色的羽毛，哪怕是摆上一只惟妙惟肖的雄知更鸟玩具，雄性知更鸟也会对它不理不睬。研究人员在蓝喉鸟身上也观察到了类似的现象，只不过，触发蓝喉鸟捍卫领地的是一种特殊的蓝色胸羽。

看到触发特征轻而易举就能欺骗低等动物做出不恰当的反应，我们难免会有点自鸣得意。且慢，有两件事我们千万要搞清楚。第一，这些动物自动化的固定行为模式在大部分时间都是运作良好的。例如，因为只有正常、健康的雏鸟才能发出小火鸡特殊的“叽叽”声，所以雌火鸡根据这种声音做出照料行为是合乎情理的。只对这一种刺激产生反应，普通的雌火鸡做出的行为基本上都会是正确的。只有当像科学家这样的人故意捉弄它的时候，它那磁带式的反应才会显得傻乎乎。第二，我们人类也有早已预设好程序的磁带，尽管这些自动行为一般是对我们有好处的，可激活它们的触发特征也有可能会愚弄我们，让我们在错误的时候播放磁带。[①]

社会心理学家埃伦·兰格（Ellen Langer）[②]通过一个实验，巧妙地揭示了人类跟动物相似的自动反应模式。一个众所周知的人类行为原则认为，**我们在要别人帮忙的时候，要是能给出一个理由，成功的概率会更大**。因为人就是单纯地喜欢做事有个理由。为了证明这点，兰格做了以下研究。

影响力研究

人们在图书馆里排队用复印机，兰格这时想请别人帮个小忙，于是便说："真不好意思，我有 5 页纸要印。因为时间有点赶，我可以先用复印机吗？"提出要求并说明理由真是太管用啦，94% 的人答应让兰格排在自己前面。兰格也试过只提要求："真不好意思，我有 5 页纸要印。我可以先用复印机吗？"这么说的效果就差多了。在这种情况下，只有 60% 的人同意了她的请求。

乍一看，两次请求的关键区别似乎在于，前一次的请求给出了额外的信息，即"时间有点赶"。然而，当

---

① 人类和低等动物在行为上的这种自动性，尽管存在若干重要的相似之处，但也有着明显的区别。人类的自动行为模式大多不是天生的，而是后天习得的，可对大量触发情境做出反应，这比低等动物连执行步骤都是固定的要更为灵活。

② 积极心理学奠基人之一，幸福课导师本·沙哈尔最推崇的哈佛著名心理学家，第一位获得哈佛终身教职的女性。其《专念》《专念学习力》《专念创造力》已由湛庐文化策划、浙江人民出版社出版。——编者注

兰格尝试了第三种请求方式后，却证明发挥作用的地方并不在这儿。关键点并非原因，而是原因之前的“因为”两个字。

兰格的第三种请求里并没有包含一个足以让人顺从的原因，只用了“因为”，接着便把明显的事实又重复了一遍。她是这么说的：“不好意思，我有 5 页纸要印。我能先用复印机吗？因为我必须印点儿东西。”结果，差不多 93% 的人都同意了。虽说这个请求里并没有真正的原因，也没有提供什么信息来说明人们照着兰格的话去做是合理的。

正如小火鸡的“叽叽”声能触发雌火鸡的自动哺育反应，哪怕声音是从臭鼬充气玩具里发出来的。“因为”这个词触发了兰格实验里受试者的自动顺从反应，哪怕兰格根本没有给他们一个说得通的理由。按下按钮，磁带就“哗啦啦”地播放起来。[①]

兰格做的另一些调查结果显示，在颇多环境下，人类的行为并不会完全按机械化的磁带激活方式展开，但她和其他许多专家也相信：大多数时候，人类行为真的跟机械播放的磁带没什么两样。就拿本文开头举的例子来说，绿宝石起初总也卖不掉，但在

---

① 当家长要小孩子解释自己的行为时，小孩子最常用的回答是“因为……就是因为”。说不定，孩子们已经敏锐地察觉出，这个词在成年人的世界里有着不同寻常的分量。

售货员误把它们的价格抬高1倍后，顾客们却一拥而上买了个一干二净。为什么他们的行为这么古怪呢？这么说吧，除非你从“一按按键就自动播放”的角度来看这个问题，不然还真没法理解这种行为（见图1-1）。

道格一发现艾伦也是个鸟类学家，求偶仪式就开始啦……

图1-1　按下按键就播放

人类的寻偶过程并不像动物的那么死板。不过，研究人员仍然发现，求偶模式在多种人类文化中都极富规律性。举个例子，在世界各地的征婚广告里，女性都倾向于描述自己身材的吸引力，男性则倾向于吹嘘自己的物质财富。

顾客大多是生活富裕的游客，对绿宝石认识不多，且他们总用一套标准原则，即“范式”，来指导自己买东西：**一分钱一分货，价格高就等于东西好**。许多研究表明，要是人们对物品的质量拿不准，便经常会用到这一范式。因此，想买“好”珠宝的度假者，一看到绿宝石的价格涨了上去，就觉得它们更贵重了，也更值得拥有了。价格本身成了质量的触发特征，绿宝石在渴望质量的买家中销量激增，完全是由价格暴涨这一点带来的。①

读者报告 1-1 来自一位管理学博士生

镇上有个开古董珠宝店的人给我讲了一个故事，说他是怎么学到“东西贵＝质量好”这一课的。他有个朋友想给未婚妻送一份特别的生日礼物，于是，珠宝商选了一串项链，跟他的朋友说这在店里本来要卖 500 美元的，可既然是这位朋友要，给 250 美元就行了。起初，朋友对这串项链非常满意，但听到珠宝商报价 250 美元之后，他的脸色沉了下来，不乐意成交了，因为他想给未婚妻买一件“真正好”的东西。

① 在营销界，这一现象的经典案例是威士忌生产商芝华士。芝华士曾经是个磕磕碰碰、勉强度日的品牌，直到有一天，经理决定把产品价格提到远高于竞争对手的水平。尽管产品本身没有任何改变，销售量却直线上升。近来的大脑扫描研究对此做了解释。实验人员让参与者品尝完全相同的两杯红酒，但告诉他们一杯的价格是 45 美元，而另一杯只有 5 美元。在品尝前者时，不仅参与者自己评价说体验到了更多的愉悦感，而且他们的大脑跟愉悦相关的部分也变得更为活跃了。

隔了一天，珠宝商终于反应过来是怎么一回事了。他打电话给朋友，让朋友再来店里看另一串项链。这一回，珠宝商给他看了一串新项链，并报上了市场价：500 美元。他的朋友很喜欢，当场就想买下来。但不等他掏钱出来，珠宝商就告诉他说，因为这是结婚礼物，自己愿意亏损一点，将项链降价到 250 美元。朋友激动万分。这一回，他再也不觉得 250 美元有什么不好了，相反，他欣喜若狂，高高兴兴地把项链买了下来。

作者点评：

注意，与绿宝石买家的例子相同，真正想买好东西的人对价格低的东西是看不上眼的。我相信，除了“东西贵 = 质量好”的原则之外，在我们的思维里，“便宜无好货”的原则也是适用的。毕竟，在英语里，cheap 这个词不仅意味着价格低，也有“次等货”的意思。有一则日本谚语一语双关地说：天底下最贵重、最好吃的东西，莫过于免费的午餐啦。

把赌注押在抄捷径上

挑剔游客们愚蠢的购买行为很容易，但要是再仔细想想，我们也许会不那么苛刻。人都是在“一分钱一分货”的教导中长大的，更何况，这在人们的生活中一次又一次地应验过。过不了多久，人们就会把这条规则提炼成“**价格高 = 东西好**”（见图 1-2）。

"贵 = 好"的公式向来是管用的，因为一般而言，物品价值高，价格也会高。较高的价格通常反映了较好的质量。因此，当人们发现自己想要质量好的绿宝石首饰，但对绿宝石懂得却不多的时候，便自然而然地会用上价格这个一贯的衡量标准。

图 1–2　价格高 = 东西好

尽管买家本人可能并没有意识到，但只参考绿宝石的价格，实际上就是抄了条捷径。他们并没有煞费苦心地了解每一点能暗示绿宝石首饰价值的特点，力争稳操胜券；相反，他们只把宝押在价格这一点上。因为他们知道，通常情况下，这一点是跟物品的质量相关的。他们下注打了赌：光凭价格这一点，就能告诉他们需要知道的一切。可这一回，由于售货员把"1/2"误当成了"2"，他们赌错了。就长期而言，综合他们过去、未来整整一辈子遇到的所有情况，把赌注押在抄捷径上却可能是最为理性的方法。

事实上，模式化的自动行为在大部分人类活动中的出现频率都是相当高的，因为很多时候它是最有效的行为方式，而另一些时候，它是必要的。你我生活在一个极端复杂的环境中，它说不定是地球有史以来变化最为迅速的环境。为了对付它，我们需要捷径。哪怕就是短短的一天当中遇到的每一个人、每一件事，我们也不可能把与之相关的方方面面都辨识、分析出来。我们做不到，因为我们没有足够的时间、精力和能力。相反，我们必须频繁地利用我们的范式和首选经验，根据少数关键特征将事情进行分类，一碰到这样或那样的触发特征，就不假思索地做出反应。

有时候，人的行为不适合所处的情境，因为即便是最准确的范式和触发特征都不可能回回管用。我们之所以会容忍这样的不完美，实在是因为没有其他的选择。若没有了这些特征，我们就只能傻站着慢慢分类、鉴别和校准，而错过本该采取行动的时机。种种迹象表明，将来我们会更严重地依赖这些典型范式。充斥在我们生活里的刺激会更为复杂、变数更大，我们必然要越来越多地依赖捷径来应对、解决它们。①

① 为了便于阐释，这里举一个例子：在我们的社会里，折扣券是购买行为的标准触发器，面对它们，消费者会做出自动化的无意识反应。一家轮胎公司在邮寄出优惠券后，发现上面有一处印刷错误，收到优惠券的消费者并不能如往常那样享受打折待遇而省下一大笔钱，可大多数消费者还是跟从前一样使用着它们。

心理学家最近发现，**我们在日常判断中会使用大量心理捷径**。他们把这些捷径叫作“启发式判断”（judgmental heuristics），其发挥作用的方式跟“价格高 = 东西好”的规则是一样的，由此带来的简化思维在大多数时候都行之有效。可同时，我们也可能因此偶尔犯下错误，付出沉重的代价。跟本书内容最相关的一种“启发式判断”告诉我们，什么时候该相信别人、照着别人的吩咐去做。就拿“专家说的话肯定是对的”这一条捷径来说吧，在第 6 章我们会看到，我们的社会出现了一种令人不安的发展趋势，人们往往会轻率地接受权威人士的说辞，照着他们的指点去做事。这也就是说，我们不是先思考专家的论点，看看值不值得相信，而是直接忽视论点，仅仅因为专家是“专业人士”，就选择相信他们。这种在某种环境下机械地回应某一信息的倾向叫作**自动化反应**或**“按一下就播放”式反应**；对所有相关信息进行彻底分析后做出反应的倾向，则叫作**可控式反应**。

相当多的实验研究表明，在有愿望也有能力仔细分析信息时，人们会更多地按可控的方式去处理；可要是条件不允许，人们则更可能采取较为容易的“按一下就播放”式方法。例如，有这么一项研究：

影响力研究　密苏里大学的学生听了一次录音演讲。该演讲认为，所有的高年级大学生必须通过综合考试才能毕业。这跟在场的一些学生是密切相关的，因为录音里说，综合考试明年就生效，也就是在大四学生毕业之前。自然，这个消息让学生们想要仔细地分析其论点。然而，本次研究另外还找了一些学生，他们被告知考试制度要在他们毕业之后才生效，所以这个消息对他们来说没什么重要性，因此，他们没有仔细考虑其中的论点是否正确的强烈需求。

研究结果一目了然：自身不受影响的学生基本上被演讲人在教育领域的专业身份给说服了，他们使用了“专家说的话肯定是对的”规则，对演讲者的论点是否合理并未给予太大的关注。反过来，那些自身要受影响的受试者，并不在乎演讲者的专业地位，而更在乎他的论点质量。

这样看来，在使用“按一下就播放”这种危险的响应方式时，我们其实是给自己架了一张安全网：要是议题对我们自己很重要，我们就会拒绝根据单一特征来触发反应，因为这太奢侈，我们玩不起。毫无疑问，这种情况经常发生。不过，我并没有完全放下心来。诸位读者或许还记得，我们刚才提到过，人只有在既有愿望也有能力的时候，才会以深思熟虑的可控方式做出反应。现代生活形形色色、节奏紧张，有证据表明，哪怕是许多跟我们切身相关的主题，我们也没法彻底想清楚后再做决定。也就是说，有时候问题太复杂、时间太紧张、分心的东西太多、情绪唤起太强烈或心理极度疲劳，从认知条件来看，我们都无法谨慎思考，不管议题是否重要，我们都只能抄捷径。①

最能生动说明这一点的是航空界存在的一种现象，可称之为“机长综合征”，它关系到许多人的生命安危。美国联邦航空局的空难调查员发现，很多时候，机长犯了非常明显的错误，但其他机组人员却不做纠正，结果导致坠机事故。看起来似乎是这样：尽管事情对每一个人来说都性命攸关，可机组成员已经形成“既然专家都这么说，那肯定没错”的思维捷径，从而忽视机长所犯的灾难性错误，或者即使注意到了，也没采取行动。

渔利的奸商

奇怪的是，尽管自动化行为模式用处十分广泛，且将来还会变得越来越重要，可我们大多数人还是对它知之甚少。或许这正是因为它们总是以机械化的不假思索的方式发生和出现。不管怎么说，这种模式有一点特性，我们务必清晰地意识到。不然，要是碰到知晓它们奥妙的人，那我们可就门户大开、任其摆布了。

① 有趣之处是，尽管我们并不经常采用深思熟虑的复杂方式应对那些事关我们自身的重要议题，但我们却希望别人，比如顾问、医生、会计、律师、经纪人这样做。面对会造成严重后果的复杂选择，哪怕觉得心力交瘁，我们仍然想要充分地考虑，并逐条地分析。然而，这样的分析是我们力所不能及的，我们只能通过捷径实现：依靠专家。真是讽刺。

为了充分理解我们的脆弱本性，让我们再来看看动物行为学家的工作。原来，不仅只有这些录下小火鸡“叽叽”声、拿鲜艳胸羽做伪装的学者通晓如何激活各物种的行为磁带。有一种通常叫作“拟态体”的生物也会模仿其他动物的触发特征，企图诱骗后者在不恰当的时间错误地播放原本正确的行为磁带。此时，拟态体便会抓住机会，利用对方的错误行为，达到自己的目的。

影响力研究 有一种雌萤火虫（Photuris 属）会对不同类（Photinus 属）的另一种雄萤火虫设下致命的陷阱。出于可以理解的原因，这种雄萤火虫从来都小心翼翼地不去接触嗜血的雌萤火虫。然而，通过数百年的进化，“雌性猎人”锁定了猎物的一个弱点：受害物种的雌性成员到了交配期的时候，会发出特殊的闪光求偶代码来通知雄性同类。靠着模仿这一闪光求偶信号，雌性杀手触发了猎物们的交配磁带，诱得这些可怜的家伙不由自主地飞过来投入死亡的怀抱，成了雌性杀手的一顿美餐。①

① 很明显，雄性容易受强大的交配信号迷惑，连人类也不例外。维也纳大学的两位生物学家——阿斯特丽德·朱伊特（Astrid Juette）和卡尔·格拉默（Karl Grammer），偷偷给年轻的男性闻一种叫“性诱引剂”的化学气体，这模仿的是人类女性阴道的味道。之后，研究者又让受试男性给女性的面部吸引力打分。这些男性闻了性诱引剂后，觉得所有女性的吸引力都提高了，再也无暇关注她们外貌上的真正差异了。

在生存斗争中，几乎每一种生命形式都有着对应的拟态体，就连一些最原始的病原体也不例外。这些聪明的细菌和病毒通过模拟对身体有益的激素或营养素的部分关键特征，进入健康的宿主细胞。健康的细胞受了欺骗，热切又天真地把狂犬病、单核细胞增多症和普通伤风的病源接纳下来。[①] 不足为奇，人类世界也有着极其相似的情况。有些逐利的奸商也会模仿触发特征，激起我们的自动响应机能。不过，人类之外的生物大多都是本能的响应序列，人类却不同。**我们的自动磁带通常来自通过经验习得的心理原则或范式。**尽管效力各有高下，但有些原则也能够极为强烈地左右人的行动。我们从小就接触这些原则，它们对我们的影响也十分普遍，所以，寻常人很少能察觉它们的力量。有些别有用心的人却看穿了这些原则，把它们当成了触手可及的武器，也就是**自动影响力武器**。

有些人很清楚自动影响力武器藏在哪儿，他们娴熟老练地使用这些武器，借此达成自己的意图。他们出没于各种社交场合，要求别人顺从自己的愿望，其成功的概率令人目瞪口呆。他们之所以能屡战屡胜，奥妙就在于他们对所提要求的结构体系做了设

① 这些生物看起来都挺厉害，可跟一种叫“隐翅虫”（rove beetle）的甲壳虫比起来，就是小巫见大巫了。隐翅虫利用包含气味和触觉在内的多种触发器，吸引两种蚂蚁保护、清理并饲养其幼虫。这些幼虫成年以后，又会在冬天藏到蚂蚁的洞穴里去。蚂蚁对隐翅虫的模拟触发特征完全是机械地加以响应，把它们当成同类。在蚂蚁的巢穴里，面对主人的热情好客，隐翅虫恩将仇报，大吃蚂蚁卵和小蚂蚁，可它们从来也没受到过蚂蚁的任何伤害。

计，他们利用社交环境中这样那样的自动影响力武器把自己武装了起来。要实现目的，有时候只需要选择一个恰当的字眼，就足以调用某条强大的心理原则，按下我们自动行为磁带的播放键，让我们机械化地响应这些原则。他们如何从中得利呢？这一点你可不用担心，他们学得可快了。

还记得我那个开珠宝店的朋友吗？虽说她第一次是意外捡了便宜，可没过多久，她就开始有意识地定期利用“价格高 = 东西好”的公式了。如今，每逢旅游旺季，若碰到有什么东西不好卖，她就会先来上一轮大加价，以此加快销售速度。她说，这一手操作不仅成本低，效果还出奇得好。不知情的游客频频中招，因此她获得了极为可观的利润。

就算最初的提价不成功，她还可以祭出“特价”的大旗，按原先的标价卖给那些喜欢买打折货的人。面对虚高的标价，消费者仍然会产生“贵 = 好”的心理，于是又被她暗中宰了一刀。

“价格高 = 东西好”原则的后一种用法，即吸引淘便宜货的买家，并非我朋友的原创。教育家兼作家利奥·勒斯滕（Leo Rosten）讲过一个例子。

影响力研究

20 世纪 30 年代，德瑞贝克兄弟西德和哈里在勒斯滕所住的街区开了一家男装裁缝店。每当西德有新客户对着店里的三开大镜子试衣服，他就会告诉对方，自己听力有些问题，并反复让客户说话时提高音量。只要客户喜欢上了哪套衣服，问起价格，西德就会大声叫他兄弟。哈里是首席裁缝，在店堂后面。“哈里，这套衣服多少钱？”哈里抬头看看自己做的衣服，并大大地抬高了真实的价格，他高喊着回答说：“那件漂亮的纯羊毛西服，要 42 美元。”西德假装没听见，用手在耳边做个敞口杯子的形状，再问了一遍。哈里再次回答：“42 美元。”此时，西德转过身，对客户说：“他说要 22 美元。”好多人这时都会急急忙忙地付钱，抢在可怜的西德发现自己“搞错了”之前，抓着西服狂奔出店，并且还满心以为自己捡了天大的便宜。

以柔克刚

学过日本柔道的女性在抗击对手时，自己往往用力很少。相反，她会尽可能地利用重力、杠杆作用、动量和惯性等物理原理中天然蕴含的力量。要是她知道怎样调动这些原理、从哪儿去调动，便能轻轻松松地击败体格比自己壮硕的对手。倘若有人掌握了我们周边世界天然存在的自动影响力武器，事情也是一样。奸商利用这些武器的威力对付他们的靶子，自己却不费吹灰之力。这些蓄意牟利的人因此得到了莫大的好处，他们虽然一点儿也不显得像是在刻意操纵，却实实在在地操纵了对方。就算是受害者本人，也大多认为自己的顺从是自然而然的，并不是对方为贪图好处而刻意设计的。

举个现成的例子。人类在认知方面有个原理，叫“**对比原理**”。当两样东西一前一后地展示在你面前时，我们要怎样看待其间的区别，对比原理又会对我们产生怎样的影响？简单地说，要是第二样东西跟第一样东西相当不同，那么，我们往往会认为两者的区别比实际上要大。

这样一来，如果先搬一种轻的东西，再拿一件重的东西，我们会觉得第二件东西比实际上更沉；而要是我们一开始直接就搬这件重东西，反倒不会觉得它有这么沉。对比原理是心理物理学领域确立的，它不仅适用于对重量的体验，还适用于其他各种感官知觉。聚会时，要是我们先跟一个非常有魅力的人聊天，接着插进来一个相貌平平的家伙，那么我们会觉得第二个人简直没劲透了，而他（她）其实并没有那么索然无味。①

为了向学生们介绍该原理，心理物理学实验室里有时会用到知觉对比的另一个例子。

① 一些研究人员警告说，在大众媒体抛头露面的往往是些好看得超乎实际的人，如男女演员、模特等，看惯了他们，我们对身边有可能与之发生浪漫关系的异性的样貌就不怎么满意了。例如，有研究证明，经常看《花花公子》《花花公主》这类杂志上超性感裸体照片的人，会对目前配偶或同居伙伴的性魅力变得不怎么满意。

影响力研究 每名学生依次坐在三桶水跟前：一桶冷水，一桶常温水，一桶热水。学生把一只手放进冷水里，另一只手放进热水里。之后，教授要他们把两只手同时放进常温的那桶水里。学生脸上立刻便露出好笑的困惑表情：尽管两只手放在同一桶水中，可刚刚放在冷水里的手觉得它是热水，刚刚放在热水里的手却觉得它是冷水。

实验想要说明的是，**基于先前所发生事件的性质，相同的东西，即常温的水，会在之后显得极为不同**（见图 1-3）。

图 1-3 知觉对比：1% 的解决方案

请放心，这个由对比原理带来的小小影响力武器早就有人用过了。这一原理带来的巨大好处在于它不光管用，还几乎能让人无法察觉。利用它的人尝尽了甜头，因为你根本察觉不到整个环境是他们早就布置好的。服装零售商就是个很好的例子。

影响力研究

假设有人走进一家时尚男装店，说自己想买三件套的西服和一件毛衣。如果你是售货员，你该先给他看哪样东西，好让他花最多的钱呢？服装店指点销售人员，要先给顾客看贵的东西。但依照人们的常识，顺序应该反过来才对：要是人们买西服时就花了大把的钱，他恐怕不愿再多花钱买毛衣了。服装零售商却深谙其中之道。

他们完全依着对比原理来设计销售策略：先卖西服，因为顾客接下来买毛衣的时候，哪怕它再贵，价格跟西服一比，也会显得不怎么贵。要是这顾客还想给自己的新西装买些配件，如衬衣、皮鞋和皮带，同样的原理也适用。尽管对比原理的预测违背常识，证据却支持它。

售货员先展示昂贵的物件对他们更有利；不这么做，不仅会白白放弃对比原理造成的影响，还会使这一原理掉转枪口，对准他们自己。先拿出便宜的东西，再拿出昂贵的东西，会使昂贵的东西显得更昂贵，而这定会给大多数销售行为造成不良后果。

故此，正如一桶水会因为之前手接触的水温高低而显得冷一些或热一些，卖东西的人也可以让同一样东西的价格显得高一些或低一些，它完全取决于最先展示的物品的价格（见图 1-4）。

亲爱的爸爸妈妈：

自从我上了大学，一直疏于写信回家，真是不好意思。我要向你们报告我的近况啦，但在你们读下去之前，请先坐好了。没坐好之前千万别往后面读，好吗？

啊，我如今一切都好好的。我的颅骨骨折和脑震荡差不多已经好了。伤是因为宿舍失火跳出窗外摔伤造成的，那时我才到这里不久。我在医院里只待了两个星期，现在基本上恢复了正常，烦人的头痛每天也只来上一次。幸好，宿舍着火后我跳出去时，隔壁加油站的伙计看见了我，他马上打电话找了消防队，叫来救护车，他还到医院看望我。由于火灾之后我无处可住，他好心地邀我去他的公寓住。其实那就是一个地下室啦，不过是很可爱的那种。他是个非常好的小伙子，我们深深地坠入了爱河，还打算结婚呢。我们还没有订好具体的日子，但肯定是在别人看出我怀孕之前吧。

是的，爸爸妈妈，我怀孕了。我知道你们有多想升级当外公外婆，也知道你们肯定会欢迎我的宝宝，给他无私的爱护与关怀，就像我小时候那样。我们婚期延后的原因是，他有点小小的感染，所以我们没通过婚前血检，因为我也不小心被他传染了。我知道你们会张开双臂欢迎他加入咱们家的。他很好，虽说没受过什么良好的教育，但挺有上进心的。

好啦好啦，我要给你们讲我真正的近况啦。我想说的是，我的宿舍没有着火，我没有摔成脑震荡，也没有摔断骨头，我没有住院，没有怀孕，没有订婚，没有感染，我现在连男朋友也没有哦。不过，我的美国历史得了个“D”，化学得了个“F”，我希望你们能从正确的角度看待这些分数。

深爱你们的雪伦

图 1-4　知觉对比和大学女生

雪伦的化学可能学得不怎么样，但她的心理学能得个“A”。

对知觉对比的巧妙应用，绝不仅限于服装商。我在卧底调查房地产公司采用顺从手段时，就碰到过一种采用了对比原理的手段。

影响力研究 为掌握窍门，一个周末，我陪同销售员跟有意买房的主顾去看房子。销售员（就叫他菲尔吧）负责指点我，帮我度过实习期。我很快注意到一件事，每当菲尔带顾客去看他们想买的房子时，总是会先给他们看几套不甚合意的房子。我问菲尔为什么，他笑了。原来，这些房子是所谓的“垫底货”，公司手里总会留一两套破房子，还会标上虚高的价格。这些房子并不打算卖给客户，只是用来给他们看看，有了破烂房子做比较，公司手上真正要卖的房子就显得更加合适了。不是所有销售员都采用“垫底”法，但菲尔会用。他说，当他带着顾客看了破房子，再带他们看公司真正想卖的房子时，顾客总会“眼睛一亮”。菲尔喜欢看到他们的那种表情，“等他们看了几处‘垫底货’后，我给他们找的房子就会显得相当妙不可言”。

汽车经销商也会用对比原理，他们要等到跟客户谈妥了一辆车的价格后，再一一报上备选配件。几万美元都花了，再多花个几百美元升级 CD 播放器这样的小玩意儿，似乎太微不足道了。经销商随后会建议给车窗贴膜、换用更好的轮胎，或做些特别的车内装饰，道理也是一样的。

总之，诀窍在于，要单独地提出各个选项，这样每一项的小价目跟已经确定的大数目比起来就会不值一提。买过车的人都可以作证，把这些看起来没什么大不了的配件价格加起来一算，整车价格就好像给猪肉注了水一般涨了上去。顾客目瞪口呆，手里拿着签好的合同，不知道是怎么回事，好不容易才琢磨出是自己“上了当”，可谁也怪罪不得。经销商站在一边窃窃地笑，他们的柔道功夫又精进了。

读者报告 1-2 来自芝加哥大学商学院的一名学生

在奥黑尔机场等着登机的时候，我听到工作人员说飞机超载了，要是有乘客自愿改搭下一班飞机，他们愿意赔偿价值 10 000 美元的代金券！

这个夸张的数字当然是开玩笑的，它是拿来逗乐的，乘客们也真的笑了。但我注意到，等那人报出真正的赔偿金 200 美元之后，没有人愿意接受。于是他不得不提了两次价，先是 300 美元，然后是 500 美元，这才找到了自愿的人。

我当时正在读您的书，我意识到：虽说他把人们逗乐了，但根据对比原理，他也把事情搞砸了。他先提到的 10 000 美元成了人们比较的标杆，这一下子就让几百美元相形见绌。这个玩笑可真是代价不菲，航空公司要为每名自愿改乘的人多付 300 美元。

作者点评：

这名工作人员该怎样使对比原理为己所用呢？他可以先用 5 美元讲笑话，然后再报出真正的赔偿数额——200 美元。这下子，后一个数听起来就有魅力多了。如果他这么做，我敢肯定他既能逗人发笑，也能超额完成任务。

Influence

本章小结

- 动物行为学家注意到许多动物都存在机械刻板的行为模式。这种机械的行为序列叫作固定行为模式，它们跟人类的某些自动响应，即“按一下就播放”，有很大的相似性。对人类和近似人类的动物，自动行为模式往往是由该环境下相关信息的单一特征所触发的。

  这种单一特征或触发特征，大多数时候是极其可贵的，有了它们，个体无须对每一条信息进行详尽、彻底的分析，就能决定正确的行动方针。

- 捷径反应的优点在于它的效率和经济性。只根据一种常见的信息触发特征自动做出反应，能节省人们宝贵的时间、精力和心智能量。

  这种反应的缺点在于人们易受愚弄，一犯错代价就很大。只根据可用信息的一个片段，甚至是一般都能预测出的某个片段做出反应，尤其是按无意识的自动方式做出反应，人们出错的概率就会大大增加。要是其他人通过故意的安排（如对触发特征加以操纵）让自己牟利，刺激对方在不恰当的时机做出合乎他们心意的行为，那么对方犯错的概率就更大了。

- 大部分的顺从技巧，刺激一个人顺从另一个人的要求，都可以从人们自动化的捷径反应这一角度来理解。我们中的大部分个体都对顺从建立起了一套触发特征，这是一些具体的信息片段。通常情况下，它们可以告诉我们什么时候顺从他人的请求会是正确的、有利的。这些顺从的触发特征，每一条都可能变成影响力武器，刺激人们同意他人的请求。

习　题

这些你掌握了吗

1. 什么是动物之间的固定行为模式？它们跟哪种人类机能存在相似之处？两者又有哪些不同？
2. 人类的自动反应有哪些优点？又具有哪些潜在危险？

思考一下吧

1. 假设你是一名律师，一位妇女在百货公司摔断了腿，你代表她起诉该公司，要求获得 10 万美元的赔偿。根据你目前掌握的知觉对比原理，在庭审过程中，你该怎么做才能让陪审团觉得 10 万美元是合理的，甚至很少的赔偿数目呢？
2. 图 1-5 所示的“慈善认捐卡”看似很普通，但它排列捐款数额的顺序却很特别。为什么把两个最小的认捐数额放在两个较大的数额之间是一种有效的促捐手段，并能带来更多、更大笔的赠款呢？试根据对比原理解释原因。
3. 以下各句阐明了“按一下就播放”式反应的哪些危险性？

凡事都应尽可能地简单，光是简单一些还不够。

——爱因斯坦

哪怕是傻瓜，也有正确的时候，这是人生最大的教训。

——温斯顿·丘吉尔

4. 本章的主题是怎样反映在这一章开头照片里的呢？

慈善认捐卡

要想除掉难看的杂草，少不了您这样热心市民的协助。您的慷慨捐助，能让研究人员达成我们的目标：创造一个没有杂草的世界。请加入我们，向杂草防治协会捐款吧！为了您回信方便，我们特别准备了信封。

是的，我想进一步推动协会的工作，创造一个没有杂草的世界。随信寄上捐款，数额是：

□ $25 □ $10 □ $5 □ $15 □ $______

姓名：______

地址：______

草坪市杂草防治协会

图 1-5 慈善认捐卡

Influence

第2章

互惠

给予，索取……再索取

每一笔债都还得干干净净，就好像上帝他老人家是债主。

——拉尔夫·沃尔多·爱默生

章首案例 50多年的人情债

2007年5月27日，华盛顿特区一位名叫克里斯蒂安·克朗纳（Christian Kroner）的政府官员告诉新闻记者，卡特里娜飓风过后，“水泵、船只、直升机、工程师和人道救援”被又快又稳地送到了新奥尔良和其他受灾地区。克朗纳这么说的时候，明显对政府的行为怀着一股自豪感。那么对此你会怎么想呢？面对特大灾难，美国联邦政府的行动迟缓、笨拙早就是公认的事了，克朗纳居然还有脸说出这样的话来。比方说，就在克朗纳发表声明的同时，政府吹嘘的旨在帮助路易斯安那州灾民的“重返家园”项目，在风灾过去了整整18个月之后，资金还没到位，80%提出救济要求的居民都没收到钱。难道克朗纳先生比大多数无耻的政客还不要脸吗？实际情况并非如此。克朗纳完全有理由为他所在政府的努力感到欣慰，因为他并不是美国政府的官员，而是荷兰的驻美大使。他所说的无私援助，是荷兰向饱受卡特里娜飓风折磨的美国大西洋沿岸地区的居民提供的。

这一点澄清之后，另一个同样令人不解的问题又冒了出来：为什么是荷兰呢？其他国家也承诺将在风灾过后提供援助，但没有哪个国家像荷兰这样，立刻就兑现了承诺。

不仅如此，克朗纳先生接下来还向灾民保证，他的政府会长期帮助他们："凡是我们能做的，凡是路易斯安那想要我们做的，我们都会竭尽全力去做。"如此特别的慈悲心肠，克朗纳先生给了它一个很生动的理由：这是荷兰亏欠了新奥尔良 50 多年的人情债。

几年前，一位大学教授做了个小实验。他给随机抽选的陌生人寄圣诞贺卡，虽说他料到此举会掀起些波澜，但所得到的回应还是让他吃了一惊。回寄的贺卡从四面八方涌了过来，全是从没见过，也没听说过他的人给他寄的。这些回寄了贺卡的人，绝大多数根本没打听过这位不知名的教授到底是谁。他们收到了教授的贺卡，一下子便启动了自动反应，给他回寄了贺卡。

尽管这是一项小范围研究，却指出了我们身边最有效的影响力武器之一——**互惠原理**，发挥着什么样的作用。这条原理指出，**要是人家给了我们什么好处，我们也应当尽量回报**。假设有位女士帮了我们的忙，我们应当也帮她一回；倘若有位男士送给我们一份生日礼物，我们也应当记得在他生日时献上小小心意；要是有对夫妇邀请我们参加聚会，我们下次也务必记得邀请他们来参加我们的。故此，依照互惠原理，我们有义务在将来用送礼物、发出邀请等手段回报别人的好意。由于接受行为往往伴随着回报的义务，“承蒙美意”（much obliged）一类的短语几乎成了

“谢谢你”的同义词。不仅英语是这样，其他不少语言也是如此，如葡萄牙语里的“obrigado”、日语里的“谢谢你”（済みません，照字面直译的意思是“尚未结束”，这更好地表现了接受者将来的义务）。

深刻烙印在脑海中的互惠原理及伴随其而来的亏欠还债感，在人类文化中十分普遍。阿尔文·古德纳（Alvin Gouldner）和其他社会学家在对此深入研究后报告说，所有的人类社会都认同互惠原理。[①] 在每一个独特的社会文化里，它都无处不在，甚至可以说它已经渗透到了每一种交换形式当中。说起来，源自互惠原理的成熟的礼尚往来系统，甚至有可能是人类文化的一个独有特征呢。著名考古学家理查德·李基（Richard Leakey）认为：**正是因为有了互惠体系，人类才得以被称为人类**。他说：“由于我们的祖先学会了在‘有债必还的信誉网’里分享食物和技巧，我们才变成了人。”文化人类学家认为这种“欠债网”是人类的一种独特适应机制，有了它，人类才得以实现劳动分工，交换不

---

① 有些社会已经把互惠原理变成了正式的仪式和典礼。在巴基斯坦和印度的部分地区，有一种交换礼物的常见风俗，叫“瓦尔坦班吉”（Vartan Bhanji）。古德纳对“瓦尔坦班吉”评论道：

> 值得我们注意的是……这套制度煞费苦心地把所有人情债都结清。比方说，举办婚礼的时候，宾客离场，女主人会送他们糖果当礼物。她一边送客，一边说：“这几颗是你的。”意思是：这是偿还你从前给我的。接着她又会额外添一些，并说：“这些是我送你的。”等到下一次参加婚礼，她便会拿回这些礼物，此外又会收到一些以后要还的新礼物，如此周而复始。

同形式的商品和服务，让个体相互依赖，凝结成高效率的单位。

对文化人类学家描述的那种社会进步来说，将来的还债义务感是关键。这种普遍认同的强烈感觉，给人类社会的进化带来了巨大的影响，因为它意味着一个人给了另一个人某种东西（如食物、精力或照料等），却不用担心它会变成损失。人可以把各种资源给予他人，却又不是无偿的，这在进化史上还是头一遭。由此而来的结果是降低了一对一资源交换的天然门槛。救助、送礼、防卫和贸易等复杂而协调的体系有了实现的基础，这为具备这些体系的社会带来了莫大的好处。既然互惠原理对文化有着这么明显的适应性结果，那么，靠着人人都经历过的社会化过程，它便根植到了我们每一个人的大脑深处。

虽说人情债事关未来，但时间跨度也并非没个限制。尤其是相对较小的恩惠，偿还的愿望似乎会随着时间的推移变得越来越淡。可要是礼物真的非常贵重、令人难以忘怀，那么这种偿还的义务感也可以延续得相当久远。要说明互惠义务会给将来造成多么深远的影响，用墨西哥和埃塞俄比亚之间发生的一件怪事来解释再恰当不过了。这个故事，跟一笔 5 000 美元的救灾款有关。

影响力研究

1985 年的埃塞俄比亚，说是饿殍遍地、贫困潦倒绝不为过。经济完全萧条，连年的干旱和内战彻底摧毁了食物供应链，成千上万的国民因疾病、饥饿而死。在这样的困境下，要是墨西哥向它捐出 5 000 美元的救灾款，我肯定不会感到惊讶。可报上的一条简讯居然说，捐赠的方向刚好反了过来，我不免大吃一惊。埃塞俄比亚红十字会的官员决定向墨西哥捐赠 5 000 美元，帮助当年遭受墨西哥城地震的灾民。

每当人类行为的某个方面让我摸不着头脑时，我就会有一种想去一探究竟的冲动。这个嗜好虽说常给我自己惹麻烦，但对我从事的职业却颇有好处。对上面这件事，我找到了更为详细的资料。恰好有个记者跟我一样，被埃塞俄比亚的举动搞得全无头绪，也想刨根问底知道为什么。他得到的回答为互惠原理做了强有力的证明：尽管埃塞俄比亚当前急需援助，可送到墨西哥的这些钱，是 1935 年意大利人入侵埃塞俄比亚的时候，墨西哥援助给他们的。听了这样的说法，我虽说还是免不了惊讶，却不再困惑了。巨大的文化差异、千山万水的阻隔、严重的饥荒、几十年的岁月、眼前的私利……这么多的不利因素，都没能阻止埃塞俄比亚人报恩，偿还人情债的义务感战胜了一切。

倘若持续了半个世纪之久的人情债，可以用埃塞俄比亚文化的特殊性质来解释，那么再来看看另一件起初显得怪异的事情是怎么解决的。

影响力研究 2007 年 5 月 27 日，华盛顿特区一位名叫克里斯蒂安·克朗纳的政府官员告诉新闻记者，卡特里娜飓风过后，“水泵、船只、直升机、工程师和人道救援”被又快又稳地送到了新奥尔良和其他受灾地区。克朗纳这么说的时候，明显对政府的行为怀着一股自豪感。那么对此你会怎么想呢？面对特大灾难，美国联邦政府的行动迟缓、笨拙早就是公认的事了，克朗纳居然还有脸说出这样的话来。比方说，就在克朗纳发表声明的同时，政府吹嘘的旨在帮助路易斯安那州灾民的“重返家园”项目，在风灾过去了整整 18 个月之后，资金还没到位，80% 提出救济要求的居民都没收到钱。难道克朗纳先生比大多数无耻的政客还不要脸吗？实际情况并非如此。克朗纳完全有理由为他所在政府的努力感到欣慰，因为他并不是美国政府的官员，而是荷兰的驻美大使。他所说的无私援助，是荷兰向饱受卡特里娜飓风折磨的美国大西洋沿岸地区的居民提供的。

这一点澄清之后，另一个同样令人不解的问题又冒了出来：为什么是荷兰呢？其他国家也承诺将在风灾过后提供援助，但没有哪个国家像荷兰这样，立刻就兑现了承诺。不仅如此，克朗纳先生接下来还向灾民保证，他的政府会长期帮助他们：“凡是我们能做的，凡是路易斯安那想要我们做的，我们都会竭尽全力去做。”如此特别的慈悲心肠，克朗纳先生给了它一个很生动的理由：这是荷兰亏欠了新奥尔良 50 多年的人情债。

1953 年 1 月 31 日，一场无情的大风扫过北海水域，大水淹没了荷兰 1 000 多万公顷的土地，堤坝、房屋尽毁，2 000 名居民遇难。此后不久，荷兰官方向美国新奥尔良地区求援。新奥尔良方面马上给予援助，还派出了技术人员。荷兰因此建设起了一套全新的排水体系，此后再也不会受到类似破坏性灾难的折磨。

人们或许会想，为什么美国政府反倒没能向新奥尔良提供像给荷兰那样的援助呢？大概是因为美国的政府官员们并不觉得自己欠了新奥尔良的人情吧。如果是这样的话，那么新奥尔良的居民也不会觉得自己欠了政府什么人情。无论是作为选民、志愿者还是捐赠者，他们都不会再支持如此无情的政府；更可悲的是，他们甚至不愿再做个奉公守法的公民了。正如诗人 W. H. 奥登（W. H. Auden）所写："我和这个世界从小就知道，凡是做了恶的人，都必将遭恶报。"2007 年，美国国民警卫队、整个路易斯安那州的警察，还有新奥尔良市警校刚刚毕业的两个班的新生，全都上街巡逻了，可该市的凶杀案案发率仍飙升了 30%，打破了历年纪录，这使新奥尔良市成为全美最血腥的城市。

这么说吧，互惠原理向我们做了这样的保证：**不管我们行动的结局是好还是坏，我们种什么样的因，就会得什么样的果。**

互惠原理怎样起作用

没错，人类社会从互惠原理中得到了一项重大的竞争优势，由此，他们必须保证社会成员全都接受这一训条，遵守并信任这一原理。

我们每个人从小听人教导，也都知道不能辜负它，凡是有人敢违背，必然都会受到社会的制裁和嘲笑（见图 2-1）。由于普通人大多讨厌一味索取、从不回报的家伙，我们往往会想方设法地避免自己被别人看成揩油鬼、忘恩负义的王八蛋，或是不劳而获的懒虫。但这样一来，我们的煞费苦心又会容易遭到那些一开始就想从这种知恩图报的做法中谋取好处的人利用。

为了理解互惠原理如何被把它当成影响力武器的人利用，我们或许可以仔细来看看心理学家丹尼斯·里根（Dennis Regan）做的一项实验。

影响力研究

实验人员告诉受试者其参加的是所谓的“艺术鉴赏”实验，受试者要跟别人一起为几幅画作的质量打分。与受试者一起打分的人，我们就叫他“乔”吧，他只是假装成受试者的同伴，其实他是里根教授的助手。为了达成实验目的，研究人员设置了两种不同的环境。有几回，乔都主动帮了真正的受试者一个小忙。在短暂的休息时间，乔离开了房间几分钟，回来时带了两罐可口可乐，一罐给受试者，一罐给自己。乔说：“我问他（实验员）能不能弄瓶可乐喝喝，他说没问题，于是我就给你也带了一罐来。”另外几回，乔没有帮受试者这个小忙，

图 2-1　凯西·奎塞威特的漫画

> 他只是到房间外休息了两分钟，然后就回来了。除此以外的各个方面，乔的表现都是相同的。稍后，等所有的画作都评分完毕，实验员暂时离开了房间，乔便请受试者帮他一个忙。乔表示，他正帮一款新车卖抽奖彩票，要是他卖掉的彩票最多，就能得到50美元的奖金。乔请受试者以每张25美分的价格买些彩票："帮帮忙，买一张也行，当然越多越好。"

实验的主要目的之一就是研究上述两种情况下受试者从乔手里买的彩票数量的差异。毫无疑问，先前接受了乔好意的受试者，买起彩票来更慷慨。显然，他们觉得自己欠了乔一点儿人情，因此所买彩票的数量比另一种情况下的多了1倍。尽管里根的研究只对互惠原理的运作做了很简单的阐释，但它勾勒出了该原理的若干重要特点。我们不妨来仔细地分析一下，看看互惠原理是怎样被人当成牟利手段的。

互惠原理所向披靡

互惠原理能用作获取他人顺从的有效策略，原因之一在于它的效力实在是太强了。有些要求，要是没有亏欠感，本来是一定会遭到拒绝的。可靠着互惠原理，你很容易让别人点头答应。从里根实验的第二项结果中可以看到一些证据，说明互惠原理的力量有多么大，以至一些通常情况下决定了当事人是否顺从的因素，碰到它也只有认输的份儿。

里根除了对互惠原理的说服作用感兴趣，还调查了个人好感对顺从他人要求会产生什么样的影响。为衡量受试者对乔的好感跟买乔的彩票之间有什么样的关系，里根让受试者填写了几份评分表，从这些评分便可以看出受试者对乔的感觉如何。之后，里根将好感指数与购买彩票的张数做比较，发现人们表现出了明显的倾向性：越喜欢乔，买他彩票的数量也就越多。若光是这一点，倒还算不上什么大发现，毕竟，我们大多数人都更乐意帮助自己喜欢的人。然而，里根实验发现的有趣的地方是，一旦受试者接受了乔的可乐，好感对于顺从来说就完全退居二线了。对那些欠了乔人情的受试者来说，不管他们喜不喜欢乔，事情都没了区别，他们觉得自己有义务报答乔，而且他们也正是这么做的。说自己不喜欢乔的人，买的彩票和说自己喜欢乔的人买的一样多。互惠原理效力之强，压倒了通常会影响顺从决策的另一个因素，即是否喜欢提出要求的人。

想想这意味着什么吧！我们通常都不怎么喜欢的人，比方说不请自来的讨厌的推销员、不愿交往的熟人、名字都没听说过的奇怪组织的代表，只要他们在向我们提出请求之前，先对我们施个小小的恩惠，最终都能极大地提高我们依其言行行事的概率。举个最近几十年发生的例子吧。

影响力研究

克利须那协会（Hare Krishna Society）是一个古老的东方教派，数百年前发源于印度的加尔各答。20世纪70年代，这个教派突然蓬勃发展起来，信徒大增，财富和资产也随之膨胀。它在经济上的突飞猛进，靠的是搞各种各样的活动，其中最主要也最引人注意的一种是：协会成员在公众场合向路人提出募捐请求。20世纪初的时候，这个协会的募捐活动，凡是看到过的人都会留下深刻的印象。克利须那的募捐小组通常是一群光头佬，穿着不合身的长袍，裹着绑腿，挂着念珠，摇着铃铛，在城市的大街上走来走去，齐声吟唱、行礼，请路人给他们捐款。

这种手法用来吸人眼球倒是管用，可用来筹款却不怎么上道。一般的美国人觉得克利须那协会怪里怪气的，所以不愿出钱支持他们。协会很快意识到，自己碰到了一个麻烦的公共关系难题，即被请求捐款的路人不喜欢协会成员的样貌、打扮和行为。要是协会只是普通的商业组织，解决办法倒也简单，把公众不喜欢的东西改掉就行了。可克利须那又是一个宗教组织，成员的样貌、打扮和行为均属于宗教信仰的一部分，两者是挂了钩的。由于宗教因素大多不会因为世俗眼光而改变，于是一个真正的两难困境摆在了克利须那领导层的面前。一方面是信仰，衣着打扮和发型都有着宗教上的意义；另一方面是美国公众对这些东西的负面感受，这威胁到了组织的财务状况。那么他们要怎么做才好呢？

克利须那拿出了一套大才的解决办法。他们换了一套无须筹款目标对他们产生正面观感的手法。他们在筹款请求中运用了互惠原理，正如里根的实验所证明的，互惠原理无比强大，足以消除人们对募捐者的厌恶情绪。

新策略仍然是在人流量大的公共场合乞捐，可在提出募捐请求之前，他们会先向目标赠送一份“礼物”，如经书（通常是《薄伽梵歌》）、协会主办的《回归神性》（*Back to Godhead*）或是一朵鲜花（成本最低廉）。一不留神，一朵鲜花就塞进了毫无提防的路人的手里，或是别在了他们的外套上，哪怕他们说自己根本不想要花，也没法还回去了。募捐者会说“不，这是给您的礼物”，并坚决不肯收回。等克利须那的成员们通过这一招把互惠原理的威力发挥出来以后，他们便会向目标对象提出向协会捐款的请求。

克利须那协会这套“先施恩再乞捐”的策略取得了巨大的成功（见图2-2），经济收益和筹款数额均实现了大规模增长，这也使得协会在世界各地的上百处地方拥有了庙宇、商号、住宅和庄园。

附带说一句，克利须那协会现在募捐已经不怎么使用这种方法了，倒不是说互惠原理本身在社会上已经行不通了，而是因为我们找到了不让协会对我们耍这套手腕的办法。上过他们一次当之后，不少游客在机场和火车站看到穿长袍的克利须那募捐人员后都会很警惕。人们会主动调整自己前进的方向，避免碰到这些家伙，而且事先就会准备好抵挡募捐人员不请自来的“礼物”。这样一来，克利须那的财务状况又经历了一轮大逆转。在北美，克利须那协会近30%的庙宇都因为经济问题关门大吉了，驻守剩余庙宇的热心会员也从巅峰时的5 000 人锐减到了 800 人左右。

图 2-2　克利须那圣诞老人

这些克利须那成员居然把自己打扮成了圣诞老人。表面上看足够隐蔽了，可究其本质，他们靠的还是互惠原理。他们在圣诞节前夕向购物者派发糖果，然后提出捐款请求。警察逮捕了他们，因为其做法涉嫌无牌乞讨。

其他类型的组织也学会了这一套：**利用一份小礼物，促使目标答应本来会拒绝的请求**。调查研究人员发现，在邮寄调查问卷的信封里附上一份现金礼物，如一枚银币或是一张 5 美元的支票，能大大提高问卷的完成率。反之，答应事后奖励同等金额的做法，效果就差多了。事实上，研究表明，在邮寄保险问卷的同时奉送 5 美元支票作为礼物，效果跟完成问卷后寄送 50 美元的报酬同样好。类似地，餐馆的服务员也早就知晓，在向顾客送上账单的同时奉送一颗糖或口香糖，能大幅提高小费的金额。总体而言，企业经营者发现：**接受礼物后，客户会愿意购买本来不愿买的产品或服务**。

其实，人们尚未成年之时，就已经充分意识到社会交往中的给予—索取关系了。有个小学英语老师写信告诉我一件事：她想检查一下学生能否正确使用过去时、现在时和将来时。她的问题是："请问'I give'（我给予）的将来时是什么？"一个孩子很有野心，他回答道："是'I take'（我索取）。"[①] 这个孩子在语法规则上可能出了错，但他对一种更宏观的社会原理却已心领神会了。

读者报告 2-1 来自纽约州的一位职业女性

我是纽约州罗切斯特市一家公司的秘书，平常总是白天上班。但有一天晚上，我在公司待到很晚，处理一些未做完

① "I give" 的将来时应为 "I will give"。——译者注

的重要工作。等干完工作，开车驶出停车位的时候，我的车碰到冰碴打滑，车轮卡在了路旁的阴沟里。当时已经很晚了，天气很冷，四周黑乎乎的，我办公室的所有同事都走了。但另一个部门的员工此时却跑过来，帮我把车弄了出来。

我是搞人事工作的，大概两个多星期以后，才得知这名员工被“打了报告”，据说他严重违反了公司政策。我并不真正了解这个人的品性，可我还是把这件事揽了下来，替他去找了公司总裁。直到今天，尽管质疑此人品性的人越来越多，但我仍然觉得自己欠了他的情，愿意为他撑腰。

作者点评：

跟里根的实验一样，这位读者决定帮助该男子的行为，跟这名男子的个人道德似乎不怎么相关，而只在于一点简单的事实：那名男子也帮过她的忙。

政治

政治是互惠原理发挥威力的另一个舞台。在各个级别上，我们都能看到这套手法。

- 在高层，民选代表“互投赞成票”，互施小恩小惠，这使得同床异梦的伙伴比比皆是。民选代表对一项法案或措施投出跟自己一贯主张完全相悖的支持票，大多都是为了回报法案发起人的人情。林登·约翰逊刚刚当上总统的时候，他提出的项目在国会里总能轻松通过，就连照理说该强烈反对这些提案的议员也投了赞成票，政治分析家不免对此感到惊讶。他们做了一番认真的研究后发现，与其说这是因为约翰逊在政治上特别善于钻营取巧，还不如说是因为他长年在众议院和参议院里摸爬滚打，帮了其他议员许多忙。当上总统以后，议员们纷纷偿还从前欠下的人情债，这才使他得以在短短的时间内就通过了大量的立法提案。有意思的是，吉米·卡特刚刚当上总统时在国会里举步维艰，也是这个原因在作祟。卡特是赤手空拳从国会山外面"打"进白宫当总统的。竞选期间，他狠狠地利用了这一点来搞宣传，他说自己是华盛顿圈子外头的人，不欠任何人的人情债。结果，尽管当时参众两院里都是民主党占多数，可同为民主党的卡特提交的法案却总是难以通过，原因恰恰也是在于：没有人欠他的人情债。同为华盛顿圈外人的比尔·克林顿在第一个总统任期内通过的立法提案的数目很少，大概也是这么回事吧。

- 在另一个层面上，我们可以看到：一方面，企业和个人愿意向司法和立法官员赠送礼物，施加恩惠；另一方面，国家又制定了一系列法律，禁止官员接受此类礼物和恩惠。这充分说明人们意识到了互惠原理的力量。就算是合法的政治捐款，表面上说是支持自己喜欢的候选人，其实大多还是为了囤积人情债。碰上重大选举，看看有多少公司和组织是同

> 时给民主党和共和党的竞选活动捐款的，你就能意识到其中的奥妙了。要是你心存怀疑，非要看看政治捐赠者换回了什么好处，那不妨听听商人罗杰·塔马兹（Roger Tamraz）在国会召开的选举活动经费改革听证会上说的话。人家问他捐款 30 万美元后是否收到了良好回报，他笑着回答："我想下一次我会捐 60 万美元。"这番话说得是足够厚颜无耻了。

这种坦率在政治上可不多见。大多数时候，不管是送礼的也好，收礼的也罢，都会齐声说："政治献金、免费旅行和橄榄球超级碗的门票，都不足以撼动政府官员'严肃、正直'的秉性。"一家游说组织的头头坚持认为，没有必要担心，因为"这些政府官员是聪明、成熟、老练的职业人士，长年的训练让他们目光敏锐，时刻保持批判态度，而且十分警觉"。当然，政客们肯定是同意这种说法的。我们经常听到他们说，会影响其他人的那种亏欠感，对他们是全无作用的。我所在的这个州，当有位议员谈到自己是否对送礼的人有什么义务时，他斩钉截铁、不容置疑地说："他们送了礼物，可我对他们的态度跟对其他人是完全一样的：别想从我这儿捞到什么好处。"

身为科学家，听到这样的话，我忍不住笑了。亏欠感对这些政客到底有没有作用，我们这些严肃、正直、谨慎的科学家再清楚不过了。之所以这么说，原因之一在于，我们这些"聪明、成熟、老练，正值科学事业巅峰"的家伙发现，自己跟所有人一样，也会很容易就被互惠原理左右。举个例子吧，有一种治疗心脏病的药叫钙通道阻滞剂，围绕它的安全性曾引发许多争议。有人做了研究，对这种药，凡是持支持态度，并发表了正面文章的科学家，100% 都接受过医药公司从前给的好处，如免费旅行，提供研究资金或是工作机会；而对这种药持批评态度的科学家里，只有 37% 的人接受过好处。身为科学家，“长年的训练让他们目光敏锐，时刻保持批判态度，而且十分警觉”，可要是连他们都难免为长年的恩惠所左右，政客们就更不在话下了。

在这一点上，我们的看法完全正确。例如，2002 年选举期间，美联社记者通过观察发现，在 6 个主要政治议题上，收了特殊利益集团钱财的国会议员，对有利于这些团体的主张投赞成票的概率比一般情况下高了 7 倍之多。这样一来，这些团体赚回本钱的概率是 83%。不管是民选官员还是上级指派的官员，总觉得自己不是普通人，无须遵守规章条例的限制，如他们停车从不按规矩，诸如此类。但如果他们纵容自己在互惠原理上也这么妄想，那么这不光是可笑的，更是危险的。

免费样品不免费

当然，生意场上也能见识互惠原理的威力。虽说例子不胜枚举，但在这里，我们还是来看一下人人都熟悉的一两种。赠送免费样品这种营销技巧历史悠久，也很管用（见图 2-3）。通常的做法是向潜在客户送上少量的相关产品，看看他们是否喜欢。不必说，制造商是想借此举让公众知道自己产品的质量，这种愿望合情合理。然而，免费样品的真正妙处在于，它同时也是一份礼物，能把互惠原理应用起来。推销的人提供免费样品，表面上不过是为了让消费者知晓他们的商品，暗中却是把接受礼物天然具备的亏欠感给释放了出来，这完全是借力打力、四两拨千斤的柔道手法。

图 2-3　厂家工作人员分发布宜诺斯艾利斯玉米脆片

一些食品制造商在人们进入超市之前就派发免费样品供人们品尝。

超市是赠送免费样品的绝佳场合，消费者经常在那儿得到某种产品的少量试用装。服务人员总是会微笑着递上样品，好多人都觉得光是还回牙签或杯子就走开太过分了。于是，他们购买了一些产品，哪怕自己并不是十分喜欢。万斯·帕卡德（Vance Packard）在《隐形的说客》（*The Hidden Persuaders*）中引用了这一营销手法特别管用的一种变体形式：印第安纳州的超市经营者把奶酪摆在货柜外面，让消费者自己切一小块免费品尝。如此一来，有一天他们在短短几个小时内就卖掉了四五百千克的奶酪。

影响力研究

安利是一家制造家用和个人护理产品并通过全国范围内的上门推销网络销售的公司，他们用的是另一种免费试用策略。公司早先的办公室还只是在地下室里，但很快其每年的销售额就达到了15亿美元，这多亏一种名叫“臭虫”（BUG）的免费试用手法。“臭虫”由一系列的安利产品组成，包括若干瓶家具抛光剂、清洁剂或洗发水，要不就是喷雾式除臭剂、杀虫剂或玻璃清洁剂。销售员用一种特别设计的托盘或塑料袋把它们提到消费者的家里。安利公司的机密《操作手册》指导销售员说：把“臭虫”留在消费者那里，“一天、两天甚至三天，全部免费使用，也不要消费者承担任何义务。只要告诉他，你希望他试试这些产品。没人能拒绝这种请求的”。等试用期结束，安利的客户代表就会回来，顺利地拿到客户希望购买的产品订单。由于消费者不大可能在

> 这么短的时间里把“臭虫”组合产品中的任意一瓶用完，于是销售员又可以将剩下的部分带到对门或隔壁的下一位潜在客户家里，整个过程再从头来上一遍。安利的不少客户代表通常会在自己负责的销售区域里同时使用若干“臭虫”套装。

现在，你我当然知道接受并使用了“臭虫”产品套装的消费者中了互惠原理的计。对自己试用并部分消耗了的产品，许多客户都觉得有义务订购它。当然了，安利公司也早就知道会这样。就算是在安利这样一个有着卓越绩效的企业，“臭虫”手法也掀起了一场大轰动。各州的分销商向母公司提交的报告记下了它的神奇功效，下面这两段话分别来自伊利诺伊州和马萨诸塞州的分销商。

> 真是不可思议！我们从来没有见过这么令人兴奋的事儿。产品正以飞快的速度卖出去，而我们才刚刚开始呢……地区经销商一采用“臭虫”模式，我们的销售量就会出现飞速增长。
>
> 这真是我们最非凡的一套销售理念呀！……平均而言，在销售员取回“臭虫”的时候，消费者总会购买总量的一半……一句话，太了不起了！在我们整个组织里，还从没见过这样的情况呢。

“臭虫”的惊人威力，让安利分销商有点莫名其妙，虽说他们非常高兴，但的确是不知所以。当然了，你我现在再也不会这样摸不着头脑了。

在无关金钱也无关商业交易的单纯人际关系中，很多情况也受互惠原理的控制。要说明互惠这种影响力武器的巨大威力，我最喜欢的一个例子恐怕要数欧洲科学家艾布尔—艾贝斯费尔特（Eibl-Eibesfeldt）讲过的这个故事了。

影响力研究

第一次世界大战期间有个德国士兵，他的任务是到敌人一方去抓人来审问。当时进行的是堑壕战。要让大部队穿过双方前线之间的无人地带极度困难，可一个士兵匍匐着爬过去，溜进敌方的战壕则相对简单。大战中各方军队都有这种高手，他们会定期过去抓敌人的士兵，将之带回来审问。过去，这个德国高手多次顺利完成过这样的任务，现在上面又派他出马了。他又一次巧妙地穿过前线之间的空地，出现在敌方的战壕里，把一个落单的士兵吓了一跳。这个士兵毫无防备，当时他还在吃东西，于是很容易就被缴了枪。受惊的俘虏手里只有一片面包，可他接下来做的，大概是他这辈子最重要的一次尝试了：他给了敌人一些面包。德国士兵收到这份礼物后感动得不得了，以至于都没法完成任务了。最后他放过了恩人，两手空空地爬出了无人地带，挨了上司一顿臭骂。

还有一件更怪的事。在华盛顿特区的某次晚宴上，一名持枪匪徒闯了进来。他挥舞着枪向宾客们要钱，这时有人拿出剩下的红酒和奶酪招待他，歹徒竟然因此改变了主意，道过歉便走了。

说到互惠原理的威力，还有一件事同样有很强的说服力。前面战争中的士兵靠给人礼物救了自己的命，下面这个故事里的妇女，则是因为拒绝接受一份礼物，躲开了随之而来的强烈亏欠感，得以侥幸逃生。

影响力研究 1978年11月，在圭亚那的琼斯镇，邪教组织“人民圣殿教”的头领吉姆·琼斯（Jim Jones）要所有信众集体自杀。绝大多数人在顺从地喝下了有毒的饮料后就这么死了。然而，有个叫黛安·路易（Diane Louie）的信众却拒绝服从琼斯的命令，她逃出了琼斯镇，在丛林里躲了起来。她说自己之所以会这么做，是因为先前在有困难的时候拒绝了教主琼斯的特殊照顾。当时她生病了，琼斯派人送来食物，可她没接，因为“我知道一旦我接受了他给的这些好处，他就完全控制了我，我什么也不想欠他的”。

互惠原理适用于强加的恩惠

前面的内容中我们曾指出，互惠原理的威力大到了这样的地步：其他人，不管有多奇怪、多讨厌、多不受欢迎，只要先给我们点小恩小惠，就能提高我们照着其要求去做的概率。然而，除了威力大，该原理还有另一个特点，它居然允许这种情况的发生：**一个人靠着硬塞给我们一些好处，就能触发我们的亏欠感。**回想一下，互惠原理只是说，当别人帮了我们的忙，给了我们好处，我们就应当回报他；可它并没有说，我们滋生出的偿还亏欠感，一定来自我们主动请人家帮忙，要人家给好处。举个例子，美国伤残退伍军人组织报告指出，只寄出一封请求捐款的信，回应率大概是 18%；可要是在信里附上一份小礼物，如带不干胶的个性化地址标签，成功率就能增加近乎 1 倍，达到 35%。当然了，倘若要求是我们先提出来的，我们偿还的义务感就会更强烈。但在这里，我想要说明的关键点在于，要让我们产生亏欠感，不一定需要这样，哪怕是被人硬塞了些好处，我们也会产生亏欠感。

稍微回想一下互惠原理的社会目的，我们便能看出其中的原因。原理确立起来，是为了推动个人之间互惠关系的发展。如此一来，首先发起这种关系、头一个表示善意的人就不必担心会有损失。倘若原理是为这样的目的服务的，那么不请自来的恩惠就必然具备创造亏欠感的能力。再回想一下，互惠关系给孕育它的文化带来了意想不到的优越性，因此，文化里也就存在着强大的压力，确保原理为其最初的目的服务。这也就难怪著名的法国人类学家马塞尔·莫斯（Marcel Mauss）在描述人类文化围绕赠礼过程产生的社会压力时说：**“人有送礼的义务、接受的义务，更有偿还的义务。”**

尽管偿还义务构成了互惠原理的实质，可是原理那么容易遭到利用却在于接受的义务。有了接受的义务，欠谁的人情就不归我们选择了，反过来我们还会落到对方的手里。让我们重新回顾一下先前举的几个例子，看看这个过程是怎么运作的。

在里根的研究中我们发现，乔通过给受试者提供恩惠使得后者买他彩票的数量增加了1倍，但这份恩惠并不是后者要求的。乔自己主动离开，回来时带了两罐可乐，一罐给自己，一罐给受试者。没有任何一个受试者拒绝他递过来的可乐。很容易看出，拒绝乔的好意实在是太尴尬了。乔已经花钱买了饮料，在该情形中，一罐饮料是很恰当的善意举动，因为乔也给自己买了一罐，拒绝乔这么善解人意的举动肯定不礼貌。然而，等乔说明自己卖彩票的愿望时，接受可乐这一行为所带来的亏欠情绪就变得很清晰了。

注意，这里存在一种重要的不对称性，乔掌握了所有真正的选择。他选择了最初施恩的形式，又选择了回报这种恩惠的形式。当然，你可以说，乔的这两项提议，受试者都可以选择拒绝，但这样的选择未免太艰难了。拒绝乔两项提议中的任何一项，都要求受试者跟文化里天然有利于互惠的力量对着干。

许多组织都意识到人们会因为出乎意料的赠礼而产生亏欠感。我们美国人，是不是都收过许多慈善机构发来的信件，里面还会附上一些小礼物，如个性化地址标签、贺卡、钥匙环，但同时还会附着一张字条：要我们捐款。光是我写作本书的前一年，我就收到了 5 封这样的信，两封来自伤残退伍军人团体，剩下的来自教会、学校和医院。每一封信里附带的信息都有一个共同点：信封里的东西可以看成该组织送的礼物；我希望捐助的金钱，则不应看成是捐款，而应算作一种还礼。正如一家教会组织寄来的信中所说，我收到的贺卡并不需要直接付钱，而是旨在"激发您的善意"。就算不看税收上的好处，我们也应当明白，把贺卡当成礼物赠送，而不当成商品贩卖，对组织来说都是很有好处的。社会上有着强大的文化压力，让我们收到礼物后要还礼，哪怕这份礼物我们并不想要；可社会并没有强迫人们购买不想要的商品。

读者报告 2-2 来自一位男大学生

去年，在感恩节放假回家的路上，我的车胎爆了，之后发生的事让我亲身感受到了互惠带来的压力。一位穿着护士制服的女司机停下车来，并主动送我回家。我告诉了她好几次，我家在 40 千米以外，而且跟她前进的方向相反。但她仍坚持帮我的忙，而且无论如何也不收钱。她拒绝收我的钱，让我产生了您在《影响力》一书中讨论的那种不舒服的令人不安的感觉。

这件小小的意外发生之后，连我的父母也焦虑起来。互惠原理，再加上没有回报善意造成的不安，令我们全家人都有点神经衰弱了。我们一直想要找到她，好给她送去鲜花或礼物，却遍寻不着。要是我们能找到她，我相信，这位护士要什么我们都会给她的。由于找不到其他办法可以缓解亏欠感，我母亲最终祭出了她的撒手锏。在感恩节晚餐上，她带领我们祈祷，请天主赐福这位女士。

作者点评：

这个故事除了表明他人主动提供帮助能调动互惠原理，还透露出另外一点有必要了解的事实。伴随互惠原理出现的亏欠感，并不仅限于最初提供和接受援助的个体，该个体所归属的群体中的其他成员也会受到影响。不光这名大学生的家人会因为他得到的帮助而产生亏欠感，新的研究揭示，要是他们能帮助这位护士的某个家庭成员，亦可了却这笔人情债。

互惠原理可触发不对等交换

互惠原理还有另一个特点，也很容易遭人利用。尽管它的确立是为了促进伙伴之间的平等交流，却也可以用来实现完全不平等的结果。这可真够自相矛盾的。互惠原理要求某一种行为需要以与其类似的行为加以回报。人家施恩于你，你必以恩情报之，不理不睬是不行的，以怨报德更加不可以。但这里面也有很大的灵活性，别人最初给予的小小恩惠，能够让当事人产生亏欠感，最终以大得多的恩惠回报。正如我们所见，在互惠原理当中，最初让他人产生亏欠感的行为，以及缓解亏欠感的回报行为，都可以由最初的发起者来选择，这样一来，那些打定主意要利用互惠原理的人就能轻易地操纵我们，让我们完成一种不公平的交换。

让我们再次回到里根实验中来。请记住，在这项研究中，乔给了受试者一罐可口可乐作为最初的赠礼，稍后，又要求所有受试者以每张 25 美分的价格购买他的抽奖券。有一点我之前没提过，进行这项研究的时间是在 20 世纪 60 年代末，那时一罐可口可乐的价格是 10 美分。平均而言，喝了乔 10 美分可乐的受试者买了他两张抽奖券，也有人一买就买了 7 张。就算只看平均数，我们也可以判断出乔的买卖做得相当划算：他得到的回报是最初投资的整整 5 倍！尽管在乔的例子中整整 5 倍的回报也就是 50 美分罢了。

互惠原理真的能影响换得恩惠的大小吗？只要环境合适，的确可以。

这里举个我学生的例子吧。每当她回想起这件事，总是后悔不已。

影响力研究

大约一年前的一天，我的车发动不了了。我正束手无策地坐着的时候，停车场有个人走过来，最终帮我把车发动了起来。我说“谢谢”，他说“不客气”。他离开的时候，我说：“要是遇到什么我能帮忙的事儿，请随时开口。”过了一个来月，他来敲我的门，要求借用

> 一下我的车，两小时就够了，他自己的车送去店里修理了。虽然我觉得欠了他的情，但又不太好做决定，因为我的车还相当新，他又是个特别年轻的小伙子。但不管怎么说，当时我还是把车借给了他。结果呢？我的车自然是毁在了他的手里。后来，我才晓得他没成年，也没有保险。

一个聪明的年轻姑娘怎么会因为陌生的小伙子在一个月之前帮了她小小的忙，就答应把自己的新车借出去呢？这是怎么发生的呢？更概括地说，为什么最初的小小善意往往会刺激人们以大得多的恩惠回报？**亏欠感让人觉得很不舒服，是一个很重要的原因。**我们大多数人都会觉得亏欠别人是很不愉快的，这种感觉沉甸甸地压在我们身上，要求我们尽快将之除去。不难看出这种感觉的起源在哪里，由于互惠在人类社会体制下极其重要，一旦欠了人情债，我们就会条件反射般地感到不舒服。要是我们忽视了回报他人首发善意的需求，互惠的循环就会终止，我们的恩人将来也就不大可能再做这种好事了，这不符合社会整体的最佳利益。所以，根据我们从小接受的教导，只要亏欠了别人，我们在情绪上就会感到烦躁不安。单从这个原因看，光是为了卸下心理上的债务包袱，我们说不定就会乐意还以比先前所受的更大的恩惠。

还有另外一个原因：**违背互惠原理，接受而不试图回报他人善举的人，是不受社会群体欢迎的。**当然，要是客观条件或能力限制使得他无法偿还恩情，例外也是可以的。然而，在大多数情况下，不照着互惠原理做事的人，人们都是普遍嫌恶的。[①] 谁都不愿被贴上“揩油鬼”“忘恩负义之徒”这样的讨厌标签。为了躲开这样的标签，人们有时也会答应不平等的交换。

内心的不舒服，加上丢脸的可能性，足以让人产生沉重的心理负担。从这个角度来看，我们经常打着互惠的旗号，给出比自己获得的还要多的东西，也就不足为奇了。此外，以下的情况也不奇怪：要是我们觉得无法回报，哪怕自己真的需要，也会尽量避免找人帮忙，心理负担说不定比物质损失更让人难忍受（见图 2-4）。

最后，还有一类损失可能会使人们婉拒某种礼物和好处。女性经常提起，要是有男人给她们赠送了昂贵的礼物，或是带她们享受了奢侈的夜生活，她们就会有一种欠了情的不舒服感觉，并想要回报这男人的恩惠。就算是买一杯饮料这样微不足道的小事，也会给她们带来亏欠感。我班上有个学生在一篇论文里直截了当地指出了这一点：“有了一些恼火的经历之后，我总算学乖了。我再也不会让任何一个在夜总会遇到的男人给我买饮料了，因为我可不想我们中有哪一方认为我该以肉体偿还这份人情债。”研究表明，她的看法其实是有现实基础的。要是姑娘不自己买

① 有趣的是，跨文化研究表明，要是有人反方向破坏互惠原理，即施予了恩惠，却不让接受的人有机会回报，也是不受人喜欢的。在进行此轮调查的 3 个国家，即美国、瑞典和日本，都存在这一情况。

单，而是让男人给她买饮料，那么，不管是男的还是女的，都会立刻判断这个女人很有可能会跟这个男人上床。

图 2-4　心怀愧疚的交换

就算是最小气的人，也会感受到互惠原理造成的压力。但是餐馆服务员也会用这一原理来多收小费。研究发现，在送上账单的时候，服务员给就餐者送去一颗糖，他们得到的小费就能提高 3.3%；要是他们给每位顾客赠送两颗糖，小费便可增加 14%。

互惠原理适用于大多数关系，然而，**在家庭或稳定的友谊这类长期关系中，纯粹的互惠交换并无必要，也不受欢迎**。在这类“共有”式关系中，人们互惠交换的是一种意愿：只要你有需要，我就帮你的忙。基于这种互惠形式，只要双方都遵照一般性原则，那么算计谁给得多、谁给得少是毫无必要的。即便如此，长期的不平等仍会造成不满，在友谊中也不例外。

读者报告 2-3 来自俄勒冈州的一位政府雇员

在受训期间，从前干我这份工作的人告诉我，我会喜欢跟我的上司合作的，因为他是一个非常好、非常慷慨的人。她说，他曾在各类场合送给她鲜花和其他礼物，她是因为要生孩子才决心辞职的，要不然，她一定还会在这个岗位上干好多年。

我为这一位上司干了 6 年，也经历了同样的事情。他给我和我的儿子送圣诞礼物，还会给我送生日礼物。两年前，我在这个岗位上的薪水已经到了最高的一级了，而这个工作是没有升职机会的，所以，我唯一的选择就是参加州政府的考试，申请到另一个部门，或是在私人企业重新找一份工作。但我发现自己并不想找新工作，或是换到另外的部门。我的上司就快到退休年龄了，我想等到他退休以后再换地方，因为我觉得有义务留下来，因为他对我那么好。

作者点评：

这位读者在谈及自己目前的就业形势时用的字眼给我留下了很深的印象，她说，她“可以等到”上司退休以后再换职位。看来，上司小小的善意之举已经使她无意识地产生了一种亏欠感，让她没法另谋高就，换一个收入更好的岗位。

对于希望向员工灌输忠诚感的管理者来说，这是一堂很有益的课程。但这里对我们所有人来说还有更重要的一点：小事情不见得总是小事情，一旦跟生活中的大原理，如互惠原理联系起来，小事情也做得了大文章。

互惠式让步

用互惠原理使他人依从要求行事，还有第二种办法。这比直接给人恩惠再索取回报的方式更微妙，但从某些方面来看，它也更为有效。几年前的一次亲身经历给了我第一手证据，说明了这种驯服技巧是多么管用。

影响力研究

我在街上走着，碰到了一个十一二岁的男孩子。他做了自我介绍，并说童子军一年一度的马戏表演将要在本周六晚上举行，而他正在卖门票。他问我是否愿意购买 5 美元的门票。我可不想把大好的周末时间耗在看童子军马戏表演上，于是婉言拒绝了。“好吧，”他说，“要是你不想买门票，买我们几根巧克力棒如何？一根才 1 块钱。”我买了两根，但立刻意识到发生了点怪事：第一，我对巧克力棒没什么兴趣；第二，我喜欢钞票；第三，我正拿着两根巧克力棒傻站在那里；第四，男孩拿着我的钞票走开了。

> 为了弄明白到底是怎么一回事，我回到办公室，召集研究助理们开了个会。在讨论当时的情况时，我们逐渐意识到，在我照着小男孩的要求买巧克力棒的过程中，互惠原理在其中发挥了怎样的作用。互惠原理的一般性规则指出，要是有人以某种方式对我们行事，我们理当对他还以类似的行为。我们已经看到，这一规则造成了两个后果：**第一，面对接受的善意，我们感到有义务偿还；第二，倘若有人对我们让了步，我们便觉得有义务也退让一步**。经过思考，我的研究小组意识到，小童子军对我来的就是这一手。他要我购买 1 美元的巧克力棒，是以让步的形式提出的。在我眼里，这是他对头一次请求，即要我购买 5 美元门票的让步。如果要遵守互惠原理的规范，我也必须有所让步。正如我们所见，我的确让了步：他从大请求退让到小请求，我则从不顺从变成了顺从，尽管我对他卖的门票和巧克力棒都没什么兴趣。

这是一个如何将影响力武器植入顺从要求的典型例子。我“被”说动购买了某样东西，不是因为我对这样东西产生了什么好感，而是因为购买请求的设计方法调动出了互惠原理的力量。我不喜欢巧克力棒，不要紧，小童子军对我让了步，我的磁带立刻播放起来，致使我自己也让了步。当然了，以让步来互惠的做法尚未强大到在所有环境下对所有人都管用，本书提到的任何一种影响力武器都没有这种功效。然而，在我和小童子军的交换当中，这一做法足够让我莫名其妙地出了高价，买了两根自己并不想要的巧克力棒。

为什么我会觉得人家让了步，我就也应该让步呢？答案仍然是，这种倾向对社会有好处。成员为实现共同的目标而一起努力，对任何社会群体来说，这都符合其利益。可在很多社会互动当中，参与者往往一开始就会提出一些其他成员无法接受的要求或条件。因此，为了完成对社会有益的合作，整个社会都必须设法解决那些互不相容的初始欲望。这就要借助有助于双方达成妥协的程序，而互相让步是这类程序里十分重要的一种。

互惠原理通过两条途径来实现互相让步。第一条很明显：**它迫使接受了对方让步的人以同样的方式做出回应**；第二条尽管不那么明显，但更为关键：**由于接受了让步的人有回报的义务，于是人们都乐意率先让步，从而启动有益的交换过程**。归根结底，要是不存在回报让步的社会义务，谁乐意头一个牺牲利益呢？你有可能放弃了某种东西，却得不到任何回报。不过，有了互惠原理的影响，我们就可以安安心心地率先向合作伙伴让步，因为他有义务也牺牲自己的一些利益，以此回报我们的善意。

“拒绝—后撤”策略

因为互惠原理决定了妥协过程，所以你可以把率先让步当成一种高度有效的顺从技巧来使用。这种技巧很简单，一般叫作**“拒绝—后撤”策略**，也叫**“留面子法”**。假设你想让我答应你的某个请求，为了提高成功率，你可以先向我提一个“大”些的要求。对这样的要求，我保准是要拒绝的。等我真的拒绝以后，你再提出一个稍“小”的要求，而这个要求才是你真正想提的。倘若你的要求设置巧妙，我会把你的第二个要求看成一种对我的让步，并有可能感到自己也该让让步，于是最终顺从你的第二个要求。

这就是小童子军让我买他巧克力棒的做法吗？他放弃了 5 美元的要求，重新提出 1 美元的要求，这是他为卖巧克力棒而故意设计出来的吗？我活到这把年纪，至今还留着自己得到的第一枚童子军奖章，所以，我真心希望这不是真的。不管“先提大要求，后提小要求”的顺序是不是他安排好的，效果总归一样：它管用了！因为管用，某些人便有意识地利用“拒绝—后撤”策略来实现其目的。首先，我们来看看怎样把这一策略当成可靠的顺从手段使用；其次，我们会看到现在人们是怎么使用它的；最后，我们会讲一讲这一策略鲜为人知的几点特性，因为正是靠着这些特性，它才成了一种最有效的顺从手段。

还记得我在遇到小童子军之后，立刻把研究助理们召集到一起，尝试弄清楚这是怎么一回事吗？最终的结果是，我们把巧克力给吃掉啦。其实，我们做的不止这些。我们还进行了一个实验，检验“拒绝—后撤”策略，即**先提出较大的要求，遭到拒绝后再提出较小的真正要求**的有效性。实验的目的有二。

其一，我们想看看这套手法对别人管不管用。很明显，它对我是管用的，但我一贯容易掉入各种顺从手段的陷阱。所以，我们的问题是：“拒绝—后撤”策略能不能用到足够多的人身上，成为一种获得顺从的有效手段？如果回答是肯定的，那将来我们可要小心提防着它了。其二，我们想确定这一顺从策略的力量到底有多大。它能让人顺从相当够分量的要求吗？换言之，提出要求的人退而求其次的“较小”要求，一定是一项真正“够小”的要求吗？我们探讨了这一策略管用的奥妙，要是这个想法没错，第二项要求不一定要有多小，只要比第一项要求小一点就行了。我们怀疑，提出要求的人从较大的要求退到较小的要求的行为之所以能达成目的，最关键的地方就在于它显得像是一种让步。这样一来，**第二项要求在客观上就可以是一项很大的要求，其只需要比第一项要求小就可以了**。经过一番考虑，我们决定运用这一策略提出一个我们认为大多数人都不会予以满足的要求。

影响力研究

我们假装成“县青年辅导项目”的代表，接近在校园里走动的大学生，问他们是否愿意花一天时间陪伴一群少年犯去游览动物园。对这些大学生来说，花好几小时去陪一群年龄各异的少年犯出现在公共场合，又没有报酬，这样的要求实在没什么吸引力。不出所料，绝大多数人（83%）都拒绝了。可是，当我们从相同的样本里抽选了另一群大学生，对提问手法稍加调整，然后向他们提出同样的请求后，却得到了截然不同的结果。在请他们无偿陪伴少年犯逛动物园之前，我们先要他们做一件更大的“善举”：每个星期花两小时为少年犯当辅导员，为期至少两年。等他们拒绝了这个极端的要求之后（实际上所有人都拒绝了），我们再提出去动物园的小要求。把动物园之请打扮成对最初请求的让步之后，我们的成功率有了大幅上涨，答应陪同去动物园的大学生比之前增加了 1 倍多。

面对一项实质性请求，凡是能将顺从率在原先的基础上增加 1 倍多（我们的实验将顺从率从 17% 提高到了 50%）的手段，现实中必然早就有人变着花样用了，这是毫无疑问的。比如，劳工谈判就经常采用以下策略：先提出极端的要求，但并不指望对方能同意，只不过从这一立场，他们可以更方便地向后撤，并让对方做出真正的让步。这样看来，最初的请求越大，这套做法的效果就越好，因为让人产生错觉的空间相应较多。

但这么做是有限度的。根据以色列巴兰大学对“拒绝—后撤”策略的研究，要是最初的请求极端到了不合情理的地步，那便会产生事与愿违的结果。此时，首先提出极端要求的一方便会被认为是缺乏诚意（见图 2-5）。对方并不会觉得从完全不切实际的立场后退是真正的让步，故此也不会回应它。真正有天分的谈判人员只会把最初的立场稍做夸张，够他讨价还价、来上一连串的小小让步，最终能够使他从对方那里得到理想的结果，就足够了。

图 2-5 “拒绝—后撤”策略的错误用法

先提极端的要求没错，可也不能太极端。

在对上门推销进行调查期间，我亲眼看见了“拒绝—后撤”策略的另一变体。此类推销机构使用的这个版本设计意味较小，可是更为投机取巧。显然，推销员上门最重要的目标是把东西卖掉。但我所调查的所有公司，其培训课程都强调说：从潜在客户手里获得推荐名单，如他的亲朋好友、邻居等是第二重要的目标。出于这样那样的原因（这些原因，我们会在第 5 章谈到），倘若推销员说自己是潜在客户的某位熟人“推荐”而来的，那么销售成功的概率便会有大幅提高。

在当销售实习生期间，从来没有哪家公司教我故意让客户拒绝购买商品，好后退一步让他给我推荐人的名单。不过，有几轮培训课是这么说的，要是客户拒绝购买，你得抓住这个机会，让他给你推荐些人："好吧，既然你觉得这套精美的百科全书目前不合您的胃口，兴许您能帮个忙，给我介绍几个其他的客户，说不定他们希望试试我公司的产品呢。告诉我他们的联系方式吧！"很多人本来并不愿自己的朋友也吃这种高压销售的苦头，但因为自己先前拒绝了购买请求，所以此时也就只能后退一步，答应下来。

相互让步、知觉对比和"水门事件"之谜

我们已经讨论了"拒绝—后撤"策略管用的原因之一：它调用了互惠原理。不过，"先提大要求后提小要求"的策略之所以能发挥作用，还有另外两个原因。原因之一是我们在第 1 章中碰到的**知觉对比原理**。人们买了西服之后容易在毛衣上多花钱，便是知觉对比原理在搞鬼：先接触到大件商品的价格，之后再看到不那么贵的商品时，后者的价格便会在对比中显得更加低廉。同样道理，"先大后小"地提要求，也是使用了对比原理：小要求跟大要求一比，更显得微不足道了。要是我想找你借 5 美元，我可以先提向你借 10 美元的要求，以使前一项要求显得小一些。这么做的好处之一就在于同时调用了互惠原理和对比原理的力量。先要 10 美元再要 5 美元，5 美元的要求不仅会被看成是一种让步，还会显得数目更小一些。

两相结合，互惠原理和知觉对比原理就能产生一种令人生畏的强大力量。"拒绝—后撤"策略便是把它们捏在一起，发挥出

惊人效用的。依我看，20 世纪 70 年代最令人费解的一起政治举动——擅自闯入民主党全国委员会办公室，最终导致尼克松总统下台的“水门事件”，大概可以从这方面找找原因。该事件的决策参与者之一杰布·斯图尔特·马格鲁德（Jeb Stuart Magruder）一听说擅闯水门大厦的窃贼被抓住了，便大惑不解地说：“我们怎么会这么蠢呢？”确实，怎么会这么蠢呢？

为了说明尼克松行政当局破门而入的举动是多么有欠考虑，让我们来回顾几点事实：

- 这个主意是戈登·利迪（G. Gordon Liddy）出的，他在“总统竞选连任委员会”负责情报收集工作。行政当局的高层都知道利迪这个人“疯疯癫癫”，因此对他情绪的稳定性和判断力并不看好。
- 利迪的建议非常费钱，他要求获得 25 万美元现金的预算，以防追查。
- 当年 3 月下旬，委员会主任约翰·米切尔（John Mitchell）和他的助手马格鲁德（Magruder）、弗雷德里克·拉鲁（Frederick LaRue）开会通过了这一提议。此时，尼克松在当年 11 月大选中获胜的前景可谓一片光明。在前几轮投票中唯一有可能击败尼克松的候选人埃德蒙·马斯基（Edmuncl Muskie）初选表现不佳；看起来，最容易被打败的候选人乔治·麦戈文（George McGovern）会赢下民主党的内部提名，共和党大选获胜，似乎已经十拿九稳了。

- 破门计划本身的风险性极高，它需要 10 个参与人员，而且人人都必须守口如瓶。
- 要偷偷溜进去并安装窃听装置的地点是民主党全国委员会及其主席劳伦斯·奥布莱恩（Lawrence O'Brien）设在水门大厦里的办公室，而这里并没有什么信息会对现任总统造成损害。民主党似乎也根本没有这样的信息，除非行政当局做了一件非常非常愚蠢的事情。

尽管上面说到的无一不是显而易见的事实，可这么一个众所周知的判断力欠缺的家伙提出的昂贵、冒险、毫无意义、具有潜在毁灭性的建议却还是被批准通过了。像米切尔和马格鲁德这样聪明、见多识广的人，怎么会做出如此愚蠢的决定呢？答案或许就藏在一个少有人谈及的事实上：他们批准通过的这个 25 万美元的计划并不是利迪的头一项提议。事实上，利迪先前还提过两个计划，而 25 万美元的这个计划于利迪而言已经是做出重大让步了。头一个计划是两个月前利迪跟米切尔、马格鲁德、约翰·迪恩（John Dean）开会时提出来的。这个计划需要耗费 100 万美元，除了要在水门大厦民主党全国委员会办公室安装窃听器之外，还需要一架装有特殊通信器材的“跟踪飞机”、一支负责绑架和抢劫的小分队和一艘载有高级应召女郎以便勒索民主党政客的游艇。一个星期后，利迪又在同一群人（米切尔、马格鲁德、迪恩）参与的会议上提出了第二项计划，这个计划削减了部分方案，把成本降低了 50 万美元。等这两项计划都被米切尔否决之后，利迪才提交了最终付诸实施的25万美元的“精简”计划，这次是在米切尔、马格鲁德和弗雷德里克·拉鲁参加的会议上提出的。这个计划还是很愚蠢，但比之前那两个要好些，于是得到了批准。

约翰·米切尔这位强硬、精明的政客，是不是跟我这样素来爱吃亏上当的傻子一样，中了同一套顺从手法的招儿，落入糟糕的交易里面了呢？只不过，哄我上当的是兜售糖果的小童子军，哄米切尔上当的却是兜售政治灾难的“神经男”。

让我们来看看马格鲁德的证词吧。“水门事件”的大多数调查员都认为，这一证词清楚地描述了利迪计划最终得以通过的那次会议。这里面有一些发人警醒的线索。马格鲁德的证词如下：

> 没有谁对这个项目特别感兴趣，但跟利迪之前提出的100万美元的荒唐数目相比，我们觉得25万美元是个可以接受的数字……我们都不愿让他空手而归。米切尔认为我们总该给利迪一小点儿……米切尔签字的时候就好像在说：“好啦好啦，我们就给他25万美元，看看他能折腾出什么来吧！”

与利迪开始的两个极端方案相比，“25万美元”成了“一小点儿”，变成了回赠利迪妥协的让步之举了。事后，马格鲁德脑袋清醒了，他意识到利迪采用的方法就是经典的“拒绝—后撤”策略。

> 要是利迪一开始就跑来对我们说，“我有个计划，我们偷偷潜入劳伦斯·奥布莱恩的办公室，在那儿装上窃听器”，我们肯定会直截了当地拒绝。相反，他先拿给我们看的是什么应召女郎、绑架、抢劫、破坏、窃听这样荒诞不经的复杂方案。表面上，利迪要一整条面包，可在他心里，只要给他一半，甚至四分之一，他就满足了。

有趣的是，小组里只有一名成员——弗雷德里克·拉鲁直接对这个提议表示了反对，尽管他最终还是服从了老板的决定。拉鲁凭借显而易见的常识说道：“我不觉得有必要冒这个险。”他肯定好奇为什么米切尔和马格鲁德这两位同事不这么想。当然，拉鲁和另外两人就利迪的方案是否可取看法不一致的背后肯定有各方面的原因。但最突出的一点应该是：在三个人里面，只有拉鲁没有出席前面两次会议，没听到利迪勾勒他那更加野心勃勃的方案。或许，也正是因为这样，拉鲁才得以从客观的角度做出评价，而不像其他两人那样会受互惠原理和知觉对比原理的双重影响。

进退两难

之前我们说过，除了互惠原理，“拒绝—后撤”策略还借助了另外两点有利因素。我们已经讨论了第一点，即知觉对比原理。跟其他原理不同，“拒绝—后撤”策略的额外优势算不上真正的心理学原理。相反，它只不过是一种**请求顺序上的安排**。让我们再做一次先前的假设：我想找你借 5 美元。我先请求你借给我 10 美元，对我而言，这样做是稳赚不赔的。如果你同意的话，我得到的钱将是我所需的两倍；如果你拒绝了，我还可以让步到一开始就想要的 5 美元，而靠着互惠原理和知觉对比原理的作用，这回我成功的概率将大大增加。无论哪种方式，对我都是有好处的。这就好像我们玩投硬币定输赢游戏，正面，我赢；反面，你输。

“拒绝—后撤”策略的优点这么多，有人或许会觉得，它肯定也存在很大的缺点。受害者被这一手法逼得只能顺从，说不定还会充满怨恨。怨恨或许会以若干种形式表现出来：其一，受害者可能会否认跟请求者达成的口头协议；其二，受害者可能会对操纵自己的请求者产生怀疑，并决定永远不再跟此人打交道。倘若这样的情况发生，请求者在使用“拒绝—后撤”策略时必然要三思而后行。然而，研究表明，采用该策略时，上述受害反应的发生频率并未增加。更令人惊讶的是，其实际发生频率好像反倒降低了！要弄清为什么会这样，让我们先来看看下面的证据。

这是我的血，请千万记得打电话

“拒绝—后撤”策略的“受害者”是否会履行承诺，按照请求者的后一项要求做呢？加拿大的一项研究有助于解答这个问题。这次研究除记录了目标对象是同意还是拒绝了为社区心理健康诊所无偿工作两个小时这一真正的请求之外，还记录了他们是否如约履行了自己的职责。和通常一样，一开始提出较大的请求

（要求受试者在至少两年时间内，每周到该诊所工作两个小时），再后退到较小的请求，口头答应的人会更多，有 76%；而直接提出较小的请求，答应的人只有 29%。不过，答应来的志愿者里有多少人真正出现了呢？这个结果显然更为重要。此时，“拒绝—后撤”策略仍然更为有效，前者是 85%，后者仅为 50%。

还有一个实验检验了受害者是否会因受了“拒绝—后撤”策略的操纵，而对进一步的要求一概加以拒绝。这项研究的受试目标是大学生。

影响力研究 实验者要学生们每人在学校一年一度的献血活动中献 400 毫升的血。一组受试者最初听到的要求是，每 6 个星期献 400 毫升，为期至少 3 年，之后才改为只献血 400 毫升；另一组受试者听到的要求则从一开始就是只献血 400 毫升。接下来，对这两组受试者里口头答应并真正来到献血中心的人，实验人员都问了“是否愿意留下电话号码，以便下一次献血时再联系”的问题。凡是因为“拒绝—后撤”策略而献血 400 毫升的学生，几乎全都答应再来献血（84%）；其他来到献血中心的学生答应再次献血的却不到一半（43%）。

实验证明，就算考虑到将来的合作，“拒绝—后撤”策略也仍然更胜一筹。

甜甜蜜蜜的副作用

这可真是够怪的：**“拒绝—后撤”策略似乎不仅会刺激人们答应请求，还会鼓励人们切身实践承诺，甚至人们还会自愿履行进一步的要求**。这个手法到底有什么奥妙，能糊弄得人们一再地上当受骗呢？要想知道答案，我们或许可以观察一下请求者的退让行为，即该手法的核心环节。我们已经看到，只要对方不觉得它是个一眼就能洞穿的骗局，让步便有可能刺激对方也退让一步。不过，让步举动还有一项我们尚未着手研究的、少有人知的积极附加作用：对方会对这种安排产生更强的责任感和满意感。靠着这种甜蜜的附加作用，“拒绝—后撤”策略推动受害者履行了协议，痛快地答应了之后的约定。

通过研究人们讨价还价的方式和方法，我们可以清晰地看到让步给人际交流带来的积极附加作用。加州大学洛杉矶分校的社会心理学家们做过一项实验，为此做出了很好的示范。

影响力研究

实验人员答应提供一定数额的金钱，并告诉受试者，他有一个“谈判对手”，两人必须讨价还价，商量如何分配这笔钱。受试者还被告知，要是过了一段时间，两人还没有达成协议，那么谁都分不到钱。但受试者并不知道，所谓的“对手”其实是研究助理，此人将按预先的指示，用以下三种方式中的一种跟受试者讨价还价。对第一组受试者，“对手”会首先提出极端的要求，把差不多所有的钱都留给自己，而且在整个谈判过程中都顽固地坚持这一主张；对第二组受试者，“对手”一开始提出的要求只是稍微有利于自己，但在谈判过程中，他也始终坚守这一立场，拒绝让步；对第三组受试者，“对手”最开始提出的是极端的要求，之后逐渐退让到略微有利于自己的要求。

实验中的三点发现有助于我们理解为什么“拒绝—后撤”策略如此管用。首先，相较于另外两种方法，先提极端要求再退让到适度的要求，能让使用此方法的人获得最多的钱。我们先前就看过相关的证据，知道这种手法能强有力地达成有利于己方的协议，所以上述结果尚在情理之中。但研究的另外两点发现很是惊人。

责任感

请求者运用“拒绝—后撤”策略主动让步，不仅提高了目标对象答应的概率，也令他们觉得最终协议是自己“说了算的”，进而产生了更多的责任感。人们要是对契约的条款感到负有责任，自然也更乐意遵守这一契约，故此，目标对象履行承诺也就不足为奇了。

满意感

尽管平均而言，受试者分给采用退让策略的对手的钱最多，但这部分人对最终安排是最为满意的。这样看来，人们或许是这么想的：靠着自己的努力，对手“退让”了。如此达成的协议自然分外圆满。根据这一点，我们就可以解释“拒绝—后撤”策略的第二个神奇特点了——受害者对之后的请求居然也会照样答应。这一策略利用退让来使人顺从，因此受害者可能会对最后的安排感到更为满意。毫无疑问，对特定安排感到满意的人，更乐意答应类似的安排。有人在零售领域做了研究，发现倘若当事者觉得做成划算的交易有自己的一份功劳，那么他们就会对整个过程感到更满意，并会购买更多的产品。

如何防范

要抵挡应用了互惠原理的请求者，你我面对的将是一个可怕的敌人。靠着向我们首先示好、主动让步，请求者招募到了一支强大的同盟军，势要争取我们的顺从。乍看之下，我们的前景显得不怎么光明：我们可能会屈从于互惠原理，顺从请求者的愿望；我们也可能会拒绝顺从，这样一来，我们心底的公平感和义务感就会承受互惠原理带来的猛烈冲击。要么举手投降，要么死伤惨重，两者都不是什么好结果。

幸运的是，我们不是只有这些选择。只要我们对对手的性质有了正确的认识，就能安然无恙地撤离顺从战场，有时甚至还能捞回些战果。关键是要意识到，请求者并不是我们真正的对手，他不过是在借助互惠原理或其他任何影响力武器来争取我们的顺从罢了。他选择了四两拨千斤的柔道手法，让自己跟互惠原理的强大力量站到了同一阵线，之后，又靠着抢先施恩或让步，释放出这种力量。**我们真正的对手是互惠原理**，要想不受它蹂躏，我们必须采取措施，化解它的威力。

拒绝互惠原理

要怎么做才能抵消互惠这种社会原理的影响呢？一经激活，它的力量便会铺天盖地地压下来，强大到让我们根本没法抵挡。这样看来，不让它激活似乎是个好办法。或许，抢先出手，不让请求者借用它的力量，我们便能避免跟互惠原理发生正面冲突。据此，拒绝请求者最初的善意或让步，大概可以让我们成功回避这一问题。可是一概拒绝请求者的最初善意或让步，理论上看起来不错，实践起来却颇为棘手。最主要的问题在于，当最初碰到一个请求时，你很难判断请求者到底是出于真诚，还是打算利用你。要是我们总是戒备森严，碰到无意利用互惠原理的人向我们做出的让步，或是施予的好意，我们也就收获不了它所带来的果实了。

我有个同事愤怒地对我说过一件事。有个男人为了免遭互惠原理的“毒手”，非常粗暴地拒绝了这位同事 10 岁女儿的好意，小女孩的心灵因此受到了深深的伤害。

影响力研究　　女孩班上的孩子们在学校里组织招待会，欢迎自己的爷爷奶奶前来参观，女孩的任务是给所有进入学校操场的家长送花。她碰到的头一个男人看到她递花上来，立刻吼叫起来：“你自己留着吧！”女孩不知道该怎么办，再次拿着花朝他走过去，那人却厉声喝问她到底有什么企图。女孩无力地回答：“什么也没有，这只是一份礼物。”那人还是不信任地瞪着她，坚持说自己早就识穿了她的“把戏”，接着便推开她走掉了。

这次经历给小女孩造成了莫大的伤害，她再也没法接触其他人了，只好放弃了自己的任务。起初她可是满怀期待来做这件事的。很难说这该怪到谁头上，是那态度粗暴的男人，还是之前依靠互惠原理利用他、弄得他最后只知道一味拒绝别人的人。不管你觉得应该怪谁，这里的教训都很明显。我们总会遇到真正慷慨的人，还有按互惠原理公平游戏、不利用它占便宜的人。要是有人不分青红皂白地拒绝了他们的努力，那么他们肯定会觉得受了侮辱，社会摩擦和孤立也会由此而生。故此，一概排斥的策略似乎并不合适。

另一种解决方案成功的把握更大。**倘若别人的提议我们确实赞同，那就不妨接受它；倘若这一提议别有所图，我们就置之不理。**比方说，有人给了我们一个恩惠，我们大可以接受下来，同时认识到将来有回报他的义务。跟别人达成这样的协议，并不意味着这个人能通过互惠原理利用我们。相反，自从人类来到这个世界，公平地参加“义务信誉网”之后，我们就在个人和社会层面上得到了许多好处。然而，要是最初的善意其实是个圈套、机关或诡计，即专门设计来刺激我们回报以更大的恩惠，那么情况就不一样了。我们的合作伙伴并非心肠好，而是想牟取暴利。基于这样的条件，我们当然应该采取相应的措施。一旦我们确定最初的恩惠并非出于善意，而只是一个顺从伎俩，我们就不必受它影响了，该怎么做就怎么做。只要我们能准确地判断、界定顺从伎俩，不再把它们看成是恩惠，施予者也就没法再跟互惠原理站到同一阵线了。互惠原理只说要以善意回报善意，可没说要用善意来回报诡计。

明辨敌友

为了说得再具体些，我们举个实际的例子吧。

影响力研究

假设有一天，一位妇女打来电话，说她是城里居民消防安全协会的会员。她问你有没有兴趣了解一下家庭防火安全知识，检查一下房子是否存在安全隐患，并称之后还会送你一套家用灭火器，一切全都免费。你对这些都挺感兴趣，并且答应让协会的安检人员晚上到访你家。安检员到了之后，送给你一小罐手提灭火器，并开始检查你家的火灾隐患。之后，他给你讲了一些有关火灾的综合信息，这些信息有些意思，也挺吓人的。他还评估了你家发生火灾的可能性。最后，他建议你安装家庭火警系统，接着就离开了。

这样的事儿并不少见。好多城市都有非营利的协会，通常，专职消防员会在业余时间提供此类免费的住宅防火检查。要是你真的碰到了这样的事情，显然是得到了安检员的好心帮助。根据互惠原理，倘若将来你看到他有什么需要帮忙的地方，你也应当主动施以援手。这一类的善意交换，是完全符合互惠原理的优良传统的。

可类似的事件也有可能出现不一样的结局：安检员推荐火警系统之后并未离去，而是展开了一场推销陈述，想要说服你购买他公司生产的一套热感应报警系统，价格自然十分昂贵。上门推销家用火警系统的公司经常采用这种做法。通常他们的产品虽说足够管用，但价格都是虚高的，他们知道你不熟悉这种系统的市场价。要是你打算安装这一系统，你会觉得，既然这家公司为你提供了免费的灭火器，还检查了你家的安全情况，那么你就欠了他们一个人情，应当从他们那儿买一套。这些公司正是利用了你的这种心情，向你施压，要你马上就买。靠着这种手法，卖防火装置的企业在美国各地都呈现着一种繁荣的景象。①

① 其他很多公司也广泛利用免费提供信息的方式来做生意。比方说，卖驱虫剂的公司发现，大多数人都会把杀灭害虫的工作交给帮自己家做免费检查的公司，只要他们相信自己家真的有必要灭鼠杀虫。很明显，面对主动提供免费检查的公司，客户觉得欠了他们的人情。无良的灭虫公司知道，出于这个原因，此类客户不太可能挨家挨户比较价格，所以一旦接下业务，他们就会收取远高于竞争对手的价格。

若你发现自己碰到了这样的情形，可又意识到安检员来你家的首要动机是向你推销昂贵的报警系统，那下一步该怎么做呢?最有效的做法既简单，也不会惊动他人。你只要在心理上重新下个定义就行了：把从安检员那里得到的一切，即灭火器、安全信息、隐患检查，全都当成是销售手法而不是礼物，这样一来，你就能轻松地拒绝他要你买东西的提议了。你还可以免受互惠原理的影响：**善意自然应当以善意回报，对销售策略却没这个必要**。要是安检员在你拒绝之后又要你至少提供些朋友的名字，这时不妨再次采用你的心理防备术，把对方后撤到较小要求的行为重新做个界定：这是一套顺从手法。

一旦完成了心理上的转换，你就不会觉得有要让步的压力了，因为你不再把对方的后一项要求当成真正的让步。此时，你摆脱了他人有意触发的亏欠感，答不答应对方的要求都随你便了。

倘若你乐意，你甚至还可以让安检员的影响力武器掉转枪口。回想一下，互惠原理告诉你，人家怎样对你，你就有权怎样对他。要是你确定“防火安全检查员”的礼物并非真正意义上的礼物，而是用来从你那儿赚钱的工具，那么你也可以用它们为自己赚得好处。安检员给你的东西，如安全信息、家用灭火器，你照单全收，然后礼貌地道个谢，把他送出门去。毕竟，互惠原理说了，公正的意思就是：盘剥的行为要还以盘剥。

读者报告 2-4　来自一位电视机和音响器材的前销售员

有好长一阵子，我都在一家大型零售店的电视和音响器材部门工作。零售商会为客户提供延期保修合同，而售货员卖出这种合同的能力，决定了他能不能继续受聘上岗。我一听他们给我解释了这一点，就设计了以下采用了“拒绝—后撤”策略的方案，虽说那时我还不知道该手法的名字。

客户购机时可以挑选一年到三年不等的质保服务，但不管卖出的合同是哪一种，我所得的积分都是一样的。我意识到多数人都不愿意购买三年质保，所以，一开始我总是劝他们购买这种时间最长、价格也最高的质保。这样一来，要是客户拒绝了我真诚推销的三年质保，我就得到了一个绝妙的机会，后退到相对便宜的一年质保上。只要能把这种质保服务卖出去，我照样很高兴。事实证明，这种手段非常有效，因为平均下来，70% 的顾客都买了延期质保，而部门内其他销售人员卖出的比例才 40% 左右。此前，我还从没对人透露过这个小秘密呢。

作者点评：

请注意，通常情况下，人们在使用“拒绝—后撤”策略的同时，还会借助对比原理。最初价格较高的要求不仅会让后面价格较低的要求看起来像是让步，还会使后者的价格显得比实际更低。

Influence

本章小结

- 根据社会学家和人类学家的说法，互惠原理体现了人类文化最普遍、最基本的一种规范。该原理主张，只要他人给了我们东西，我们就应当设法偿还。原理赋予了接受者将来偿还的义务，这样人们就可以大胆地把东西给别人，而无须担心自己会遭受损失。有了该原理内置的未来责任感，人类才得以发展出多种持久的关系、交易和交换行为。故此，所有社会成员从小就被告知应该遵守该原理，不然就会遭到严重的社会排挤。

- 互惠原理常常影响人们做出是否顺从他人要求的决定。部分顺从专业人士最喜欢也最有利可图的手法之一，就是在索要好处之前先给他人一点东西。这一手法之所以能被别有用心的人所利用，原因就在于互惠原理的三个特点。第一，互惠原理极为强大，通常情况下会影响决定人们是否顺从他人要求的因素，人们都不是它的敌手；第二，即使最初的恩惠是强加于人的，该原理也照样管用，这样一来，我们就没法主动决定自己愿意欠谁的人情了，因为选择权已经落到了他人手里；第三，该原理能推动不平等的交换，为了消除令人不安的亏欠感，人们往往会答应一个比先前所得人情大得多的要求。

- 还有一种利用互惠原理提高他人顺从概率的方法是对基本主题做了个小调整：不是抢先给好处，推动他人回报，而是抢先让步，刺激他人也让步。这种顺从程序，叫“拒绝—后撤”策略，也叫“留面子法”。该方法主要依靠的就是回报让步的压力。提出请求的人以肯定会遭到拒绝的极端要求拉开序幕，之后再后撤到较小的要求，即他原本就想达成的目标，而后一要求很可能会被对方接受，因为它显得像是一种让步。研究表明，“拒绝—后撤”策略除了能提高对方答应要求的概率，还能提高对方将来履行这一要求的概率。

- 要防备别人利用互惠原理向我们施压、要我们顺从，最好的办法不是一概拒绝他人的最初善意。相反，我们应当信心满满地接受最初的恩惠或让步。可一旦事实证明对方并非出于善意，那我们就需要做好准备，对其行为重新定义。只要不再把这些行为看成恩惠或让步，我们也就不会觉得有必要以善意或让步做出回应。

习　题

这些你掌握了吗

1. 什么是互惠原理？在我们的社会里，它为什么这么强大有力？
2. 顺从专业人士最喜欢利用互惠原理的哪三个特点？
3. 请描述里根实验是如何逐一阐明互惠原理的这三个特点的。
4. “拒绝—后撤”策略是如何利用回报压力来提高他人的顺从度的？
5. 为什么“拒绝—后撤”策略使得顺从者更愿意执行协议，并志愿在将来施以善意？

思考一下吧

1. 假设你想要找教授花一个小时帮你准备学期论文的题目。写一个关于该请求的脚本，说明你可以怎样利用“拒绝—后撤”策略，提高教授答应你要求的可能性。在你提出最初的要求时，要小心避免哪些东西？
2. 有一项研究发现，要是寄长长的问卷给医生们填写，如果先付钱的话，他们填写完问卷的可能性更大。如果寄送调查问卷的同时寄一张 20 美元的支票，78% 的医生会按要求填写完问卷，并把它寄回去。可要是只告诉他们填完问卷后会寄给他们 20 美元，按要求做的医生就只有 66% 了。

   研究还发现了另外一件有趣的事：提前得到了支票，可并没有照问卷要求做的医生，只有 26% 的人去兑现了支票，而照着要求做的医生则有 95% 兑现了支票。试用互惠原理解释这两点发现。

3．试解释“位高责重”这个说法是什么意思，以及互惠概念在其中扮演了什么样的角色。提示：约翰·肯尼迪曾经说过，“人得到的越多，对他的要求也就越多”。

4．本章的主题是怎样反映在这一章开头的照片里的？

Influence

第 3 章

承诺与一致

脑子里的怪物

一开始就拒绝，比最后反悔要容易。

——达·芬奇

章首案例 高尔夫传奇大师出尔反尔了吗

2005 年 3 月 1 日，高尔夫界的传奇人物杰克·尼克劳斯（Jack Nicklaus）17 个月大的孙子竟意外溺死在浴缸里。一个星期后，仍沉浸在悲伤中的尼克劳斯推掉了之后所有跟高尔夫相关的活动，包括即将举行的大师赛。他说：“我们家发生了这样的惨剧，我想，自己的时间得多花在其他的事情上了。跟高尔夫比赛有关的活动，我目前完全没有计划参与。”可就在发表这番声明的当天，尼克劳斯却做了两件自食其言的事：向佛罗里达州一家高尔夫俱乐部的准入会员发表了讲演；在老对手盖里·普莱耶（Gary Player）主办的慈善锦标赛上打了球。

是什么东西的力量这么强大，竟把尼克劳斯从悲伤的家人身边拉走，去做了两件跟陪伴家人比起来完全无关紧要的小事呢？尼克劳斯说：“你做了承诺，就必须履行诺言。”他的回答就是这么简单。尽管考虑到背景情况，这两件小事没什么重要的，但先前做出的承诺对尼克劳斯来说却很重要。但是，为什么尼克劳斯先生这么……嗯，一诺千金呢？是性格上的什么特点叫他如此一板一眼地言出必行吗？

两位加拿大心理学家完成的一项研究，揭示了赛马场上人们的奇妙心理。赛马时，只要一下注，人们对自己所选之马获胜的信心就会立时大增。当然，这些马的实际获胜概率并没有发生任何变化，马还是原先那匹马，站在跟原先相同的赛道上，赛马场也还是原先那个赛马场。只不过，在下注者的脑袋里，一买下彩票，这匹马获胜的可能性就顿时变大了。乍一看这虽说有点令人不解，但赌客们态度的戏剧性转变，却跟一种常见的社会影响力武器相关。和其他影响力武器一样，这种武器也深深地扎根在我们心中，无声无息地指引着我们的行动。这其实很简单：**人人都有一种言行一致，同时也显得言行一致的愿望**。一旦我们做出了一个选择，或采取了某种立场，我们立刻就会被来自内心和周围的压力驱使着按照承诺的那样去行事。在这样的压力之下，我们会想方设法地以行动证明自己先前的决定是正确的。我们努力要自己相信，我们做出了正确的选择。毫无疑问，我们也因此对自己的决定感觉良好。

让我们来看看我的邻居莎拉和她同居男友蒂姆之间发生的故事吧。

影响力研究

莎拉和蒂姆相遇后约会了一段时间，最终搬到了一起。在此期间，蒂姆丢了工作。对莎拉而言，事情进展得一点儿也不顺当：她希望蒂姆跟她结婚，希望他把喝了好些年的酒戒掉，可这两件事蒂姆都不同意。两人冲突了好一阵子，之后，莎拉结束了这段关系，蒂姆也搬走了。这时，莎拉的前任男友给她打来电话。他们又开始约会，并很快就订了婚，做了结婚的计划。等婚礼的日子都订好了，请帖也都发出去了，蒂姆却又打来电话。他后悔了，想跟莎拉和好。莎拉告诉他自己马上要结婚了，蒂姆恳求再给他一次机会，他希望两人再续前缘。莎拉拒绝了，说她不想再那样生活。蒂姆甚至提出要跟她结婚，可莎拉说，那她倒情愿跟前男友结婚。最后，蒂姆主动说，只要她松口，他就戒酒。莎拉觉得这样子的话，蒂姆也有他的好处，于是她取消了婚礼，跟蒂姆重归于好。

可还不到一个月的时间，蒂姆就告诉莎拉，他觉得自己没有必要戒酒。又过了些日子，他决定结婚的事儿也得“再等等看”。一眨眼，两年过去了，蒂姆和莎拉的生活还是老样子。蒂姆仍然酗酒，一点儿结婚的打算也没有，可莎拉对他却比从前更投入了。她说，正因为有过在前男友和蒂姆之间做选择的经历，她才知道蒂姆在自己心里其实排第一。所以，尽管当初蒂姆所做的承诺从未兑现，莎拉却还是觉得更幸福、更快乐了。

显然，一旦做出了艰难的选择，人们就会很乐意地相信自己选对了。不仅赌马客们是这样，事实上，**我们所有人都会一次次地欺骗自己，以便在做出选择之后，坚信自己的决定没错**。比方说，在大选刚刚投完票之后，选民们总是更加强烈地相信自己支持的候选人会获得胜利。

言出必行

心理学家早就认识到承诺与一致原理对人的行为有着强大的指引力量。早期许多杰出的理论家，如利昂·费斯廷格（Leon Festinger）、弗里茨·海德（Fritz Heider）和西奥多·纽科姆（Theodore Newcomb），都把言行一致的欲望看成行为的一种重要驱动力。这种力求一致的观念，真的强大到能迫使我们做正常情况下不想做的事情吗？确实是这样。保持并显得前后一致的动力，是一种威力巨大的社会影响力武器，它经常令我们做出明显有违自己最佳利益的行为。

来看看下面这个实验吧！研究人员在纽约市的一处沙滩导演了一起“偷窃”事件，观察旁观者是否会不顾个人安危来阻止犯罪。

影响力研究 研究者的助手在沙滩上随机选一个人，即实验的受试者，在离他两米开外的地方铺上一块沙滩浴巾。助手躺在浴巾上，用便携收音机听了一小会儿音乐，然后站起身，离开浴巾到海滩上去散步。过了一会儿，研究人员会假装成小偷，走过去拿起收音机，试着把它带走。你可能已经猜到了，正常情况下，由于自己可能会受到伤害，受试者是不愿冒险去阻止小偷的。“偷窃”事件上演了20回，旁观者出手阻止却只有4次。但只要稍加调整，同样的过程再来上20回，结果却能与之前大为不同。在后面的20回中，助手在离开浴巾之前要请受试者“帮忙看着我的东西”，所有受试者都答应了。这下，在承诺与一致原理的推动下，20个受试者中有19个成了虚拟的义务警员。他们主动阻止了偷窃行为，要求对方给出解释，甚至出手拦住“小偷”，不让他拎着收音机逃跑。

要想理解为什么人的一致性动机如此强大，我们应当意识到，在大多数环境下，言行一致都是很有价值也很合适的。依照人们的普遍感觉，言行不一是一种不可取的人格特征。**一方面，信仰、言语和行为前后不一的人，会被看成脑筋混乱、表里不一，甚至是精神有毛病；另一方面，言行高度一致大多跟个性坚强、智力出众挂钩，它是逻辑性、稳定性和诚实的核心。**伟大的英国化学家迈克尔·法拉第说过一句话，暗示了人们非常看重一致性，有时甚至到了觉得它比做事正确还重要的程度。一次演讲之后，有人问法拉第，他的意思是不是说某个讨厌的学术对手一贯出错，法拉第瞪着提问者回答道："他才没那么前后如一呢！"

所以，在我们的文化里，一个人高度的言行一致是备受称道的，也理应如此。大多数时候，要是我们在做事时始终如一、坚持不懈，肯定会做得很好。没有了一致性，我们的生活便会困难重重、散乱不堪。

捷径

由于承诺与一致一般来说符合我们的最佳利益，我们很容易养成自动保持一致的习惯，哪怕有时候这么做并不明智。不假思索地保持一致，有可能带来严重的后果。不过，就算是盲目地保持一致，也不乏迷人之处。

和大多数其他自动响应方式一样，保持一致为穿越复杂的现代生活提供了一条捷径。只要我们对事情拿定了主意，死脑筋地坚持到底能给我们带来一种分外难得的好处：我们再不用苦苦地思考这件事了。我们不需要从每天接触的庞杂信息中挑挑拣拣来确定相关事实；我们不必再劳心费神地权衡利弊；我们也犯不着再做出任何棘手的抉择。相反，每当碰到同一类的事情，只需要按下我们的一致性磁带，让它哗啦啦地播放起来，我们就会立马知道该去信什么、说什么和做什么。不管怎么样，我们的信念、说辞和行为，只要跟之前的决定保持一致就行。

千万别低估这种享受的吸引力。要知道，日常生活的纷繁复杂对我们的精力和能力都提出了苛刻的要求，可有了一致性，我们就能以相对轻松、高效的便利方式来应对这一切了。这么一来，人们很难克制保持一致的下意识反应，也就不难理解了：它让我们有了逃避连续思考这桩苦差事的捷径。一旦保持一致的磁带播放起来，我们就可以开开心心地去做事，不用想太多。正如乔舒亚·雷诺兹爵士（Joshua Reynolds）所说："要是有什么办法能省掉动脑筋这档子真正的体力活儿，那人们断然不会放过它。"

愚昧的城堡

机械地保持一致还有另外一点迷人之处。有时候，我们逃避思考活动，不是因为它辛苦、要动脑筋，而是因为这么做了以后反而会招来严重的后果。**有时候，只要稍加思考，就能得出一连串显而不受人待见的该死答案。就因为这个，我们才懒得去思考。**所以有些烦人的事情，我们宁肯视而不见。由于自动保持一致是一种预先设置好的响应方式，所以一旦碰到麻烦事，它就会为我们提供一处安全的藏身之所：躲在保持一致的城堡里面，我们总算可以逃过理性带来的折磨了。

一天晚上，我参加了一次介绍超自然冥想的讲座，亲眼看到了人们是怎么藏在一致性的城墙背后，不愿承担思考带来的恼人后果的。

主持讲座的是两个热心的年轻人，他们想招募一些新成员。他们说，自己的协会提供一种独有的冥想术，能让人得偿所愿。获得内心的平静自不必说，等修炼到了高级阶段，甚至能让人掌握超能力，比如腾空飞行，穿越墙壁一类的。

我来参加这个讲座，为的是观察此类招募会里使用到的顺从手法。这天，我带了一个感兴趣的朋友同行，他是数据统计和符号逻辑学的大学教授。随着会议的进行，讲师们解释起他们冥想术背后的理论来，我发现身边的逻辑学家朋友越来越焦躁。他如坐针毡，换了好多姿势，终于再也忍不住了。讲座结束之后，讲师们要大家提问题，他迫不及待地举起手，轻言细语但态度坚定地一一驳斥了我们刚刚听到的陈述。只用了短短两分钟，他便一针见血地指出讲师的复杂论证在哪些地方是互相矛盾的，以及为什么它们不合逻辑又欠缺证据。这对主讲人可真是不小的打击。他们手足无措地沉默了一阵之后，便开始尝试驳倒我同事的观点。但他们的开脱苍白无力，而且说到中间还得跟伙伴商量一番。最终，他们无奈承认，我同事的看法很好，他们“有必要进一步研究”。

不过，在我看来，更有趣的地方在于这对其余观众的影响。提问时间过后，大量的听众围着两位讲师，竞相掏出 75 美元，报名参加他们的冥想培训。讲师们一边收钱，一边用胳膊肘碰碰对方，耸耸肩膀，窃窃私笑，显然，他俩也搞不明白这是怎么一回事。毫无疑问，先前的尴尬一幕搞砸了他们的陈述，可不知为什么会议却取得了空前的成功，听众们就像被灌了迷魂汤一般，对他们言听计从。我也一头雾水，以为听众没搞懂我同事的反驳逻辑。然而，事实证明，情况恰恰相反。

讲座结束后，三名听众找到了我们。他们都在听完讲座后立刻付费报了名。他们问我们为什么要来听这个讲座。我们做了解释，同时也向他们提出了同样的问题。三个人中有一个是胸怀大志的演员，很想在表演方面取得成功，他来是想看看冥想术能否帮他实现必要的自我控制，以便他在演技上能更上一层楼。负责招募的讲师则向他保证，这没问题。第二个人说自己患了严重的失眠症，她希望依靠冥想术来放松心情，晚上能轻松入睡。第三个人在做非正式的代言人。他大学有几门课没通过考试，因为好像学习的时间总是不够用。他来听讲座是想了解冥想术能不能帮助他减少每晚的睡眠时间，这样多出来的时间就能用来学习了。讲师的说法当然跟先前告诉失眠者的一样：没问题。看起来，超自然冥想术似乎什么问题都能解决，不管这些问题是不是互相矛盾的。

这时，我仍旧以为这三个人报名是因为没听懂我朋友的观点，于是就拿我朋友所说的几点问了问他们。让我吃惊的是，我发现他们完全明白我朋友所说的，实际上，是再清楚不过了，而且正是因为我朋友的论点太有说服力了，才促使他们赶紧在现场报了名。那位代言人说：“我本来不会当场就掏腰包的，因为我现在穷得要命。

我原本是打算等到下次听讲座时再说。可你的朋友一开始说话，我就明白了，最好还是现在就把钱给他们，要不然，只要一回家我就会想到你朋友说的话，今后便再也不会报名了。”

我这才明白过来。这些人都碰到了真正的问题，正拼命想办法解决这些问题。要是研讨班讲师的话值得一信，那么，超自然冥想术就不失为一种潜在的解决办法。在需求的驱动下，他们非常想要相信超自然冥想术就是他们的救星（见图 3-1）。

图 3-1 更高层次的感知

现在，类似这样的广告大概已经不能再用了，因为有个男人把这家冥想组织告上了法庭，并打赢了官司。他说，培训班根本没有如约教会他飞行，只不过让他跳得更高了些罢了。

就在此时，我同事的理性之声传了出来，指出他们认定的新办法似乎在理论上就不合理。他们惊慌起来！必须赶紧采取行动，要不然，等逻辑占了上风，他们的希望就又破灭了。赶紧，赶紧，筑起对抗理智的高墙来！即使修起来的是座愚昧的城堡，也无关紧要。“赶紧地，找个地方藏起来，再也不动脑筋了！来，拿着我的钱。好啦，这下子可就安全多啦。再也不想这些问题了。”既然决心已定，从现在起，一致性磁带就能在必要的时候播放起来了：“超自然冥想术？它当然能帮到我；我当然想要继续下去，我当然相信超自然冥想术。瞧，我已经投了钱进去了，不是吗？啊，不伤脑筋地保持一致真舒坦啊！我就在这儿休息一会儿好了。艰苦地寻觅太紧张、太焦虑了，现在感觉好多了。”

捉迷藏

要是下意识地保持一致真的是逃避思考的盔甲，那么那些想要我们不假思索便答应他们要求的人必然会利用它们。这没什么好奇怪的。面对他们的要求，倘若我们不假思索地做出机械反应，牟利的人可就有福了：**我们下意识的一致性倾向根本就是一座金矿**。所以，他们聪明地做了巧妙的安排，让我们一致性的磁带播放起来为他们赚钱，我们自己却浑然不知。他们用高明的柔道手段来设计跟我们的交流互动，利用我们保持一致的自身需求赚得盆满钵满。

一些大型玩具制造商就用这种方法来减少季节性购买模式带来的问题。当然了，玩具公司的销售旺季是在圣诞节假期之前。

问题在于，接下来的几个月，玩具的销售情况便会陷入可怕的低迷期。消费者已经花光了原本计划买玩具的钱，再也不愿给孩子买更多的玩具了。

于是玩具制造商面临两难境地：如何保住高峰期的销售旺势，同时，也在随后的几个月里维持健康的需求量。刺激孩子过完圣诞节之后还想要更多的玩具，对他们显然没什么可犯难的。可问题在于，怎么才能让过完节又花光了钱的父母给玩具到处都是的孩子再买新的玩具。玩具公司要怎么做才能完成这个近乎不可能完成的任务呢？有些公司试过大幅提高广告宣传力度，有些公司则在低迷期搞降价促销，但从实践来看，这些常规的销售策略都不怎么成功。这两种策略既费钱，又不能把销售量拉到一个理想的水平。家长的确没有买玩具的心情，广告或降价的影响不足以改变他们顽固的死脑筋。

有些大型玩具制造商却觉得自己找到了解决的办法。这个办法很是巧妙，只需要正常的广告支出，外加理解人们保持一致的强大心理需求就足够了。我最初意识到玩具公司搞的这套操作手法，是在上过一回当之后，可还没等回过神来，我就又活生生地上了当，我可真是个傻瓜蛋。

那是在 1 月，我到了城里最大的玩具店。一个月之前，我给儿子买了太多太多的礼物。我发誓，未来很长一段时间里，我再也不踏进这类商店了。然而，我不仅在之后不久再次来到了这个“残忍”的地方，还打算给儿子再买一件昂贵的玩具：一套大型电动赛车。在电动赛车的展柜前，我碰巧遇到了一位从前的邻居，他也正要给儿子买同样的玩具。奇怪的是，我们之前很少碰到对方。说起来，我俩上次见面已经是一年半之前了，那次也同样是在这家店，同样是在圣诞节之后，也同样是在给儿子买一样的贵玩具：一台能走路、能说话，甚至能排便便的机器人。想到我们一年里总是在同一时间、同一地点、做同一件事的时候碰到对方，我们不禁笑了起来。当天晚些时候，我跟一位朋友提到了这一巧合，他以前在玩具行业干过。

“才不是什么巧合呢。”他一副深知内幕的样子。

“不是巧合？你说的是什么意思？”

“瞧，”他说，“我来问你几个问题，是关于你今年买的那套玩具赛车的。第一，你是不是答应了儿子，圣诞节给他买一台？”

“嗯，是呀。克里斯托弗在星期六早晨的卡通节目里看到了这玩意儿的好多广告，他说圣诞节就要这个。我自己也看过几段广告，看上去挺好玩的，所以我说行。”

“中了一条，”他说，“现在我来问第二个问题。等你去买的时候，是不是发现所有的商店都卖完了？”

“太对了，真是这样！商店说他们已经下了订单，可不知道货什么时候才能到货。所以我给克里斯托弗买了其他玩具来代替。可你怎么知道呢？”

“中了两条，”他说，“让我问完最后一个问题。去年你买机器人时是不是也发生过这种事儿？”

“让我想想……你说得没错，就是这样。太奇怪了，你到底是怎么知道的？”

“我可不会什么读心术。只是，我刚好知道几家大玩具公司是怎么拉动一二月份的销量的。圣诞节前，他们开始在电视上做一些特别玩具的广告。显然，孩子们挺想要的，他们缠着父母答应圣诞节买来送给自己。好了，这些玩具公司的精明之处就在于，他们故意不给商店提供足够的货品。这下子，大部分当爹妈的会发现这些玩具早就卖光了，所以只好被迫买下等值的其他玩具给孩子充数。当然了，对于这些充数的玩具，制造商们的货供应充足。接着，过完了圣诞节，公司又开始为前面那些特别的玩具打广告，这使得孩子们越发想要了。他们跑去跟父母哭诉：‘你答应过的，你答应过的。’于是当爹妈的只好痛苦地跑去玩具店兑现自己的诺言。”

“我算是明白了，”我气呼呼地说，“这就是为什么家长们总能在玩具店碰到一年多没见的老朋友，因为对方也落入了同一个圈套，对吧？”

“是呀。咦，你要去哪儿？”

“我去把这套赛车给退了。”我火冒三丈地吼道。

“别着急呀。你再考虑一分钟，你今早为什么要去买它？”

“因为我不想让克里斯托弗的希望落空啊，还因为我想教育他，人得言出必行。”

“好了，现在有什么与今早不一样的地方吗？听我说，要是你把他的玩具退了，他是搞不懂为什么的，他只知道他老爸说了话却做不到。你想要这样的结果吗？”

“不，”我叹了口气说，“我不想。可想想看，你告诉了我，过去两年里玩具公司在我身上赚了双倍的钱，可我却一无所知。好了，现在我明白了，但还是爬不出陷阱，而且还被自己说的话给套住了。照这样说来，我可真是三条全中啊！”

他点点头说：“没错。所以你玩不过那些玩具商呀！”

从那以后，每年的圣诞节假期，类似我经历的那种爹妈忙着买玩具的热闹景象，我观察到了不少：芭比娃娃、挠我痒痒埃尔莫、菲比娃娃、Xboxes 游戏机、Wii 游戏机等。但回顾历史，最符合上述销售模式的玩具还要数卷心菜娃娃。

影响力研究

20 世纪 80 年代中期的圣诞节期间，制造商使劲为这种 25 美元一个的娃娃打广告，但给商店的供货却少得可怜。结果，政府以虚假广告为由起诉了生产商，控告他们打广告卖一种买不到的玩具。而为了给孩子买到一个娃娃，疯狂的父母们在商店里大打出手，甚至把价格抬到了每个 700 美元。这家玩具制造商赚疯了，当年的销售总额高达 1.5 亿美元。甚至在圣诞节之后，卷心菜娃娃的热潮也没有消退。

1998 年的圣诞节期间，每个孩子都想要，却最难买到的玩具是绒毛菲比娃娃，它是玩具制造巨头孩之宝的一家分公司设计的。有人问孩之宝的女发言人，垂头丧气的父母们买不到菲比娃娃，该怎么告诉孩子才好。她建议的回答是："我尽量吧，可要是我现在买不到，过一段时间总会给你弄到手的。"唉，几十年来，玩具商们不正是靠着那么多父母的承诺发大财的吗（见图 3-2）？

图 3-2　不劳无获

漫画里的游戏玩家贾森，成功地利用了索要节日礼物的策略，但我认为他把成功的原因搞错了。以我自己的经验来看，父母之所以会给贾森买许多其他礼物作为补偿，不是为了缓解他的"痛苦"，而是为了缓解他们失信于儿子的痛苦。

承诺是关键

一旦我们意识到人类的行动不可避免地要受保持一致的强大力量所指引，那么一个具有实际意义的重要问题就会冒出来：这种力量到底是从哪里来的呢？是什么东西按下了播放键，激活了难以抵挡的一致性磁带呢？社会心理学家认为他们已经找到了答案：**承诺**。要是我能让你做出承诺，即选择立场，公开表明观点，我就相当于帮你搭建好了舞台，促使你不假思索地自动照着先前的承诺去行事。只要立场站稳了，人们就自然地想要倔强地按照与该立场保持一致的方式去行事。哪怕在做出最终决定之前只是有了一个初步的倾向，它也会让我们在这之后偏爱与之一致的选择。

正如我们所见，明白承诺与一致之间联系的可不光只有社会心理学家，各行各业的顺从专业人士都会拿承诺策略来对付我们。这些策略都有着这样的目的：诱使我们采取某种行动或做出某种表态，从而通过我们内心保持一致的压力逼我们顺从。诱使我们做出承诺的手法多种多样，有些非常直接，有些则十分微妙。

关于前者，可见杰克·斯坦科（Jack Stanko）采用的方法，他是阿尔伯克基一家汽车经销商的二手车销售经理。在一次全美汽车经销商协会会议上，他做了一个名为“二手车经营手法”的演讲，对100来号渴望卖车的经销商提出了如下建议：“把东西写在纸上。只要客户说了好，就让他们写下来。先把价钱告诉他们。控制客户，控制交易。要问他们：‘要是价钱合适，是否即刻就买？’抢先把他们钉死，叫他们无法反悔。”显然，斯坦科先生是这方面的行家，他很清楚怎样通过承诺来让客户顺从，从而“控制他们”来赚钱。

使用多重手腕获得顺从的做法同样有效。比方说，你正为自己最喜欢的慈善组织筹款，想增加本地区答应你上门收钱的居民人数。考虑一下社会心理学家史蒂文·谢尔曼（Steven J. Sherman）采用的方法吧！

影响力研究 谢尔曼给印第安纳州卢布明顿地区抽选出来的居民打电话，说自己正在做一项调查，想知道他们的意愿：要是美国癌症协会需要筹款，他们是否愿意花 3 小时帮忙。当然，大家都不愿显得自己缺乏爱心，所以很多人都说他们愿意。在通过如此微妙的手法征得承诺之后，过了几天，美国癌症协会真的打电话来要求社区组织募捐团。结果，帮忙的志愿者比从前多了足足 7 倍。另有一批研究人员也采用了同一策略，请居民预测自己是否会在选举日当天投票，这下子，在接受电话调查的人里面，投票率大幅提高。

律师们似乎也开始采用这种做法，依靠最初的承诺，刺激当事人在未来采取与承诺一致的行为。在为审判筛选合格的陪审员时，这一行里被公认为最佳咨询师的乔－艾伦·德米特利斯（Jo-Ellen Demitrius）问了一个十分巧妙的问题："要是陪审团里只有你一个人相信我的当事人是无辜的，你能顶住其他陪审员要你改变主意的压力吗？"面对这样的问题，有哪一个自尊自爱的准陪审员会说"不能"？再者，做了这样的公开承诺之后，又有哪一个自尊自爱的陪审员会公然反悔？

电话募捐人员获取承诺的手法就更加狡诈了。不知道你注意过没有，如今他们打电话来为这样那样的原因募捐时，总会先问问你近况如何，身体好不好。他们会说："你好，目标对象先生/女士，今晚心情如何？"或者"今天过得如何？"这样的开场白，可不光是为了显得亲切、友善。它是要让你像平常听到这类客套话时那样给个礼貌的回答，如"挺好的""还不错"，或者"谢谢，还算行吧"。一旦你公开表明事事顺利，募捐员逼你资助那些过得不咋样的人就容易多了："听您这么说我可真高兴，因为我打电话来是想问问，您愿不愿意捐款帮助某某不幸的受害者……"

这种手法暗含的逻辑是：人们要是刚刚才说了自己感觉挺好或者过得不错，哪怕这么说只不过是出于社交时的客套，若之后马上就做出一副小气样，未免会显得很尴尬。倘若你觉得这似乎太过牵强，不妨来看看消费者行为的研究员丹尼尔·霍华德（Daniel Howard）的发现，他亲自检验了以上逻辑。

影响力研究　丹尼尔打电话给得克萨斯州达拉斯的居民，问他们是否答应让饥荒救济委员会的代表上门兜售饼干，所得收益将用来给贫困家庭供应伙食。倘若电话工作人员光是提出这一要求，那这便是标准的募捐法，只有18%的居民会答应。但要是他一开始先问"今晚您感觉如何"，并等对方回答之后再展开标准的募捐流程，这时就会出现好几件引人注意的事情。首先，在 120 名接到电话的居民里，大多数人（90%）都给了客套回复，如“挺好”“不错”“非常好”等；其次，32% 被问了“今晚你感觉如何”的人答应在家接待卖饼干的销售人员，成功率比只采用标准募捐法高了差不多 2 倍；最后，根据承诺与一致原理，几乎所有答应销售员上门的人（89%）实际上都买了饼干。

承诺为什么这么有效呢？原因颇多。很多因素都会影响承诺对我们将来行为的限制程度。一个旨在让人顺从的大规模项目阐明了若干因素的运作详情。这个项目最令人称奇的一点是，它在几十年前就系统化地应用了相关的因素，可在那时，科学研究还根本没有确认到底是哪些因素与此相关。

影响力研究

A、B 两国战争期间，许多被俘的 A 国士兵被关在 C 国人管理的战俘营里。他们很快发现，C 国人对待战俘的方式明显跟 B 国不同，后者喜欢用严刑拷打来迫使战俘顺从。C 国方面则有意回避了这种残忍做法，他们采用的是“宽大政策”，实际上，这也是一种专门设计的复杂心理攻势。战争结束后，A 国心理学家对释放回国的战俘提出了连珠炮般的问题，想要搞清楚到底发生了什么，因为从某些方面来看，C 国的战俘政策取得了惊人的成功。比方说，C 国人非常有效地让 A 国战俘互相揭发，彼此监视。出于这个原因，当然也还有其他种种因素，要是有人想逃跑，计划很快就会暴露，逃跑的人几乎没有成功的。心理学家埃德加·沙因（Edgar Schein）是A国负责调查C国战俘改造项目的首席研究员，他写道："要是真有人逃跑了，只要给告发他的人一袋子大米，C国人就能轻轻松松地把人给找回来。"事实上，据说几乎所有关在C国战俘营里的A国俘虏都曾以这样那样的方式跟C国合作过。①

在对C国战俘营做了研究之后，人们发现，C国人大量依靠承诺与一致的压力来让战俘顺从。显然，C国人面临的第一个问题是要想办法让A国人与他合作，任何形式的合作都可以。A国士兵都受过训练，除了自己的姓名、军衔和编号之外，他们什么也不会说。C国人并不施以肉体暴力，那他们到底是怎么让这些A国士兵透露军事情报、告发同房战友，甚至公开谴责自己的国家的呢？答案很简单：以小积大。

C国人经常要战俘做一些态度温和地反对A国、支持和平的陈述，如"A国并不完美""这里没有失业问题"等。表面上看起来，这些陈述没什么大不了的，可一旦顺从了这些小的要求，战俘们就马上发现，自己要

---

① 这里有必要着重指出，所谓的"合作"并不一定是有意识的。A国调查人员把合作定义为"所有帮助了敌方的行为"，故此，它包括多种活动，如签署和平请愿书、跑跑差使、在电台里发出呼吁、接受特别的待遇、做虚假供述、告发同狱战友、泄露军事信息等。

被迫答应内容相关但更具实质性的要求。假设说，C 国审讯员要一个 A 国战俘同意 A 国并不完美这一说法，战俘认可了；紧接着，审讯员就要他谈一谈，在他看来，A 国有哪些地方不完美；等战俘做了解释，审讯员说不定又要他列一张“A 国的问题”清单，并签上名字；之后，他们又要他跟其他战俘结成小组，讨论自己的这张清单：“毕竟，你自己也相信这些问题，对吧？”随后，他们又要他写一篇文章，扩充清单，更详尽地探讨 A 国存在的问题。

此后，C 国或许会在反对 A 国的广播电台上向整个战俘营，以及 B 国的所有战俘营，甚至驻扎在邻国的 A 国军队播报这个人的名字和他写的文章。突然之间，这个战俘就发现自己成了“合作者”，给敌人帮了忙。因为他知道自己写这篇文章并非出于他人的要挟或胁迫，于是这人便会不断调整形象，好让自己的行为符合“合作者”这个新标签，如此又带来了更广泛的合作举动。所以，根据沙因的研究，“只有极少数的人能完全不跟对方合作，绝大多数人都做过一些自己看来没什么大不了的事情，都合作过一两次。C 国则把这些事情有效地利用了起来……在审讯中获取口供、要战俘自我批评、透露情报，这么做尤其管用。”

其他对顺从感兴趣的群体也知晓这种方法威力巨大又有效。例如，慈善组织常常要人们一步步做出越来越有分量的承诺，以最终让当事人捐出甚为可观数目的款项。研究表明，最初看似琐碎的小承诺，如答应面谈，能打开“顺从动量”的闸门，诱使人们之后做出捐献器官和骨髓的行为来（见图 3-3）。

图 3-3　从小事做起

许多商业组织也经常采用这种方法。对销售人员来说，这就意味着从一笔小生意做起，最终拉到大生意。商人做小生意几乎都不是为了贪图利润，而是想要建立承诺。有了承诺，之后的生意自然而然地就来了，做成大生意也不是什么稀罕事。《美国销售员》杂志上有一篇文章写道：

> 总体而言，小订单为全面推销铺平了道路……这样来看：有人签了订单，购买了你的商品，尽管利润微薄得不足以弥补你打电话所花的时间和精力，但他已经不再是潜在客户了，他成了你真真正正的客户。

这种从小请求开始、最终要人答应更大请求的手法，叫作“登门槛”。1966年，心理学家乔纳森·弗里德曼（Jonathan Freedman）和斯科特·弗雷泽（Scott Fraser）公布了一批令人吃惊的数据，社会科学家们这才首次意识到这种手法是多么有效。这两位心理学家做了一项实验，派研究人员假扮成义工，到加利福尼亚州的一处居民区，当面向业主们提出一个荒谬的要求。

影响力研究

研究人员要业主们同意在自己的前院草坪上立一块公益告示牌。为了让业主们明白牌子是什么样子的，他们出示了一张照片，照片上的房子挺漂亮，可房子正面的视线完全被一块硕大的“小心驾驶”的告示牌给挡住了。出于可以理解的原因，该地区的绝大多数业主都拒绝了这个要求（只有17%的人答应下来），但有一组业主的反应却分外积极。这一组中，76%的人都答应把自家的前院贡献出来。

他们答应得如此爽快，主要跟两个星期前发生的一件事有关：他们对保障驾驶员安全做了个小小的承诺。当时，有一位义工来到他们家，请他们在院前立一块长宽只有七八厘米的警示牌，上面写着“做一个安全的驾驶员”。这个要求实在是太微不足道了，几乎所有人都答应下来，但它给人造成的影响却极为惊人。由于几个星期前毫不知情地答应了一个有关安全驾驶的小小要求，这些业主对另一个分量重得多的要求居然也照单全收。

弗里德曼和弗雷泽并未止步于此。他们重新找了一组业主，尝试了一种稍有不同的程序。

影响力研究

起初，业主们收到了一份请愿书，要他们签名支持“保护加州的美丽环境”。显然，差不多人人都签了名，因为维持一个州的美丽环境，跟提高政府工作效率、进行合理的产前保健一类的议题一样，是不会有人反对的。过了大概两个星期，弗里德曼和弗雷泽派了一名新义工到这些家庭，请居民答应在自家前院草坪上竖一块硕大的“小心驾驶”的告示牌。从某些方面来看，这些业主的反应是本次研究里最出人意料的：将近一半的人都同意在自家院子里竖立“小心驾驶”的告示牌，尽管几个星期之前，他们做出的小小承诺跟小心驾驶毫无关系，而是关于另一项公共服务议题：保护环境。

起初，连弗里德曼和弗雷泽也被这样的研究结果弄糊涂了。为什么在支持保护本州美丽环境的请愿书上签了名，就可以让人乐意做出全然不同、分量更重的善举呢？经过思索，在排除了其他原因之后，弗里德曼和弗雷泽提出了一种解释：签署保护环境的请愿书，使这些人对自身的看法发生了改变。他们把自己看成了具有公益精神、履行公民职责的好市民。这样一来，等到两周以后，当有人要他们履行另一项公益使命，即竖起“小心驾驶”的告示牌时，为了符合新塑造起来的自我形象，他们都乖乖地答应了下来。弗里德曼和弗雷泽这样说：

> 发生变化的大概是人们对参与或采取行动的感觉。一旦答应了某个请求，他们的态度就可能改变。在他们看来，自己成了做这种事情的人：答应陌生人提出的请求，对自己承诺的事情采取行动，配合有着高尚动机的善举。

弗里德曼和弗雷泽的发现告诉我们，**在接受琐碎请求时务必小心谨慎，因为一旦同意了，它就有可能影响我们的自我认知。它不仅能提高我们对分量更重的类似请求的顺从度，还能使我们更乐意去做一些跟先前答应的小要求毫不相关的事情。**正是后面这一种藏在小小承诺里的普遍影响力，叫我甚感惊恐。

它把我吓得都不怎么愿意在请愿书上签名了，哪怕请愿书的立场我原本就支持。因为这类行动不仅可能影响到我将来的形象，还可能会让我按照自己并不想要的方式去改变自身的形象。再者，一旦人的自我形象发生了改变，那些想要利用这一新形象的人就有了各种微妙的可乘之机（见图 3-4）。

弗里德曼和弗雷泽实验里的业主们有谁想过，那个要他们签署保护本州环境请愿书的义工，其真正的目的竟然是在两个星期以后让他们展示一块安全驾驶的告示牌？他们中又有谁会疑心自己答应展示这块广告牌的决定，居然跟签一份请愿书有着很大的关系？我猜没人会这么想。倘若告示牌竖起来以后他们觉得有点后悔，除了自己，以及除了自己那强烈得活见鬼的公民精神，他们还能怪谁呢？他们恐怕绝不会想到那个拿着“保护加州美丽环境”请愿书的家伙吧，更不会想到什么社交柔道术。

图 3-4 在横线上签名就行

你考虑过各类社会团体要你在请愿书上签了名以后，会拿这些签名来干什么吗？大多数时候，他们并不会拿签名派什么具体的用场，因为请愿书的主要目的在于，让我们对该团体的立场做出承诺，以便我们以后会更乐意采取与承诺相一致的进一步举动。

读者报告 3-1 来自得克萨斯州的一位销售培训师

我从您书中学到的对我最有效的一课就是承诺。几年前，我为一家电话销售中心培训电话保险推销员。可这里面最大的麻烦在于，我们没办法仅通过电话就切切实实地把保险卖掉，只能报个价，然后指导来电者到离家最近的公司办事处去做具体面谈。结果，答应要去办事处的来电者却根本没露面。

后来，我找了一组新的电话保险推销员，教给他们一种新的方法：只是把其他推销员采用的销售方法调整了一下。他们所用的“罐装”陈述跟别人的完全一样，只不过，在通话结束时，该方法多加了一个额外的问题。在客户确认了预约时间之后，我们指示销售员先别挂断电话，而是问道：“我希望您能告诉我一下，为什么您选择购买我们公司的保险？”

我最初只是想收集客户的服务信息，但这些新推销员却比同期的其他推销员多卖出了 19% 的保险。后来，我们把这个问题整合到所有人的推销陈述里，连熟练的业务员也比从前多完成了 10% 的业务量。没看过您的书之前，我还搞不清楚这是怎么一回事呢。

作者点评：

虽然是无意中用上的，但这位读者的手法相当高明，因为它不仅让客户对自己的选择做了承诺，还让他们为自己所说的理由做了承诺。再者，诚如我们在第 1 章中所见，人们往往会看在理由的面子上去做某件事。

心灵与思想

请注意，所有的“登门槛”专家似乎都对同一件事情感到兴奋不已：你可以利用一个小的承诺操纵一个人的自我形象；你可以利用它们把人们变成“公仆”，把潜在客户变成“客户”，把战俘变成“合作者”。只要你把一个人的自我形象设置在了你想要的位置上，那么这个人就会自然而然地遵从一整套与这一全新自我形象相一致的要求。

倒也不是所有的承诺都会影响自我形象。**要想承诺达到这样的效果，必须满足一定的条件：它们得是当事人积极、公开、经过一番努力后自由选择的。**A、B 两国战争中，C 国的主要意图并不单纯是从战俘身上索取情报，而是要教化他们，改变他们对自己、对 A 国政治制度、对 A 国在战争中所扮演的角色等一系列问题的态度和看法。战争结束后，心理评估小组的负责人亨利 · 西格尔博士（Henry Segal）考察了被释放回国的战俘们，他报告说，这些人对战争的信念发生了根本性的转变，他们的政治态度也受到了重大影响。

看起来，C 国的真正目标是修正，至少是暂时性地修正战俘们的心灵和思想。西格尔得出结论，倘若我们从“变节、不忠、改变态度和信仰、败坏军纪、打消士气和团队精神、怀疑 A 国扮演的角色”这些角度来衡量他们的成绩，“C 国干得非常成功”。让我们更仔细地看看 C 国是怎么做的。

奇妙的行为

要判断人的真正感觉和信仰，光听他们怎么说是不够的，还要看他们怎么做。想通过观察判断某人是个怎么样的人，必须仔细考察他的行为。研究人员发现，人们自己也是依靠观察行为这一同样的方式，来对自己加以判断的。**行为是确定一个人自身信仰、价值观和态度的主要信息源。**

行为会对人们的自我概念造成影响，反过来，自我概念又会影响到人们将来的行为。这种连锁推进现象，可以参见有关主动与被动承诺效应的研究。

影响力研究 有一项研究要大学生志愿到当地学校开展艾滋病教育。在研究人员的组织下，有一半的大学生是自己主动报名的，他们填写了一张申请表，说自己想要参与；另一半的大学生则是被动登记的，因为他们没有填一张说自己不想参加的申请表。三四天之后，研究人员要大学生们开展志愿活动，绝大部分（74%）真正来尽责的学生都是那些主动答应参加的。那些主动报名的人更有可能用个人价值观、喜好和个性来解释自己的决定。

总之，**主动承诺似乎能给予我们用来塑造自我形象的合适信息，而自我形象又能塑造人们将来的行为，使之起到巩固自我形象的作用。**

C 国战俘营的管理层对自我认知的这种变化路线深知其详，他们对战俘营做了种种巧妙的安排，好让俘虏们总能按照他们想要的样子做事。C 国人知道，过不了多长时间，这些行为就会起到作用，让战俘们把自我认识与自己做过的事情调整到一致。

写作就是C国人不断敦促战俘进行承诺的一种做法。战俘们光是安静地倾听或者口头认同他们的方针路线还远远不够，必须得把它写下来。沙因描述过C国采用的一种标准改造手法：

> 另一种窍门是让战俘把问题写出来，再要他自己给出（支持C国的）答案。要是他不愿自己写，从笔记本里摘抄也行，这似乎是个没什么恶意的让步。

我们已经见识到，看似无关紧要的承诺能让人做出更深入的一致性行为；而书面宣言这种承诺方式的好处就更加明显了。**首先，它成了一个行为业已发生的物证。**只要战俘写下了C国人想要的东西，他就很难再剖白自己没这么干过。他或许可以忘记或否认自己的口头发言，但写下来之后，一切就成了白纸黑字。那上面是他自己的笔迹，再怎么开脱也没有用了。这样一份文档会驱使他调整自身的信念和自我形象，使之与先前没法抵赖的行为达成一致。**其次，书面自白可以拿给其他人看。**当然，这就意味着可以用它来说服其他人，劝说别人朝着声明里的方向改变态度。**更重要的是，书面承诺能说服其他人：写这份东西的人，真心相信自己写下来的事情。**

人们有一种天然的倾向，总认为声明反映了当事人的真实态度。出奇的地方在于，哪怕他们明知道当事人做的声明并非出于自愿，他们还是这么认为。心理学家爱德华·琼斯（Edward Jones）和詹姆斯·哈里斯（James Harris）做过一次研究，为此提供了一些科学证据。

影响力研究 实验人员给受试者看了一份支持菲德尔·卡斯特罗的文章，并要他们推断作者的真实感受。琼斯和哈里斯告诉部分受试者，作者是自愿写的；又告诉另一部分受试者，作者是出于胁迫才写的。奇怪的是，后一部分受试者明知道作者是被逼无奈的，还是觉得作者喜欢卡斯特罗。

看起来，一篇表明信念的声明能按下读者的自动反应播放键，除非另有强有力的反面证据，否则旁观者会自动假定写这份声明的人写的都是真心话。

想想看，一旦战俘写了支持C国或反对A国的声明，这对他的自我形象会造成什么样的双重效应？这份声明不仅会让他一直记着自己的行为，还能让他周围的人相信，这反映了他的真实信仰。我们会在第4章里看到，周围的人认为我们什么样，对我们的自我认知起着十分重要的决定作用。例如，有人做了这么一项研究：康涅狄格州纽黑文的一群家庭主妇听说人家觉得自己乐善好施，过了一个星期，当“多发性硬化症协会”的募捐员找她们捐款时，她们果然大方了许多。很明显，光是知道有人觉得自己乐善好施，就让这些主妇做出了与之一致的行为。

给人贴上标签既然具有这样的特点，精明的政客自然不会放过这个手段。埃及前总统穆罕默德·安瓦尔·萨达特（Anwar Sadat）就精通此道。每当开始国际谈判之前，萨达特总会对谈判对手说，天下人都知道，你们的国家和人民素来是讲求合作与公正的。靠着这样的恭维话，萨达特不仅创造了一种积极正面的感觉，还把对手的身份跟有利于己方的行为联系了起来。按照谈判大师亨利·基辛格的说法，萨达特取得成功，主要是因为他先给了对方一个好名声，而对方为了维护这个好名声，总会采取对萨达特有利的行为。

一旦主动做了承诺，那么自我形象就要同时承受来自内外的一致性压力。**一方面，人们内心有压力要把自我形象调整得与行为一致；另一方面，外部还存在一种更为鬼祟的压力，人们会按照他人对自己的感知来调整形象。**由于别人觉得我们相信自己写的东西，哪怕我们实际上是逼不得已才写的，这种力量也还是会再一次迫使我们把自我形象调整得跟书面声明一致。

在A、B两国战争中，C国并不靠直接的胁迫，而是采用了若干种微妙的方式来让战俘写出他们想要的东西。比方说，C国知道许多战俘迫切想要告诉家人自己还活着，同时，战俘们又知道C国会审查自己的往来信件，只有一部分符合规定的邮件才能寄出战俘营。为了让自己的信件能够寄出，有些战俘开始在信里穿插呼吁和平的信息，说自己在这里挺好的，还表达了对B、

C 两国人民的同情。他们希望 C 国人允许这些信件寄出去，送到自己家人的手里。C 国人当然也乐得顺水推舟，因为这些信对他们的好处太大了。首先，A 国军人支持 B、C 两国的言论极大有助于 B、C 两国开展的全球宣传攻势；其次，在战俘改造过程中，C 国人毫不费力就得到了好些人支持他们事业的公开宣言。

类似的技巧还包括在战俘营里定期举办政治征文比赛。获胜的奖品没什么大不了的，几支香烟、一些水果，但这些在战俘营里相当稀罕，因此战俘们还是非常感兴趣的。通常，获奖的文章都确凿无疑地站在支持 C 国的立场上……但也不一定。C 国人很聪明地意识到，要是比赛只有靠写支持 C 国的宣言才能得奖的话，大多数囚犯是不会参赛的。此外，C 国人也很明白，只要能在战俘心里埋上一颗对和平承诺的小小种子，靠着悉心培育，以后是会结出果实的。所以，也有一些整体上支持 A 国立场，但对 C 国看法稍微附和了一两处的文章获奖。

这种策略完全带来了 C 国人想要看到的结果。战俘们一次又一次地自发参赛，因为他们发现，写赞美自己祖国的文章也能获奖。然而，在有意无意之间，他们逐渐把文章的基调调整得更加偏向 C 国一些，以便得到更大的胜算。但凡是向 C 国让了步的文章，C 国人都很欢迎，因为这样他们才好向当事人施以保持一致的压力。从 C 国的立场来看，战俘自愿写的这些文章是一份完美的承诺。靠着它，战俘的合作和立场转变很快就能顺理成章地确立下来。

其他顺从专业人士也深知书面声明的承诺力量。例如，极为成功的安利公司就有这么一套刺激销售人员实现越来越高目标的好办法。他们要员工拟定个人销售目标，而且得亲手写下来，建立起对这些目标的承诺感。

> 定下目标，把它写下来。无论你的目标是什么，关键是你定了这个目标，这样你就有了努力的方向。接着，把它写出来。把东西写下来，有种非凡的力量。所以，定下目标，把它写下来。等你达到了这个目标，再定另一个，也把它写下来。这样，你会进步如飞的。

既然安利的人都发现“把东西写下来有种非凡的力量”，其他的商业组织自然也知道这个奥妙。有些上门推销的公司利用书面承诺的魔法来对抗许多州的“冷静期”法，这些法律允许消费者在买了东西几天之后取消交易，获得全额退款。起初，强买强卖的公司因为这种规定遭受了沉重的打击。由于强调高压手法，他们的客户买东西大多不是因为想要那种产品，而是因为受了骗，在胁迫之下才答应成交的。这些法律生效以后，这部分消费者成群结队地取消了交易。

自从此类企业学会了一套简单漂亮的手法以后，取消交易的数量就大幅下降了。方法很简单，只需要让消费者而不是推销员来填写销售协议就行了。根据某知名百科全书销售公司的销售培训课程：**个人承诺是预防客户撕毁合同的一种重要心理机制**。和安利公司一样，这些组织发现，只要让人们把承诺写到纸上，就会出现神奇的事情：人们当真会照着写的去做。

还有一种看起来没什么不良企图的促销方式，也利用了书面声明的神奇魔法。在开始研究社会影响力武器之前，我根本搞不懂宝洁和通用食品这类大公司为什么总是要举办“25、50或100字”的宣传征文比赛。比赛全都大同小异，参赛者以“我喜欢某某产品，因为……”开头，写一篇短小的个人声明，把当时在售的某种蛋糕粉、地板蜡的特点吹嘘一番。公司对参赛文章进行挑选，并给获奖者颁奖。

我很困惑，这些公司这么做能得到什么好处呢？参加这种比赛又不必真正购买产品，只要提交一篇短文就够了。可是，各家公司似乎都很乐意掏腰包举办比赛，还办了一次又一次。

如今我揭开了这个谜。征文比赛的目的是让尽量多的人写下对一种产品的表白，就跟C国人在战俘营搞政治征文比赛一样，这两种举动的过程如出一辙。

为了得到吸引人的奖品，尽管获胜的概率很小，参与者也自愿写文章。他们知道，要想文章胜出，就必须赞美相关的产品。于是，他们开始寻找该产品值得称道的地方，并在文章里加以描述。随之而来的结果是，成千上万的人以书面的形式证明了该产品具有这样那样的优点。在书面文字的神奇推动之下，他们真正相信了自己所写的东西。

读者报告 3-2 来自某大型国际广告公司的创意总监

20 世纪 90 年代末，我问赛百味连锁餐厅的创办人兼 CEO 弗雷德·德鲁卡（Fred DeLucca），为什么他非要在每一家赛百味分店的餐巾纸上印上这样一句话：2001 年开 1 万家分店。它似乎没什么意义，一来因为我知道他离目标还有很长的一段路要走；二来消费者并不怎么关心他的发展计划；三来加盟的特许经营者们也很为与这一目标相关的竞争担忧。德鲁卡回答说："要是我把目标写下来，让全世界都知道，我就一定会很努力地去实现它。"不用说，他超乎预期地实现了这个目标。

作者点评：

到 2017 年，赛百味已经在全世界 110 个国家开了 4.4 万多家分店了。因此，把目标写下来，公开做出承诺，不仅能按你希望的方式影响其他人，还能影响到我们自己。

众目睽睽

书面声明能有效地使人发生改变，原因之一在于它们很容易被公之于众。A、B 两国战争中 A 国战俘的经历，说明 C 国清晰地意识到了一条重要的心理学原理：**公开承诺往往具有持久的效力**。C 国不断把战俘支持他们的声明拿给别人看，把声明贴在战俘营里，让作者在战俘讨论小组里大声朗读，甚至通过战俘营的广播站加以宣传。反正，对 C 国来说，这些声明弄得越多人知道越好。这是为什么呢？

每当一个人当众选择了一种立场，便会产生维持它的动机，因为这样才能显得前后一致。我在本章前面的部分提到过，前后一致是一种很好的个人品性，不具备这一特点的人，会被视为浮躁、多变、优柔寡断、糊涂、欠缺稳定；具备这一特点的人，则会显得理性、自信、可靠、值得信赖。考虑到这样的因素，也就怪不得人们总是避免显得前后不一了。故此，出于观感上的原因，立场越是公开，人们就越不愿意对其做出改变。

杰出心理学家莫顿·多伊奇（Morton Deutsch）和哈罗德·杰拉德（Harold Gerard）所做的一个著名实验，阐释了当众承诺是如何进一步带来与之一致的行为的。

影响力研究

实验的基本过程是给大学生们看一些直线，让他们先在脑袋里估计一下直线的长度。此时，第一组学生需公开自己的最初判断，把估计值写出来，并签上名字，交给实验人员。第二组学生也得对自己的估计做出承诺，但他们只需把数值悄悄写在一块磁性书写板上，并可趁没人注意时修改。第三组学生则完全不需要对自己做出承诺，只需记住最初的估计值就行了。

通过这样的方式，多伊奇和杰拉德巧妙地做了安排，让一部分学生对自己的最初决定当众做了承诺，另一部分学生私下做了承诺，还有一部分学生完全不做承诺。多伊奇和杰拉德想知道，三组学生里哪一组在知悉自己的判断不正确的情况下，仍有很大可能会坚持到底。所以，研究人员拿出新的证据告诉所有的学生，他们原来的估计是不对的，现在有机会可以更正自己的估计值。

结果非常清楚。没把自己的最初估计写下来的学生，对这些选择是最无所谓的。看到新的证据不支持他们脑子里做出的最初决定，这些学生便立刻受到影响，赶紧改成了看似“正确”的决定。较之这些没做过承诺的学生，把估计值写在磁性板上给自己看的学生便不那么乐意改变主意了。尽管他们是在谁都不知道的情况下对自己做出的承诺，但把最初的估计写下来的行为，仍然使得他们对新数据产生了抗拒情绪，他们坚持最初的选择不愿更改。最不情愿改变初始立场的，还要数那些把最初的估计值当众记录下来的学生，公开承诺把他们变成了最顽固不化的人。

就算是在准确远远比保持一致重要的情境下，也不乏这种死脑筋。有人做过研究，在实验里找来 6 ～ 12 人组成陪审团，裁断一桩陈年旧案。较之无记名投票的方式，陪审员举手投票表达意见时，固执己见的人会更多。一旦公开了个人的最初看法，陪审员就不愿再当众做出改变。要是你有机会在陪审团里当领头的召集人，选择不记名投票而不是当众投票，能帮你降低碰上死脑筋陪审员的风险。

多伊奇和杰拉德的这项发现，即**人们会更忠于自己的公开决定**，可以善加利用。有些致力于帮助人们摆脱坏习惯的组织就做得很好。比如，不少减肥诊所就明白，一个人私下决定减肥，大多是禁不住诱惑的。经过面包房的橱窗、闻到饭菜的香味、半夜看到美食广告，意志力很容易就溃败了。所以，他们认为，减肥决定必须用公开承诺的大梁来加以支撑。他们要求客户写下短期内的减肥目标，向尽量多的朋友、亲戚和邻居展示。诊所经营者报告说，很多时候，其他方法都失效了，这种简单的小策略却能成功。

其实，要想跟公开承诺缔结盟约，没必要专门掏钱去诊所。圣地亚哥的一位女士向我讲述了她是怎样靠着公开承诺戒掉烟瘾的：

> 我记得，那是在听说又有一项科学研究表明吸烟会致癌之后。每回这样的东西一出来，我就会下决心戒烟，可回回都失败了。不过，这一回，我决定必须做点什么改变了。我这个人挺好强的，要是人家看到我有什么坏习惯，我会很介意。所以我想："大概可以利用好强来除掉这个该死的习惯。"于是我就列了一张名单，名单上全是我很希望得到他们尊重的人。接着，我去找了好些空白的卡片，在每一张卡片的背面写上："我向你保证，我再也不抽烟了。"
>
> 短短一个星期，我把这种签了名的卡片寄到了名单上的每一个人手里，包括我爸、我哥、我老板、我

闺蜜、我前夫，当然，我正约会的那个小伙子例外。我当时特别迷恋他，很想他看重我。相信我，我再三想过要不要把卡片给他，因为我知道，要是我连对他都保不住承诺，我宁可死了算了。然而，有一天在办公室（我们在同一栋办公楼里工作），我却走到他面前，把卡片递给了他，然后一句话也没说就走了。

戒烟真是我这辈子做过的最艰难的事儿了。有好几千次，我都想着要抽上一口。可每到这时，我都会设想，要是我没能信守诺言，我名单上的那些人会怎么看我。这样一来，我当真再也没抽过一根烟。[①]

额外的努力

有证据清楚地表明，**为一个承诺付出的努力越多，这个承诺对承诺者的影响就越大**。这样的证据比比皆是，近的就在身边，远的绕到地球对面也是一样。

让我们先从报纸的娱乐专栏开始吧。流行音乐演唱会的广告商在宣传演唱会时总会缺少一条重要的信息：票价。为什么演唱

① 这一当众承诺的方式，对自尊心强或对他人特别敏感的人特别管用。比如，戴高乐就成功地借助过它的力量。戴高乐是个很自负的人，当时的人们常爱说，他对法国的贡献，大得只有他的自负才比得上。有人问戴高乐，他烟瘾那么大，为什么在告诉所有人他要戒烟之后，就真的再也不抽烟了呢？戴高乐严肃地回答：“我戴高乐可不能食言。”

会的主办方越来越爱把门票价格隐瞒起来不让粉丝们知道呢？也许他们害怕票价太高会把买家给吓跑。但感兴趣的歌迷们一给售票处打电话，不就知道票价了吗？没错。可是主办方也早就知道，只要给售票处打了电话或是亲自去了售票处，潜在观众买票的可能性就会变得更高。就算只是打电话问问价格，粉丝们也相当于对演唱会做了最初的承诺，再加上电话热线很难打进去，粉丝们一般会等上许久，重播无数次，花掉不少时间和精力。等他们终于搞清楚价格后，主办方的目的也就达到了：粉丝们对演唱会做出了积极的、公开的承诺。

读者报告 3-3 来自加拿大的一位大学教授

我刚刚在报上读到一篇文章，说的是一个餐馆老板如何靠公开承诺来解决顾客预订了座位却没来就餐的大问题。我不知道他事先有没有看过您的书，但他做的事情，却完全吻合您讲的承诺与一致原理。他告诉接线员，以后别再说什么“要是您计划有变，请给我们来电”之类的话了，而要这样问：“要是您计划有变，请给我们打个电话来好吗？”然后等对方做出回答。这下子，顾客订了座位却没来的比例立刻从30% 降到了 10%。

作者点评：

为什么这个微妙的变化竟能带来如此戏剧化的不同结果呢？在我看来，关键在于接线员要求并等待来电顾客做出一个承诺。这种方法能刺激顾客做出公开承诺，提高他们之后履行承诺的可能性。顺便一说，这位精明的老板是芝加哥戈登餐厅的戈登·辛克莱（Gordon Sinclair）。

付出努力公开承诺的例子，更远一些的地方也有。非洲南部有个叫汤加（Thonga）的部落，要求本族每一名男孩都要完成一套复杂的成年仪式，才能真正算是男人。跟许多其他原始部落的少年一样，汤加小伙子也要忍受许多折磨，方可得到族人的接纳，获得成年的资格。人类学家怀丁（Whiting）、克拉克洪（Kluckhohn）和安东尼（Anthony）简短而生动地描述了这场为期三个月的严峻考验。

影响力研究

等男孩长到 10 ～ 16 岁，父母就会把他送到“割礼学校”，这种学校每隔 4 ～ 5 年办一届。在这里，男孩跟其他同龄人一道承受部落成年男性的侮辱和折磨。仪式的第一道关卡由两列手持棍棒的男人组成，男孩要从他们中间跑过去，接受他们的殴打。之后，男孩的衣服会被剥掉，头发也会被剪。接下来，男孩要坐在一块石头上，见一个全身覆盖着狮子毛的“狮人”。有人从背后偷袭他，等他转过头去看是谁在打他时，“狮人”便会抓住他的包皮，两下便割掉它。其后的 3 个月，男孩会被隔离在“神秘院”里，只有已经通过成年仪式的人才能看到他。

在整个成年仪式当中，男孩主要需经历 6 种考验：

> 挨打、挨冻、挨渴、吃难以下咽的东西、受罚、承受死亡的威胁。只要稍微被人逮到一点借口，就会有个刚通过成年仪式的人狠狠揍他一顿，而这个打他的人，是部落里的长者专门指派的。男孩不能盖东西睡觉，只能硬生生地忍受冬天的严寒。整整 3 个月里，男孩不准喝一丁点儿的水。他吃的东西上，通常会盖着一层从羚羊胃里掏出来的半消化的草，这些草被故意弄得十分恶心。违反仪式里任何一条重要规则，他都会遭到严酷的惩罚。比方说，有一种惩罚是在触犯者的手指头之间夹上木头棍，一个壮汉把手合在少年的手上使劲捏，几乎要把他的指头弄断。看管的人会告诉少年们，从前想要逃跑的，或是把秘密泄露给妇女和未成年男孩的人，统统已被吊死烧成了灰。少年们听了害怕，只能乖乖就范。

表面上看来，这些仪式显得十分怪异。不过，它们在原理和细节上，都跟学校兄弟会的入会仪式有着不少相似之处。大学校园里每年都要按传统举办“地狱周”，申请入会的新手，都要通过老会员设计的一连串活动，旨在试探他们生理、心理和社交上的承受极限（见图 3-5）。等这个星期过完了，只有坚持到底、通过了考验的男孩才能跻身正式会员之列。大多数时候，这些折磨只不过会让人感到分外疲倦虚弱罢了，可结果出了格的例子也不时可见。

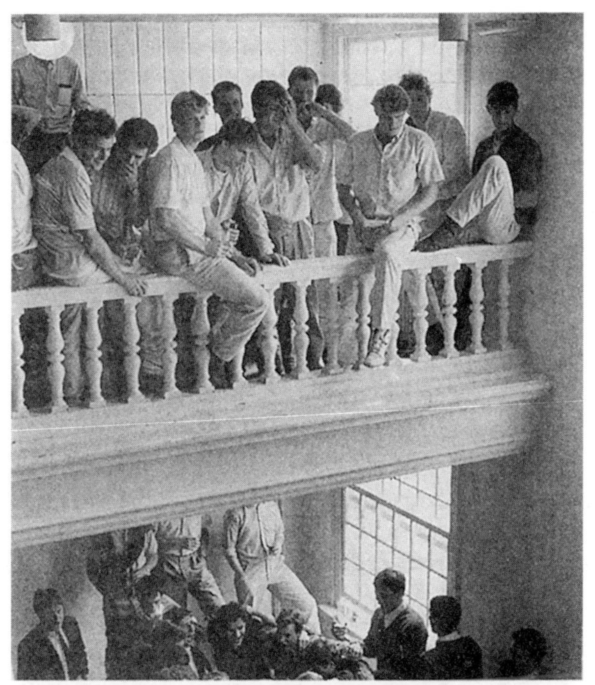

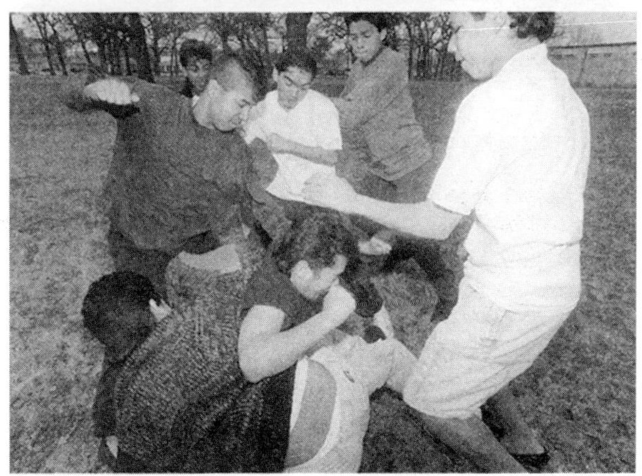

图 3-5 各式各样的入会仪式

各类封闭式团体都有入会仪式，尽管花样各有不同。荷兰的一家辩论社要入会者当众唱歌和咏叹（上），得克萨斯的街头帮派则对新成员拳打脚踢（下）。

有趣的是，“地狱周”活动的特点跟部落成年仪式几乎别无二致。刚才我们说了，人类学家发现，汤加少年在“神秘院”里要承受 6 种考验。看看报纸上的新闻，每一种考验都能在兄弟会折腾人的入会仪式里找到。

- **挨打。** 14 岁的迈克尔・卡罗格里斯在参加高中兄弟会奥米伽—伽马—德尔塔的“地狱之夜”入会仪式时受了内伤，在医院待了三个星期。他被自己将来的兄弟们投了“原子弹”：他们要他把手高举过头，之后兄弟们蜂拥而上，一起狠揍他的肚子。
- **挨冻。** 一个冬天的晚上，加利福尼亚的一名大学新生弗雷德里克・布朗纳被他今后兄弟会的“前辈们”带进了国家森林公园十五六公里深处的一处山坡上。“弟兄们”把他留在山上，让他自己找路回去。众人口里的“胖弗雷迪”只穿着单薄的衬衣和便裤，在严寒中瑟瑟发抖，跌下了陡峭的溪谷，摔碎了骨头，碰伤了脑袋。因为受伤无法走动，他只好缩着身子抵挡寒冷，直到被活生生冻死。
- **挨渴。** 俄亥俄州立大学的新生因为在“地狱周”里违反了“新申请入兄弟会者吃饭时必须爬着进餐厅”的规定而被关进了“地牢”。“地牢”的门关上之后，在将近两天的时间里，新生们只有咸菜可吃，什么喝的东西也没有，他们只有两个塑料杯子，那是为他们接尿喝用的。
- **吃难以下咽的食物。** 在南加州大学校园的卡帕 – 西格马兄弟会之家，11 名新入会的成员看到眼前恶心的任务不禁瞠目结舌。他们每人的盘子里放着 100 多克的生肝。生肝切得厚厚的，浸满了油，男孩们必须将它一口吞下。年轻的理查德·斯旺森把生肝吞下去后又吐了出来，连续三次都没吃下去。但他打定主意非把它吃下去不可，终于他把这块油浸过的肉塞进了喉咙里。可它却卡在了那里，怎么弄都上不来又咽不下去，斯旺森就这么被活活噎死了。

- **受罚。**在威斯康星州，一个新申请入会的人因为忘了所有新人都必须在入会仪式上念的一段咒语，遭到了处罚。前辈们要他把脚放在一张折叠椅子的后腿下，然后让体重最重的兄弟会成员坐到椅子上喝啤酒。尽管这个人没有大喊大叫，但在接受惩罚的过程中，他两只脚的骨头都断了。
- **承受死亡的威胁。**泽塔－贝塔－陶兄弟会的一名申请人被带到了新泽西州的一处海滩上，他被要求“自掘坟墓”。挖完坑以后，兄弟会的前辈们又要他躺进去，他照做了。几秒钟之后，大坑的侧面垮塌，把他给活埋了。等前辈们把他挖出来时，他已经没了呼吸。

部落的成年仪式和兄弟会的入会仪式之间还有另一个惊人的相似点：它们是不会消亡的。尽管人们想方设法地要取缔、打压，这些仪式却异常顽强地存在着。当地政府或大学行政管理部门等权威机构什么办法都用过了，威胁、施加社会压力、采取法律行动、流放、收买、下禁令，想要劝说各方团体放弃入会或成年仪式里的这些既危险又羞辱人的做法，可是统统没用。权威机构严密监视的时候或许会有所改进，但那不过是做做表面文章，等周围的压力一过去，它们又会立刻浮出水面，只是会进行得更为秘密，更加严厉罢了。

在有些大学，官方也试过用为社区服务的“帮忙周”来取而代之，甚至直接插手管控入会仪式。但兄弟会不是狡猾地规避这类管理，就是直接搞对抗。例如，在理查德·斯旺森窒息死亡之后，南加州大学的校长颁布新规定，要求所有入会仪式都必须由校方审定方可进行，在举办入会仪式期间，还要有成年辅导员在场。据美国一份全国性杂志报道：“新规定引发的骚乱相当暴力，连本市的警察和消防队都不怎么敢进入校园了。”

看到了这种必然后果，其他大学的管理者干脆打消了废除“地狱周”的念头。“既然折磨是一种普遍存在的人类行为，而且所有的证据都支持这一结论，恐怕没有一种有效的办法来禁止它。你不让它公开进行，它就干脆转入地下。你不可能禁止人进行性行为，不可能禁止人喝酒，恐怕也不可能消除折磨！”

折磨到底有什么迷人的地方，让这些兄弟会看重到了如此地步？每当有人想要取缔入会仪式里有辱人格的危险做法时，这些团体就会想方设法地逃避、破坏、抗议，这到底是出于什么原因呢？有人认为，这些群体本身就是由心理扭曲、社交紊乱的人构成的，他们就是想看到别人受到伤害和羞辱。但证据并不支持这一观点。例如，有人研究了兄弟会成员的人格特质，发现他们在心理调整方面比其他大学生还稍微健康一些；再者，兄弟会向来是出了名的积极参加社会上的公益活动，但他们就是不愿意把折磨人的环节从入会仪式里去掉。华盛顿大学进行的一项研究调查了许多兄弟会的章程，大部分兄弟会都有类似“帮忙周”的传统规定，但这种社区服务跟“地狱周”并行不悖。社区服务跟入会程序直接挂钩的只有一个例子。

这样看来，折磨仪式上作恶的那些家伙，大多是心理稳定、关心社会的正常人，只是到了某种特殊的时候，即新成员加入组织的时候，才会跟周围的人一起，变得超乎寻常的严苛。故此，证据似乎是在说，仪式本身才是罪魁祸首。它那么严格，必定是因为里面有些东西对整个团体至关重要。折磨新人肯定起到了某种作用，正是这种作用令兄弟会拼死也要将它维持下去。那这种作用究竟是什么呢？

我个人认为，1959 年一项社会心理学圈外鲜为人知的研究给出了答案。两名年轻的研究员——艾略特·阿伦森（Elliot Aronson）和贾德森·米尔斯（Judson Mills）想要验证他们观察到的一个现象：**“费尽周折才得到某样东西的人，比轻轻松松就得到的人，对这件东西往往会更为珍视。”**他们的神来之笔是，选择兄弟会的入会仪式来检验这一猜想。他们发现，忍受了令人超尴尬的入会仪式才得以加入性学讨论小组的女大学生，会觉得自己新参加的这个小组及其讨论的东西是非常有价值的，尽管阿伦森和米尔斯预先安排好了，让其他小组成员“要多无聊有多无聊，要多无趣有多无趣”；另一些女生经历的入会仪式比较温和，甚至她们完全没有通过入会仪式就参加了讨论会，她们就觉得自己新加入的这个小组非常“没意思”。阿伦森和米尔斯两人又做了进一步的研究，结果也是一样。当女生需要忍受痛苦才能入会时，且入会仪式过程越痛苦，她们后来就越容易说服自己：新加入的这个小组及其活动非常有趣、聪明、可取。

这下子，入会仪式上的折磨、羞辱甚至殴打，就都变得有意义起来。汤加部落里的父亲眼里噙着泪水，眼睁睁地看着 10 岁大的儿子晚上躺在“神秘院”冰凉的地板上瑟瑟发抖；大学二年级学生在“地狱之夜”神经质地大笑着打断兄弟会“小兄弟”的发言。这些并不是什么虐待狂的行为，他们这么做，是为了维持团体的生存。奇怪的是，这样的举动却使得未来的成员觉得自己加入的团体更具吸引力、更有价值。只要人们一直珍惜并相信自己经过一番努力才得来的东西，这些团体就会继续安排困难重重的入会仪式。**团队成员的忠诚和奉献精神能极大地提高团队的凝聚力和生存概率。**有人研究了 54 种部落文化，发现内部最为团结的部落，都有着最严格、最戏剧化的成年仪式。依照阿伦森和米尔斯的解释，**严格的入会仪式极大地强化了新成员对团体的承诺感。**因此不足为奇，各团体必然会想方设法地维系这一事关组织将来存活的纽带，倘若有人想取消它，那可是万万不能应允的。

军事团体和组织也照样不能免俗。“新兵训练营”里的痛苦极具传奇意味，但又卓有成效。小说家威廉·斯蒂伦（William

Styron）回忆了自己在美国海军陆战队新兵营的“集训噩梦”，同时也证明了它的效力：

> 在我认识的前海军陆战队队员里……没有一个人不认为新兵训练是一座严酷的大熔炉，但从这座熔炉里熬出来以后，他们却变得更坚强、更勇敢、更能承受磨难了。

尽管军队高层普遍赞成把基础训练搞得严格些，可据说，要是做得太过分，军方也会“零容忍”。1997 年，电视新闻曝光了两盒录像带，其内容令人大惊失色。录像带记录了一种所谓“血别针”的做法。

影响力研究　海军陆战队的新伞兵完成 10 次训练跳伞后，就能得到金翅膀别针，每一枚别针的背后都伸着一厘米多长的两个突起点。别针别到新兵的衬衣上之后，在他们发出痛苦尖叫声的同时，这两个突起点会被使劲拍（或捶，或击）进他们的胸膛。尽管军队领导事后表示了极大的愤慨和厌恶，但 30 个被捉住这么做的老陆战队员里，只有一个遭到了勒令退伍的惩罚，还有些被分派去接受心理辅导，大部分参与者（20 人）最后什么事儿也没有。虽说官方政策是“零容忍”，我却发现，新兵挨的打，是狠狠的、劈头盖脸的打，但打人的，却只是轻描淡写地挨个罚了事。

看起来，这又一次表明，只要团体想培养持久的团队感和荣誉感，加入过程中的严厉与艰辛就很难被轻易取消。

内心的抉择

不管是C国人改造战俘，还是大学兄弟会坚持入会仪式，只要对此类活动加以考察，就可以看出一些有关承诺的宝贵信息。能有效改变一个人自我形象和将来行为的承诺，似乎都是当事人当着众人的面，付出努力主动做的。然而，有效的承诺还有一个比上述三点（即公开、主动和付出努力）更重要的特征。为了搞清楚它到底是什么，我们首先要解决C国战俘管理人员和大学兄弟会弟兄们所做的一些怪异举动。

头一桩怪事是兄弟会的章程无不拒绝把公共服务活动纳入入会仪式。前面我们提到过，有调查报告说，兄弟会经常开展社区项目，但社区服务跟入会仪式几乎总是独立开来的。这是为什么呢？倘若兄弟会的入会仪式追求的是付出了努力的承诺，那肯定可以在里头包含一些艰苦、麻烦的公益活动，如修葺一下破旧的房子，到心理健康中心扫院子，去医院帮忙倒痰盂，这些事儿都是足够累人又不好玩的。再说，这类公益活动能极大地改善兄弟会“地狱周”仪式在公众心目中和媒体上的负面形象。调查显示，报上每登出一则有关“地狱周”的正面新闻，就会登出与其相关的另外五则负面新闻。就算光从公共关系的角度出发，兄弟会也应该把社区服务活动纳入入会仪式，但他们偏不。

要看第二桩怪事，我们得回到C国战俘营及其为A国战俘举办的政治征文比赛上。C国希望能让尽量多的A国人参加比赛，让他们不知不觉地写一些支持C国的文章。然而，既然想吸引更多的人参与，为什么奖品却这么小气呢？征文比赛的获胜者最多只能得到一些额外的香烟和少量的新鲜水果。从战俘营的环境看，尽管这些奖品还算有价值，但设些更大的奖励也是很容易达成的——保暖的衣物、通信时的特别待遇、更多的行动自由——这些都可以用来吸引人参加征文比赛。C国人却特意选择了小气的奖品，不选更大、更吸引人的奖品。

尽管背景全然不同，但兄弟会拒绝在入会仪式里纳入公益活动，跟C国人不为征文比赛设置更刺激的奖品的原因是一样的：**他们希望参与者对自己的所作所为负责，一旦做了，就没有借口可找，没有退路可选**。新会员在入会仪式上主动承受了非人的折磨，他不可能说自己这么做只是出于慈悲心肠；同样，也不能让写了反对自己国家的政治文章的战俘有机会在事后耸耸肩说："我只是贪图那份大奖罢了。"绝对不行。兄弟会的章程和C国战俘营的征文比赛都是要让人做了以后就回不了头，光让兄弟们、战俘们写出承诺还不够，还得让他们发自内心地为自己做过的事承担责任。

社会科学家已经确定了一点：**只有当我们认为外界不存在强大的压力时，我们才会发自内心地为自己的行为负责任。**

优厚的奖品就属于此类外部压力，它可以让我们去执行某一行动，但并不足以让我们自觉自愿地对此行动负责任。[①] 顺理成章地，我们也不会觉得该对它有承诺感。强大的威胁也一样，它能叫人当场顺从，却不大可能带来长期的承诺感。

这些认识对教育孩子具有重要意义。它表明，对于我们希望孩子真心相信的事情，绝不能靠贿赂或威胁让他们去做，贿赂和威胁的压力只会让孩子暂时顺从我们的愿望。倘若我们不仅希望他们暂时顺从，还希望孩子相信自己做的事情是正确的，就算我们不在现场提供外部压力，他们也会继续照着我们乐于见到的方式去做，那么，我们就得做一些安排，让他们为自己的行为负起责任来。心理学家乔纳森·弗里德曼就做过一个实验，为我们在这方面提供了一些启示。

影响力研究

弗里德曼找来一种诱人的玩具，对一群 2 ～ 4 年级的小男孩说，玩这种玩具是不对的。他想看看 6 个星期后自己说的话是不是还管用。熟悉 7 ～ 9 岁男孩的人，想必都知道这项任务是何等艰巨，但弗里德曼有个计划。他觉得，倘若能够先把男孩们说服，让他们发自内心地觉得玩这种玩具是错的，兴许他们之后真的不会再去玩它。麻烦的是，怎样才能让孩子们相信玩一种靠电

① 优厚的物质奖励甚至还会减少或“破坏”我们对某一行为的责任心，一旦没了奖励，我们之后便不会再愿意去做某些事。

池驱动的昂贵机器人确实不对。

弗里德曼知道，让男孩暂时听话很简单，只需要威胁孩子说，要是逮到他偷玩机器人，他会遭到很严厉的惩罚。之后，大人会待在附近假装严厉“执法”，这样就很少有孩子会冒险去碰机器人了。弗里德曼猜得没错。

弗里德曼给男孩依次看了 5 种玩具，并警告说：“玩机器人是不对的。要是你玩了它，我会很生气，那时候我做的事情恐怕会让你不好受。”之后，弗里德曼离开了房间几分钟。在此期间，他通过一面单向玻璃暗中观察男孩。他先后找了 22 个男孩子做此尝试，在他离开的那几分钟里，有 21 个孩子摸都没摸过机器人。

所以，只要孩子们觉得有可能被逮到并挨罚，强大的威胁就管用。当然，弗里德曼早就猜到了这一点。他真正感兴趣的是，等过上一段时间，当他不在周围的时候，威胁还能不能有效指导孩子们的行为。出于这一目的，6 个星期之后，他派了一名年轻的姑娘又来到男孩们的学校。

姑娘把孩子们从班上逐一叫出来，参与一项实验。她并未提及自己跟弗里德曼有任何关系，只是带着孩子们回到那间放有 5 种玩具的房间，说要给他们做个画画的测试。她一边给测试打分，一边告诉男孩，想玩哪种玩具都行。当然了，几乎所有的男孩都玩了玩具。

有趣的地方在于，所有玩了玩具的孩子中，77% 都选了先前禁止他们玩的机器人。因为弗里德曼不能回来执行惩罚，6 个星期前非常管用的威胁，这下子差不多完全没用了。

弗里德曼的实验并未到此结束。他另选了一组男孩，把程序稍微调整了一下。

他仍然先给孩子们看了 5 种玩具，也对他们说，在自己离开房间期间，别玩机器人，因为“那是不对的”。这一次，他并未威胁孩子非要他们服从。他只是离开房间，通过单向玻璃观察他的指示是否管用。结果指示同样管用，和前一组男孩一样，弗里德曼短暂离开期间，22 人里只有 1 个孩子玩了机器人。

6 个星期之后，弗里德曼不在那里了，孩子们有机会跟机器人玩了，这个时候，两组男孩的真正区别显现了出来。先前没有施以强烈威胁的男孩做出了一件令人惊讶的事情：他们明明被允许想玩哪种玩具都可以，可大多数人都没去碰机器人。尽管在 5 件玩具里，机器人的吸引力是最大的。其他 4 种玩具分别是：一艘便宜的塑料潜水艇、一只儿童棒球手套但没有球、一把没上子弹的玩具来复枪和一辆玩具拖拉机。孩子们被允许选择其中之一来玩时，只有 33% 的孩子选了机器人。

两组男孩身上都出现了戏剧性的结果。对头一组男孩来说，弗里德曼说玩机器人是不对的，为了支持这一说法，他向孩子们施以严厉的威胁。在弗里德曼有可能逮到孩子们犯规的时候，威胁很管用。可之后他不在现场观察孩子们的行为，威胁就没用了，他定的规矩自然也就作废了。看起来是这样：威胁并未让男孩们懂得玩机器人是错的，只不过，要是存在挨罚的可能性，玩它便不够明智。

对另一组男孩来说，带来这种不同戏剧性结果的原因来自他们的内心，而非外部。弗里德曼同样曾告诉他们，玩机器人是错的，但他并未施以额外的威胁说要惩罚不照做的孩子。最终结果有两点很重要：第一，光靠弗里德曼的指示，就足以在他短暂离开房间的时候，阻止男孩们玩机器人了；第二，自那以后，男孩们为自己不玩机器人的选择负起了责任。他们认为，不玩机器人是因为他们不想那么做。毕竟，就算他们玩了玩具，也不会受重罚，所以不能用这一点来解释他们的行为。故此，几个星期之后，当弗里德曼不在周围时，他们仍然不玩机器人，因为他们已经从内心相信自己不想玩了。

成年人要想教育孩子，可以从弗里德曼的研究里提取一点心得。假设有对夫妇想告诉女儿说谎不对。要是家长在场，或女儿觉得会被发现，那么明明白白的严肃威胁会很管用。比如，“宝贝儿，说谎不好，要是我逮到你说谎，我会把你的舌头给割掉”。但威胁没法实现说服小姑娘的长远目标，也没法让她打心眼里认为：因为说谎是错的，所以自己才不想做。所以，家长们需要采用一种更奇妙而有效的方法。父母得找一个有力的理由，足以让她在大多数时候保持诚实，可这个理由又不能强大到让孩子觉得，自己完全是为了它才保持诚实的。

这有点棘手，因为不同的孩子需要的理由也不一样。对有些孩子来说，可能光是请求就够了（“宝贝儿啊，说谎不好，所以我希望你别说谎了”）；对另一些孩子，可能要加上一个稍微强烈些的理由（“……要是你说谎，我会对你失望的”）；还有些孩子，对他们兴许还得给予适当的警告（“……要是你说谎，我恐怕不得不做些我不想做的事情”）。明智的家长自然知道哪种理由对自家的孩子适合。要点是**找出一个理由，能让孩子从一开始就照着家长的意愿去做，同时又让他对这一行为自觉自愿地负责**。也就是说，**这种理由里蕴含的可察觉的外部压力越小，效果就越好**。对家长而言，选择一个合适的理由并不容易，但这番努力应该是物有所值的。它决定了孩子是会在短期内顺从，还是会做出长久的承诺。正如塞缪尔·巴特勒（Samuel Butler）300 多年前所讲：“人违心答应倒是不难，可他的看法还是老样子。”

自己长出腿来

出于上文探讨过的种种原因，顺从专业人士超喜欢能带来内心变化的承诺。**一是内心变化一旦出现，就跟当前的环境不挂钩了，它能涵盖所有相关的环境；二是变化能发挥持久的作用。**因此，一旦人们受到诱导，采取能改变自我形象的行为，比如说变成具有公益精神的好市民，那他们在其他多种情况下就都有可能热心公益。二是只要新的自我形象能维持下来，他们就很可能继续从事热心公益的活动。

导致内心改变的承诺还有另一点吸引力：它们能自己“长

出腿来”。顺从专业人士不需要费时费力地花工夫来不断强化人们的内心变化，靠保持一致的压力就足够了，这些压力会搞定一切。等人们逐渐认为自己是热心公益的好市民，就会自觉自愿地从不同的角度来看问题。他们会说服自己，人就该这么做。跟社区服务有关的事情，以前他们根本注意不到，现在却会给予关注。他们会听取有利于公益行为的论点，并觉得这些论点比以前更有说服力了。**一般来说，由于人们的内心信仰系统需要保持一致，于是他们会宽慰自己：我选择的行为是正确的。**在生出额外的理由来为承诺的正当性辩护的这个过程中，最重要的一点在于，人们找到的理由是新的。故此，就算采取公益行为的初始原因没有了，这些新发现的理由也足以让人们继续认为自己的行为是正确的。

这对“肆无忌惮”的顺从专业人士可是天大的美事，因为我们会建立新的论据来巩固内心做了承诺的选择。有人便利用这一点，诱惑我们做出这种选择。一旦我们做好决定，那人便会取消诱因，他知道，我们的决定应该已经自动长出了腿，足够站得稳稳当当了。汽车经销商经常通过一种叫“抛低球”的伎俩从这一过程中渔利。我头一回碰到这套手法，是在本地一家雪佛兰汽车经销商那里当销售学员的时候。经过一个星期的基本训练，商家允许我旁观正式的销售员上岗，我立刻注意到了他们“抛低球”的做法。

影响力研究

汽车经销商对某些客户会提供十分优惠的价格，比如某款车比竞争对手的价格要低上 400 美元。不过，这笔划算的交易可不是真的，经销商根本无意兑现，它的唯一目的是让潜在客户决定在本店买车。一旦客户做了决定，经销商就会通过一系列的活动培养客户的个人承诺感：填写一大堆购车表；安排各方面的贷款条件；有时候，还鼓励客户试驾一整天的车，之后再签合同，“这样你就有了拥有这辆车的感觉，还开着它给邻居和同事看了”。经销商知道，在此期间，客户一般会找出大把的新理由来支持自己的选择，证明自己的投资很划算。

之后便会发生一些事情。有时，销售员会在计算中发现一个“错误”，比如忘了把空调算到成本里，倘若买家还是要空调，那就得把 400 美元重新加到价格当中。为了撇清自己的嫌疑，有些经销商会让银行批贷款的工作人员发现错误。还有些时候，到了最后关头交易突然被驳回了。因为销售员跟老板汇报工作，老板唱了黑脸：“这样子卖车会亏钱的。”买一辆车要好几千甚至上万美元，多上 400 美元似乎也没那么肉疼，再说了，销售员会强调，价格跟竞争对手是一样的：“这可是你选的车呀，对吧？”

还有更阴险的“抛低球”。潜在客户开着旧车来买新车时，销售员答应以旧换新，故意抬高旧车的估价。客户觉得这笔交易太划算了，立刻就想成交。之后，等快要签订合同的时候，二手车经理说，销售员对旧车的估价高了 400 美元，并把换购补贴降到了正常水平。客户知道扣了钱之后的交易仍然是公平的，也就接受了，有时还会为自己想占销售员的便宜感到愧疚。我亲眼看到过一位妇女向对自己使用了“抛低球”伎俩的销售员道歉——而这时候，她正在签购车合同，销售员马上就能得到一大笔佣金呢！销售员装出有点受伤的样子，并努力挤出了一个宽容的微笑。

不管用的是哪种“抛低球”手法，顺序总是千篇一律。**先给人一个甜头，诱使人做出有利的购买决定；而后，等决定做好了，交易却还没最终拍板时，卖方再巧妙地取消最初的甜头。**在这种情况下，客户还会买车，看起来似乎不可思议，可它真的管用。当然，不是对所有人都管用，但效果也足够好了，许多汽车卖场都把它当成一项基本的顺从手法。汽车经销商意识到，**个人承诺能建立起一套自圆其说的系统，能为最初的承诺找到新的理由。**大多数时候，这些理由会像粗壮的腿一样，牢牢地支撑起最初的决定，就算经销商把最初的那条腿给抽走，决定也不会坍塌。面对损失，客户会耸耸肩一笑而过，甚至挺开心，因为还有那么多上佳的理由支持着他们的选择。买家们从来没有想过，要不是最初先做了选择，这些额外的理由根本就不会出现。

看到汽车销售员先给甜头，得到客户有利于卖方的决定之后，再拿走最初给的甜头这一“抛低球”手法在汽车展厅里的威力，我决定换一种环境来检验它的效力。我想知道，对这一手法稍加调整之后，它的基本原理是否还站得住脚。倘若我的看法没错，我应该可以让它换一种不同的方式来发挥作用。具体来说，我打算先给出一个优惠条件，让对方做出至关重要的决定，然后再给最初的协议加上一项令人不快的限制，以此来测试这种手法在新环境中的效果。由于“抛低球”手法的作用是使人们坚持先前的决定，那么哪怕情况发生了变化，变得不那么有利了，“抛低球”手法都应该管用。

为了验证我的猜想，我跟同事约翰·卡乔波（John Cacioppo）、罗德·巴塞特（Rod Bassett）、约翰·米勒（John Miller）在俄亥俄州立大学做了一次实验。

影响力研究

该实验是让心理系的同学们答应做一件不大愉快的事情：大清早起来参加早晨 7 点的“思维过程”研究。我们叫来第一组学生，当场就告诉他们早晨 7 点要出席研究会议的消息，只有 24% 的人愿意参加。接着，我们叫来第二组学生，抛出一记低球：先问他们是否想要参加“思维过程”的研究。等他们答应了之后（56% 的人给出了正面回应），我们再提早晨 7 点出席的事实，并给他们反悔的机会。结果，没有一个人改变主意，而且 95% 被抛了低球的学生都准时在早晨 7 点来到了心理系教学楼，履行了自己的承诺。我之所以知道这一点，是因为我招了两名研究助理到现场进行“思维过程”实验，并记下了到场学生的名字。①

① 这里，我要澄清谣言：有人说，我为这个任务招聘研究助理时，先问他们是否乐意主持“思维过程”实验，等他们答应了以后，才告诉他们开始时间是早晨 7 点。这个说法毫无根据。

“抛低球”手法最令人印象深刻的一点在于，当事人明明做了一个糟糕的选择，却还觉得挺高兴。那些没什么好选择给我们的人最喜欢这一套了。不管是在生意、社交还是私人场合，我们都能发现他们在“抛低球”。我的邻居蒂姆就是个真正的低球爱好者。大家想必还记得，他答应改变自己的行为方式，好让女朋友莎拉回心转意，取消跟别人的婚礼，让他回来住。自从莎拉决定选蒂姆以后，她对他更百依百顺了，尽管蒂姆从未兑现当初的承诺。莎拉解释说，她发现蒂姆身上有好些她从前没注意到的优点。

莎拉是个“抛低球”手法的受害者，我心知肚明。正如我在汽车展示厅看到买家们上了“给你甜头又拿走”策略的当一样，我知道莎拉也同样中了蒂姆的招。蒂姆从来就是老样子，丝毫没有什么改变。可由于莎拉在他身上发现了不少对她来说实实在在的新优点，现在她对之前无法接受的安排深感满意。选择蒂姆的决定，从客观上看实在够糟糕的，可它已经长出了腿，站起来了，还让莎拉感到挺幸福。我从来没对莎拉提过“抛低球”的知识。我保持沉默，倒不是因为我觉得茫然无知对她更好。我个人从来都认为，多些信息总比少些好，这应该是一条基本的指导原则。只不过，要是我在他们俩的关系上多说一个字，莎拉铁定会恨死我。

为了公共利益挺身而出

本书中讨论的所有顺从技巧，都是既可为善也可作恶的，全看使用者的心术如何。不足为奇，“抛低球”手法除了用在卖新车、跟老情人重建关系上，还能用在社会公益事业上。例如，艾奥瓦州完成的一项研究表明，“抛低球”手法能让居民注意节约能源。

影响力研究

研究项目是在艾奥瓦州的初冬时节开始的，相关人员到访使用天然气取暖的住户家，教给住户一些节能技巧，并请他们为了将来节约燃料。所有的住户都答应试试看。可一个月以后，研究人员核对了这些家庭的气表，发现没人真正注意了节能问题。冬天过后又对比了一次，结果也相同。答应节能的居民的天然气使用量，跟随机抽选出来的、节能宣传员没上过门的住户一样多。看来，光有良好的意图和节能的信息，还不足以改变人们的生活习惯。

项目开始之前，帕拉克和研究小组就意识到，为了改变人们长期的能源使用模式，必须来点别的东西。所以，他们对艾奥瓦的另一组天然气用户采用了稍有不同的程序。

宣传员同样到访了这些家庭，提供节能技巧，要他们注意节能。此外，宣传员还提出了一个额外的条件：要在本地报纸上登出这些答应节能的家庭的名字，表彰他们的公益精神和环保态度。这么一来，效果显而易见。一个月之后，燃气公司上门检查气表时，这一组居民平均每户节省了 12 立方米的天然气。有机会让名字见报，激励了这些居民在为期一个月的时间里努力节能。

接下来，研究人员开始暗中动手脚，他们取消了最初促使人们节约使用燃料的原因。每户家庭都收到了一封信，其中说明出于种种原因，没办法再在报上登出用户的姓名了。

等冬天过去，研究小组开始调查这封信给天然气用户们带来了什么样的影响。没了上报纸的机会，他们会重新回到浪费能源的老路上去吗？完全没有。在当年冬天的其他月份，这些家庭节约的能源比头一个月，即以为自己可以受到登报表彰的奖励时的还要多！按百分比来看，在以为自己能见报的第一个月，他们节约使用了12.2%的天然气。然而，在收到信、知道自己名字不能登报之后，他们并未“旧疾复发”，反而省下了15.5%的天然气。

虽说有些事情不一定完全靠得住，但要理解这些住户坚持节能的行为，有一个现成的解释。在登报表彰的“抛低球”的诱惑下，这些人做出了节能的承诺。**承诺一旦做出，就会开始长出腿来支撑自己。**居民开始培养新的节能习惯，并对身体力行实践公益活动感觉良好；他们劝说自己，美国必须减少对外国能源的依赖；自家天然气使用费用降低，让他们很愉快；他们为自己的自制力深感骄傲；最重要的是，他们开始觉得自己很有节约精神。有了这些新的理由，先前节能的承诺就显得更为正当了。这样一来，哪怕最初的理由，即登报表彰没有了，承诺还是站得稳稳当当的（见图 3-6）。

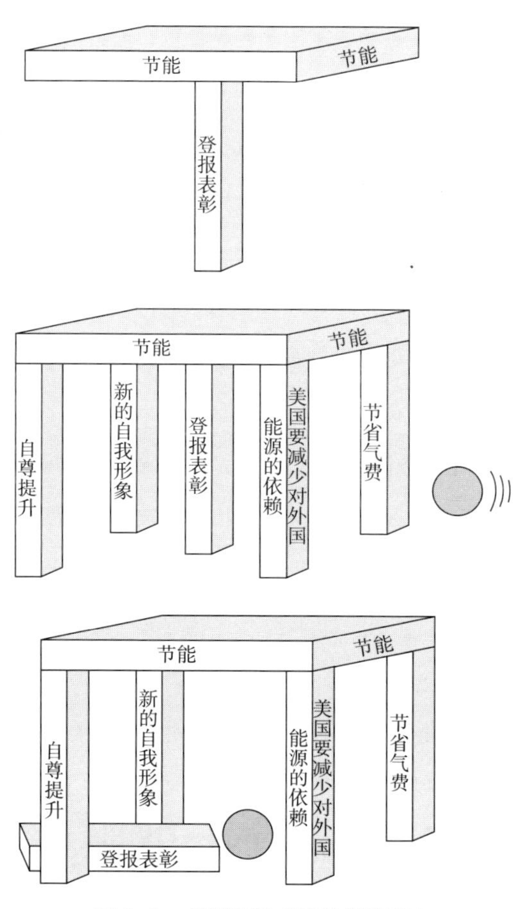

图 3-6 “抛低球”带来的长期影响

在这个艾奥瓦能源研究的案例中，我们可以看到，人们最初的节能承诺是以登报表彰为前提的（上）。可没过多久，这种节能承诺就自己生出了新的支撑点，研究小组得以抛出低球（中）。它虽碰倒了一开始的登报表彰诱因，可新长出来的腿却牢牢地支撑住了节能的做法（下）。

最奇怪的一点是，明知登报表彰已经不可能实现了，这些家庭反倒更加努力地节约能源。要解释此种现象，许多理由都说得通，但我最中意的是：在某种程度上，登报表彰的机会反而使居民没办法全力以赴地履行节能的承诺。他们做出节约能源决定的所有理由都发自内心，可登报表彰却是唯一的外部因素。有了它，居民们没法说服自己，他们节约用气是因为相信这么做是正确的。如此一来，收到信件、得知登报表彰一事取消之后，妨碍居民们塑造全新自我形象（具有节能意识、关注公益的好公民）的拦路虎也随之消失了，全情投入的崭新的自我形象促使他们更努力地节约能源。就跟莎拉一样，居民们是因为引诱才做出了选择和承诺，可等引诱他们的东西没了，他们对自己的选择却更加执着了。[①]

如何防范

据我所知，要对抗结合了承诺与一致原理的影响力武器，唯一有效的防御措施是思想上的觉悟：尽管保持一致一般而言是好

① 幸好，要想在公益活动中借助言行一致原理的力量，没必要使用“抛低球”这种欺骗性手法。里德学院的理查德·卡泽夫（Richard Katzov）带着学生进行了一系列令人印象深刻的研究。他们证明：诸如书面保证、“登门槛”等承诺手法在鼓励节能行为（如回收利用、减少用电量、出行乘公交等）方面均有成效。

的，甚至十分关键，但我们必须避免愚蠢的死脑筋。我们必须警惕不假思索地自动保持一致的反应，因为有些要花招的人正想利用它牟利呢！

不过，由于大多数时候自动保持一致都能让我们做出恰当又合算的行为，所以我们在生活里不可能彻底摆脱它，否则可就坏事了。试想一下，要是我们不能依照从前的想法和行为顺理成章地做事，而是每次碰到新行动就要停下来想想它有什么好处，我们恐怕一辈子也做不成什么重要的事。机械地保持一致尽管存在风险，但我们还是离不开它。摆脱这一困境的唯一出路是明白这种一致性有可能让人做出错误的选择。有两种独立的不同信号能给我们提示，面对其中任何一种信号，我们的身体会在不同的部位做出反应。

肠胃信号

第一种信号很容易识别。每当我们意识到自己中了圈套、被迫遵从了一个并不想答应的要求时，我们的胃就会警铃大作。这种状况我碰到好几百回了。在我还没开始研究顺从技巧之前，有一年夏天发生了一件特别令我难忘的事。

那天傍晚，门铃响了，我打开门，看到一个穿着短裤和吊带衫的漂亮姑娘。尽管如此，我还是注意到她带着笔记本，她是想要我参加一项调查。因为想给她留下个好印象，我答应了。我承认，为了让自己的形象显得特别高大光辉，我在回答问题时对实际情况稍微做了点夸张。我们的谈话如下：

漂亮姑娘： 您好！我正在调查城市居民的娱乐习惯，不知您能否回答我几个问题？

西奥迪尼： 请进。

漂亮姑娘： 谢谢。我就坐在这儿开始好了。每个星期您出门吃晚餐的次数是多少呢？

西奥迪尼： 哦，大概每星期三四次吧。说真的，只要有机会我都是出去吃，我喜欢高档餐馆。

漂亮姑娘： 真棒。您晚餐时一般会点酒吗？

西奥迪尼： 只点进口酒。

漂亮姑娘： 我明白。电影呢？您常去看电影吗？

西奥迪尼： 电影院吗？好电影不多啊。我最喜欢看带字幕的外国文艺片了。你呢？你喜欢看电影吗？

漂亮姑娘： 呃……我喜欢。不过，我们还是回到调查上来吧。您经常去听音乐会吗？

西奥迪尼： 当然。我最常听的是交响乐。不过，我也很喜欢有档次的流行乐队。

漂亮姑娘：（下笔如飞）很好！还有一个问题。歌剧或芭蕾舞团的巡回演出如何？城里有这类表演时您去看吗？

西奥迪尼： 啊，芭蕾啊，动作、韵律和形式都是我喜欢的。写下来吧，我喜欢芭蕾。只要有机会我都会去看。

漂亮姑娘： 很好。让我核对一下记录，西奥迪尼先生。

西奥迪尼： 确切地说，是西奥迪尼博士。但这听起来太一板一眼啦，你叫我鲍勃多好。

漂亮姑娘： 好的，鲍勃。根据您给我的信息，我很高兴地说，参加“美国俱乐部”您每年能省下1 200美元！只需交一点会员费，您刚才提到的大部分活动就都可以打折啦。像您这么喜欢社交活动的人，肯定会利用我们公司的服务来享受特大优惠吧。

西奥迪尼：（像只落入陷阱的老鼠）呃……嗯……我……呃……我猜会吧。

我记得很清楚，当我结结巴巴答应下来的时候，我的整个胃都缩紧了。这是一个明白无误的信号：“嘿，你上当啦！”但我看不到出路，我被自己说的话逼到了绝路上。此时拒绝她的提议，有可能出现两种结果，但两种结果都不怎么乐观。如果我想收回前言，说自己并不是刚才在采访里说的那种时髦的城里人，那我就成了骗子；可要是不收回前言就拒绝她，我又成了一个傻瓜蛋，居然会放弃能省下1 200美元的机会。我买下了姑娘提供的娱乐套餐，尽管我知道自己是掉入了陷阱。为了跟先前说的话保持一致，我中了招。

不过打那以后我再也不上这种冤枉当了。如今，我会倾听肠胃的声音，也找到了一个办法来对付那些想要利用一致性原理坑我的人，即只需要一语道破他们在干吗就行了。这成了我的完美反击战术。每当我的肠胃告诉我，仅仅因为想要跟最初所做保持一致就顺从别人的要求是很愚蠢的时，我便会把这一点原原本本地告诉提要求的人。我并不否认保持一致的重要性，但我想指出，**顽固地保持一致其实是荒谬透顶的**。不管提要求的人听了以后是内疚地离开，还是困惑地撤退，对我都是件好事：我赢了，利用我的人输了。

我有时候会想，要是多年前的那位漂亮姑娘现在跑来向我卖娱乐套餐，那会是个什么情形。我已经准备好应付的办法了，之前的对话都一样，只不过结尾焕然一新。

漂亮姑娘：……像您这么喜欢社交活动的人，肯定会利用我们公司的服务来享受特大优惠吧。

西奥迪尼：（自信满满）大错特错。你瞧，我意识到这是怎么回事了。我知道，你表面上说是做调查，实际上是为了让人们告诉你他们有多喜欢出门，而在这种情况下，说得夸张些也很自然。但既然我知道这事儿动机不纯，我才不会让自己掉入“做了承诺就想保持一致”的自动陷阱里去呢。“按一下就播放”的把戏对我没用。

漂亮姑娘：啊？

西奥迪尼：好吧，这么说吧：第一，要是我在本来不想要的东西上花钱，那我就是个猪脑子；第二，最可靠的权威人士，也就是在下的肠胃，明确指出，我不想买你的娱乐套餐；第三，如果你还是觉得我会买它，那你就太天真了。当然喽，一个像你这么聪明的人，应该能理解吧。

漂亮姑娘：（像只落入陷阱的漂亮小老鼠）呃……嗯……我……呃……我猜可以吧。

心灵信号

肠胃不是感觉特别敏锐的器官。只有人明明白白是受骗了，它才能反应过来，向大脑传递这一信息。其他时候，如果我们挨宰挨得不那么明显，肠胃就不会警铃大作。在这类情况下，我们必须到其他地方寻找线索。我的邻居莎拉是个典型的例子。她向蒂姆做了一项重要的承诺：取消跟前男友的结婚计划。承诺自己长出了腿，哪怕做出承诺的最初理由已经没了，她还是一如既往地坚守了承诺。她用新找到的理由说服了自己，相信自己做了正确的事，于是继续跟蒂姆在一起。可想而知为什么莎拉的肠胃没缩紧，只有自己都觉得做的事情不对，肠胃才能提醒我们。莎拉不是这样。照她想来，自己选得很正确，所以行为也该和选择保持一致。

不过，除非我彻底猜错了，莎拉身体上肯定有一部分已经意识到自己选错了，也知道她目前的生活方式是在冥顽不灵地保持一致。那一部分到底是哪儿，我们说不清，但在人类的语言里，早就给那里起好了名字：**心灵**。从定义上来说，在这个地方，我们没法自欺欺人。这个地方，我们自己找的那些所谓的理由和借口统统渗透不了。莎拉的真相也在那里，尽管她现在可能还没法清晰地听见它发出来的信号，因为她新找到的支撑腿脚不仅站得挺稳，还会发出噪声干扰她呢。

要是莎拉选蒂姆选得不怎么高明，她得死扛多久才能明确地意识到这一点，才会出现一场大规模的心灵动荡呢？谁也说不清。但有一点很肯定，随着时间的推移，能代替蒂姆的备胎男友也会越来越少。她最好赶紧弄清自己是不是犯了错。

自然，说起来容易做起来难。莎拉必须回答一个极度纠结的问题："知道了我现在掌握的这些情况，要是能回到从前，我还会做出同样的选择吗？"问题就出在"知道了我现在掌握的这些情况"上，她现在对蒂姆的情况到底掌握了哪些呢？她对蒂姆的看法，有多少是为了想要证明自己所做承诺是正当的而绝望地编造出来的呢？莎拉说，自从她决定重新跟蒂姆在一起之后，蒂姆更关心她了；蒂姆努力地戒酒，还学会了做很好吃的鸡蛋卷。我尝过几次蒂姆做的鸡蛋卷，对此很是怀疑。不过，最重要的问题在于，莎拉是从心灵深处相信这些东西呢，还是只在理性上觉得是这样？

这里有个小诀窍，莎拉可以用它来弄清自己目前对蒂姆的满意度，有多少是发自内心的，有多少是出自死脑筋的一致性。心理学证据表明，**面对一样东西，我们总是先体验到感觉，过上短暂的一瞬间之后，才能将之理性化**。照我猜测，心灵深处发出的信号是一种纯粹而基本的感觉。因此，如果我们多注意训练自己，应该可以在感觉十分轻微、认知器官还没来得及插手的时候就觉察到它。根据这一方法，倘若莎拉真的向自己提出了关键问题："我会做出同样的选择吗？"她最好是找到并信任自己在做出反应那一瞬间所感受到的灵光。这抹灵光很可能就是她内心深处发来的信号，它是趁着她为自己找的各种借口还没发挥作用之前偷偷溜出来的，一点也不失真。[①]

每当怀疑自己做事时犯了死脑筋保持一致的毛病时，我就会试着使用这个办法。比方说，有一次，我停在加油站的自助加油泵跟前，这里汽油的广告价比本地区其他加油站的每加仑要低两分钱。但等我把加油泵拿起来，才看到泵上的标价其实比广告价要高两分钱。我向路过的服务员（后来我才知道他就是老板）提出异议，他低声说，价格几天前刚刚调整过了，还来不及把招牌上的价格改过来。当然了，这套说法不怎么可信。我试着决定该怎么做，脑袋里跳出了好些留下来加油的理由，如"我必须得加油了""油泵空着，我又急着赶路""我好像记得，我的车用这个牌子的汽油开起来更顺畅"。

① 这倒不是说我们对问题的感觉总是会跟理性认识的不一样，总是更加靠得住。然而，确实有数据清楚地表明，我们的情感和信念往往并不在同一个方向上。因此，倘若当前局面牵涉有可能自己产生合理支撑点的承诺，那么感觉提供的忠告通常更为准确。对诸如莎拉的幸福一类事关情感的问题，尤其如此。

我得判断这些理由到底是真的，还是我为就在这儿加油了事找的借口。于是我向自己提出了关键问题：知道了这里汽油的实际价格以后，要是能回到先前，我还会做出同样的选择吗？我集中注意力捕捉最先迸发的感受，收到了一个毫不含糊的明确答案：我会马上开车走人，甚至停都不会停下来。这时我知道，要不是看在价格较低的分上，其他原因根本就不会让我停下来加油。它们不是我做出决定的源头，是我做出决定之后才生编硬造出来的。

解决了这一点之后，我还得做出另一个决定。既然我已经把油枪拿在手里了，那到底是把油加上好，还是忍受不便，到别的地方以一样的价格加油呢？幸好，这时候加油站服务员兼老板走过来帮我拿定了主意。他问我为什么迟迟不加油，我告诉他我不喜欢他在价格上弄手脚，他怒吼起来："听着，我怎么做生意是我的事，别人少插嘴。要是你觉得我骗了你，赶紧把油枪放下，尽快滚出我的地盘，小子。"因为已经肯定他是个骗子了，我很高兴地照着自己的信念行事，同时也满足了他的愿望。我把油枪放下，开着车走了。有时候，保持一致也挺值得一做呢！

最容易受攻击的弱点

有没有人必须跟从前的行为保持一致，特别容易中上述承诺策略的招呢？当然有。要了解这类人的性格特点，让我们来看看当今一位著名体育明星在生活中碰到的倒霉事。

影响力研究 2005年3月1日，高尔夫界的传奇人物杰克·尼克劳斯17个月大的孙子竟意外溺死在浴缸里。一个星期后，仍沉浸在悲伤中的尼克劳斯推掉了之后所有跟高尔夫相关的活动，包括即将举行的大师赛。他说："我们家发生了这样的惨剧，我想，自己的时间得多花在其他事情上了，跟高尔夫比赛有关的活动，目前我完全没有计划参与。"可就在发表这番声明的当天，尼克劳斯却做了两件自食其言的事：向佛罗里达州一家高尔夫俱乐部的准入会员发表了讲演；在老对手盖里·普莱耶主办的慈善锦标赛上打了球。

是什么力量这么强大，竟把尼克劳斯从悲伤的家人身边拉走，去做了两件跟陪伴家人比起来完全无关紧要的小事呢？尼克劳斯说："你做了承诺，就必须履行诺言。"他的回答就是这么简单。尽管考虑到背景情况，这两件小事没什么重要的，但先前做出的承诺对尼克劳斯来说却很重要。然而，为什么尼克劳斯先生这么……嗯，一诺千金呢？是性格上的什么特点让他如此一板一眼地言出必行吗？

没错，的确有两个特点：第一，他65岁了；第二，他是美国人。

年龄。不足为奇，**在态度和行为上倾向于强烈保持一致的人，最容易成为一致性策略的受害者**。事实上，我做了一项研究，用一张量表来衡量人们的一致性偏好。我发现，要是提要求者使用“登门槛”或“抛低球”策略，那些在一致性偏好上得分高的人最容易顺从。更出奇的是，我们在后续研究中调查了18～80岁的受试者，发现**一致性偏好是随年龄而逐步增强的**，一旦过了50岁，受试者们对先前做出的所有承诺都会表现出强烈的保持一致的意愿。

我相信这一发现有助于解释65岁的杰克·尼克劳斯对先前承诺的执着态度。此时，他若推辞不去，也是谁都能理解的，但为了忠于自己的特质，他需要跟承诺保持一致。我还相信，同一发现也可以解释为什么专门针对老年群体的诈骗犯大多会使用一致性手法来诱捕猎物。美国退休人员协会对年龄在50岁以上的会员频频上电话诈骗的当感到颇为担忧，于是便进行了一次研究，提供了与此相关的证据。该协会派出调查员到12个州做了调查，试图揭露电话诈骗犯针对老年群体所采用的骗术，他们积累了骗子和受害者之间谈话的大量电话录音带。研究员安东尼·普拉卡尼斯（Anthony Pratkanis）和道格·沙德尔（Doug Shadel）对录音带进行了透彻分析，他们揭穿了骗子最常见的做法：先从目标那里得到一个小小的承诺（有时光是一段声明自述也行），再要目标履行诺言，榨取钱财。

下面我节选的部分录音对话表明，在骗子手中，一致性原理发挥出了可怕的威力，就像是一根大棍子，把那些偏好保持一致的人打了个晕头转向。

“不，我们不光是在说这个。你预定了的！你说了

‘好的’，你说‘订吧’。”

“嗯，你是上个月注册的，你不记得了？”

“你三个星期之前向我们做了保证的。”

“上个星期你对我做了承诺的。”

“你不能买了东西五个星期以后又反悔啊，你不能这么做。”

个人主义。杰克·尼克劳斯对言出必行的强烈意愿，除了年龄，还受其他因素的影响吗？我先前给过一点提示：他是个美国人，出生、成长在俄亥俄腹地。美国这个国家跟世界其他地方的最大区别就在于，它信奉“个人主义邪教”。在美国和西欧等个人主义盛行的地方，人们更注重“自我”；而在其他更强调集体主义的地方，人们更注重“群体”。举例来说，**个人主义者决定某种情况下自己该干什么，主要是看自己的过往、观点和选择，**并不过多地考虑同辈的意见。这样一来，要是影响力策略借助了他从前行为的杠杆力量，他们就特别容易上当。

为了验证这一想法，我和同事找来一组大学生，试用了一套“登门槛”手法。这些学生，一半来自美国，一半来自个人主义不那么盛行的亚洲国家。我们先要学生们花 20 分钟时间，完成“学校和社会关系”的在线测试。过了一个月，我们又要他们花 40 分钟时间完成同一主题的另一次相关调查。在完成了 20 分钟问卷调查的学生里，答应做 40 分钟问卷调查的美国学生差不多是亚洲学生的两倍，前者为 21.6%，后者为 9.9%。这是为什么呢？因为个人主义者是这样的：答应了之前的同类小要求，就觉得应该根据这一点做后面的事情。故此，在个人主义盛行的社会，社会成员，尤其是年纪较长的社会成员，必须警惕“先提小要求”的影响力策略。这些要求尽管小，却能叫人盲目地跳下危险的悬崖。

Influence

本章小结

- 心理学家早就认识到大多数人都有一种要把个人的言论、信仰、态度和行为保持一致的欲望。这种一致性倾向有三大源头：第一，社会高度重视良好的个人一致性；第二，除了对公众形象的影响，整体保持一致能为日常生活带来有利的应对方法；第三，面对当今复杂的社会，方向一致提供了宝贵的行为捷径，只要跟先前的决定保持一致，人们以后碰到类似的环境就不用处理所有相关信息了，只需要想一想先前的决定，再做出一致的反应就行了。

- 在顺从业界，确保初步承诺最为关键。人做出了承诺，即站定了立场之后，会更乐意答应跟先前承诺一致的要求。故此，许多顺从专业人士会设法诱使人们预先站到一个立场上，这个立场跟他们之后提出的要求、要人们做的事情是一致的。不过，并不是所有的承诺都能同样有效地带来前后一致的行动。主动、公开、付出努力、发自内心、没人强迫的承诺最为有效。

- 做的承诺哪怕是错误的，也有一种自我延续的倾向，因为它们能“自己长出腿来”。也就是说，人们往往会寻找新的理由和借口，证明自己已经做出的承诺很明智。因此，即使刺激人们做出承诺的条件发生了变化，承诺也能长久地维持下去。这种现象解释了为什么诸如“抛低球”等欺骗性顺从手法会有效。

- 要想发现并抵挡一致性压力对决定造成的不当影响，我们应当倾听来自身体两个部位，即肠胃和心灵发出的信号。当我们意识到承诺与一致压力在迫使自己答应本来不乐意答应的要求时，肠胃就会发出信号。此时，最好是向提要求的人说明，要是我们答应了他们的要求，那就是在死脑筋地保持一致，我们不乐意这么干。心灵深处发出的信号则不同，它们最好是用在当我们搞不清最初的承诺是否正确的时候。这里，我们应该向自己提出一个关键的问题：知道了现在掌握的情况，倘若我能回头，还会做出同样的承诺吗？答案就藏在最先冒出来的灵光里。在个人主义盛行的社会，特别是对年纪在 50 岁以上的人来说，承诺与一致手法最为管用。

习 题

这些你掌握了吗

1. 为什么大多数时候，我们都想要显得并做到前后一致？
2. 为什么很多时候，我们会觉得哪怕是僵化、顽固地保持一致也不乏可取之处？
3. 哪四个因素使承诺能影响人们的自我形象及随后的行动？
4. 书面承诺如此有效的原因是什么？
5. “抛低球”顺从手法和“自己长出腿来”这个说法有什么关系？

思考一下吧

1. 假设你正在给一群 A 国士兵提建议：要是他们碰到像 A、B 两国战争期间的那种情况，应该如何避免保持一致带来的压力。你会怎么告诉他们呢？
2. 谈到哈雷摩托车手的强烈品牌忠诚度时，有评论家说：“要是你能说服客户在胸口纹上你的品牌的名字，恐怕你永远都不用担心他们会换其他牌子的车。”解释一下为什么会这样？有四个因素能最大限度地发挥承诺对人们之后行为的影响，请在答案中涉及这部分内容。
3. 假设还有一个星期就考试了，这次考试非常重要，你却没法激励自己努力学习。根据你对承诺过程的了解，描述你会怎样让自己投入必要的学习时间。请解释你选择的行动为什么能发挥作用。
4. 回想一下大多数文化都具备的传统大型婚礼仪式。这类仪式的哪些特点，可以看成是强化夫妇及其家人承诺的机制？
5. 本章的主题是怎样反映在这一章开头的照片里的呢？

Influence

第 4 章

社会认同

我们就是真理

在人人想法都差不多的地方，没人会想得太多。

——沃尔特·李普曼

章首案例

汤米可以，我也可以

我住在亚利桑那州，那里家家户户的后院都有泳池。遗憾的是，每年总会有几个孩子跌入无人看管的泳池溺水而亡。所以，我下定决心，要趁早教会克里斯游泳。

克里斯倒是不怕水，他还很喜欢水；可问题在于，只要不带游泳圈，他就不肯进泳池。不管我怎么劝他、哄他，他就是不肯放弃游泳圈。我白忙活了两个月，什么进展也没有。于是我雇了我的一个研究生来帮忙，虽说他当过救生员和游泳教练，但也跟我一样失败了，他甚至没法劝克里斯脱离游泳圈划一下水。

就在这个时候，克里斯参加了一次户外野营，组织者安排了一系列的活动，包括到一个大型游泳池去游泳，克里斯因为很害怕，所以没敢去。

有一天，我去营地接克里斯，惊讶地看到他从跳板上纵身一跃，栽进了深深的游泳池里。我惊慌失措地赶紧脱了鞋，想跳进去救他，结果他顺顺当当地从水里露出脑袋，划到了泳池边上，而那里正站着目瞪口呆、手里提着鞋子的我。

“克里斯，你会游泳了！”我兴奋地说，“你会游泳了！”

“是呀，”他若无其事地回答，“今天刚学会的。”

“太了不起啦！太了不起啦！”我兴高采烈，手舞足蹈，“但你怎么今天不再需要游泳圈了呢？”

“我都 3 岁了，汤米也 3 岁。既然汤米可以不带游泳圈游泳，我想我也可以！”

我真不知道有什么人会喜欢"罐头笑声"①。事实上，有一天我曾对来我办公室的人，即几个学生、两名电话修理工、若干大学教授，还有保安做了一番调查，大家无一例外都对其持批评态度。挨骂最多的是电视台，还有它那套笑声音轨，以及靠技术来增强喜感的制度。我问的人全都讨厌"罐头笑声"。他们说，这么做愚蠢、虚假、肤浅。尽管我采访的样本很小，可我敢打赌，它真实反映了大部分美国观众对笑声音轨的负面感受。

那么，为什么电视台的高级主管们这么喜欢"罐头笑声"呢？他们正是因为知道如何迎合公众的需求，所以才得以名利双收。然而，他们却虔诚地采用遭到观众反感的笑声音轨，即使他们旗下有许多才华横溢的艺术家提出抗议也照用不误。好些著名导演、编剧和演员都要求从自己担纲的电视节目里取消"罐头笑

① 指电视台播放情景喜剧时，在"观众应该笑"的地方插入的笑声录音。——译者注

声”，可这样的要求很少能顺利得到电视台高层的采纳，而且成功的也无一不是经过激烈抗争才实现的。

“罐头笑声”对电视台高层的吸引力到底在哪儿呢？为什么这些精明老练的人要死抱着一种潜在观众讨厌、旗下创作人员反感的做法不放手呢？答案既简单又耐人寻味：他们听了研究的话。实验发现，使用“罐头笑声”，会让观众在看到滑稽节目时笑得更久、更频繁，认为节目更有趣。此外，一些证据表明，对糟糕的笑话，“罐头笑声”最为有效。

从这些数据来看，电视台高层的做法完全合理。把笑声音轨加入喜剧节目，哪怕节目品质低下，观众也会觉得很有趣、很滑稽、很好看。既然如此，电视上充斥着大量插入“罐头笑声”的拙劣情景喜剧，又有什么好奇怪的呢？高管们清楚自己在做什么。

解决了电视台大用特用笑声音轨这道谜题，一个更令人困惑的问题又冒了出来：为什么“罐头笑声”能对我们产生那样的影响呢？显得怪异的不再是电视台的高层了，他们只不过是依照逻辑和利益来做事罢了。相反，观众们的行为才有些奇怪呢。为什么我们会对着打了机械笑声鸡血的喜剧节目笑个不停呢？为什么我们会觉得这种拙劣的喜剧更可笑了呢？高管们并不是真的在愚弄观众，随便是谁都能识别出混音插入的笑声，它是那么俗气，一下就能听出是伪造的，谁都不会把它跟真正的笑声弄混。我们很清楚地知道，我们听到的笑声跟先前笑话的幽默感毫无关系，它不是真正的观众在现场同步发出来的，而是机械师在调音台上人为制造出来的。可是，尽管它伪造得那么假，却仍能对观众起作用！

社会认同原理

要揭示为什么“罐头笑声”有这样的作用，我们首先需要了解另一种强大影响力武器的性质：**社会认同原理**。该原理指出，**在判断何为正确时，我们会根据别人的意见行事**。这一原理尤其适用于我们对正确行为的判断。特定情形下在判断某一行为是否正确时，我们的看法往往会取决于其他人是怎么做的。

看到别人正在做，就觉得这种行为是恰当的，这种倾向通常都运作得挺不错。以符合社会规范的方式行事，总比跟它对着干犯的错误少。大多数时候，很多人都在做的事情，也的确是应该做的事情。社会认同原理的这一特点，既是它的强项，也是它的主要弱点。和其他影响力武器一样，它为我们判断如何行事提供了一条方便的捷径，与此同时，选择这条捷径的人，也很容易遭到沿途伺机出手的牟利者的攻击。

就“罐头笑声”一例而言，问题出在这儿：**我们对社会认同的反应方式完全是无意识的、条件反射式的，这样一来，偏颇甚至伪造的证据也能愚弄我们**。我们利用其他人的笑声来帮助自己判断哪些地方好笑，这并不愚蠢，因为它完全吻合证据确凿的社会认同原理。可我们傻在对明显是伪造出来的笑声也做出了同样的反应。不知怎么回事，幽默的一个空洞特征——笑声，跟幽默的实质一样管用。

第 1 章提到的火鸡和臭鼬的例子很有启发意义。由于“叽叽”的特殊叫声一般是跟刚出生的小火鸡联系在一起的，于是火鸡妈妈完全根据这一声音来给予照料。结果，只要在充气臭鼬身上播放小火鸡“叽叽”叫的声音，就能愚弄火鸡妈妈。模拟的“叽叽”声足以启动火鸡妈妈的母爱磁带。

火鸡和臭鼬的故事，很好地解释了普通观众和播放笑声音轨的电视台高层之间的关系，虽说有点让人不太舒服。我们太习惯拿其他人的反应来判断节目是否好笑了。我们听到声音就做出反应，并不考虑事物的实质，这样一来，声音也可以愚弄我们。就好像“叽叽”声能刺激火鸡妈妈的哺育行为，预先录制好的“哈哈”笑声也能刺激我们发笑。电视台的高管利用了我们的捷径偏好，以及我们对偏颇证据做出自动反应的倾向。他们知道笑声音轨能启动我们的磁带。按一下，就播放。

榜样的力量

利用社会认同来谋取利益的不仅只有电视台高管。“别人都在做的事情肯定错不了”，这种心态在很多情况下都会遭到利用。每晚开始营业前，调酒师常常会在自己的小费罐子里放上几张之前客户给的票子，给后来的客人留下印象，即把钱折起来当小费是酒吧里司空见惯的礼貌行为。出于同样的原因，教会募款员也会在筹款箱里放上一些钱，以期产生同样的积极影响。基督教传教士也有一套广为人知的做法：他们在听众当中会安排“托儿”，到了特定的时间，这些“托儿”就会走上台做见证或捐款。

广告商喜欢让我们知道一种产品“增长最快”或“销量最大”，因为这样一来，他们就没必要直接说服我们这种产品的质量有多好了，而只需要说其他很多人是这么认为的就足够了。

电视慈善捐款的制作人会花上相当长的时间，不断播出已经认捐的观众名单。这一信息显然是想告诉还没行动的观众：“看哪，所有人都决定要捐钱了。这肯定是一件正确的事情，该做。”一些夜总会的老板会在会所里还很空的时候，故意让门口排起长队，为自家夜总会的品质制造可见的社会认同感。销售员也受到指点，要多多提到已经有多少多少客户购买了自家的产品（见图 4-1）。

销售兼励志顾问卡维特·罗伯特（Cavett Robert）在对销售学员的建议中准确地总结了社会认同原理：“95% 的人都爱模仿别人，只有 5% 的人能率先发起行动，所以，要想把人说服，我们提供任何证据的效果都比不上别人的行动。”

图 4-1　5 000 万美国人不会搞错

研究人员也会使用以社会认同原理为基础的手法，它们有时甚至能取得相当惊人的结果。[①] 心理学家艾伯特・班杜拉（Albert Bandura）一直在运用此类手法消除不受欢迎的行为。班杜拉和同事们介绍了一套十分简单的方法，让患有恐惧症的人摆脱极端的害怕情绪。

① 肯尼思・克雷格（Kenneth Craig）及其同事进行的一个调查项目揭示了社会认同原理对疼痛感觉有着怎样的影响。研究中，要是现场有另一名受试者忍受电击，装作不痛的样子，那么，受到一连串电击的受试者也会感到没那么痛了。受试者本人的报告、测试感觉敏感度的心理物理学尺度，以及心跳、皮肤传导性等生理反应均表明确实如此。

影响力研究

在一次研究中，班杜拉和同事选出了一些害怕狗的学龄儿童，让他们看一个小男孩快乐地跟狗玩耍，每天看 20 分钟。通过这样的展示，害怕狗的孩子们在反应上出现了明显变化，仅过了 4 天，67% 的孩子都愿意爬进围栏跟狗玩耍了，等其他人都离开了房间，他们也仍然会继续抚摸、逗弄狗。此外，一个月后，研究人员再次测试了孩子们对狗的害怕程度。他们发现，孩子们对狗的恐惧情绪的好转并未随着时间的推移而有所减退，孩子们甚至比从前更乐意跟狗互动了。

研究人员又对另一组极端怕狗的孩子做了实验，发现了一项极具实践价值的重要情况：要减少孩子们的恐惧情绪，不一定非得让另一个孩子在现场跟狗玩耍，播放电影片段也具有同样的效果。若电影片段里有许多孩子在跟狗互动，效果会更好。显然，此时社会认同原理发挥了作用。①

---

① 同一种行为，做的人越多，越显得正确。要是有读者怀疑这一点，不妨来做个小实验（见图 4-2）。站在川流不息的人行道上，找一处天空或高层建筑，凝视它整整一分钟。这期间不会发生什么，大多数人会头也不抬地从你身边走过去，几乎没人会停下来跟你一样凝视高空。接下来，第二天，你到同一个地方，带上 4 个朋友跟你一起抬头望天。60 秒内，肯定会有一群路人停下来，跟你们一起朝上仰起脖子。就算行人不跟你们一起犯傻，也抵挡不了暂时朝上看一看的压力。纽约的 3 名社会心理学家曾经做过这个实验，要是你尝试的结果跟他们一样，那么，你和朋友们能使 80% 的路人一起抬头朝那空空如也的地方看。

图 4-2　追寻更高的意义

群体的吸引力太强大啦！

示范影片在改变儿童行为上的强大影响力，也可以用来治疗其他多种问题。心理学家罗伯特·奥康纳（Robert O'Connor）对学龄前自闭儿童的研究提供了一些惊人的证据。我们都见过这样的儿童：极度害羞，别的孩子在玩游戏、分组活动时，他们孤零零地站在边上。奥康纳担心这种早期行为有可能是长期自我孤立模式的先兆，而人一旦自我孤立，成年后就会在社交上碰到困难、无法调整。为了逆转这一模式，奥康纳进行了一个实验。

影响力研究　　他制作了一部包含了幼儿园里 11 种不同场景的电影。每个场景都以一个孤僻的孩子观看某种集体活动开始，但让大家欣慰的是，这个孩子最终也积极地参与了

> 集体活动。奥康纳从 4 家幼儿园挑选了一组自我孤立最严重的孩子，给他们看这部电影。效果相当显著。看了电影之后，自我孤立的小朋友立刻开始跟同龄人互动起来，跟幼儿园里普通的孩子一样了。更令人吃惊的是，6 个星期后奥康纳回到幼儿园时发现：没有看过奥康纳电影的孩子一如既往地自我孤立，可看了电影的孩子现在甚至能主动发起一定的社会活动了。

看起来，这段 23 分钟长的电影，只要看过一次，就足以扭转有可能持续一辈子的适应不良行为模式。这就是社会认同原理的威力。①

---

① 不过，另有一些研究表明，电影表现的社会认同也有正反两方面的作用。电影再现对儿童起到的突出作用，使许多人很担心电视上频繁的暴力和攻击场面会给孩子造成不良影响。虽说媒体上的暴力与观众做出攻击行为之间的因果关系并不像人们想的那么简单，但有人对这一主题的 28 个不同实验做了审查，结论很叫人信服。在电影上看到别人做出攻击行为时，儿童和青少年在个人生活中也会变得更具攻击性（指跟观看非攻击行为的样本相比）。近年来，美国公众对营养不良导致的肥胖问题愈发关注，卫生官员担心媒体上的快餐消费广告有可能使人们出于社会认同效应，做出缺乏营养的饮食选择：“要是广告里人人都订购了额外的辣鸡翅，那我也可以订。”针对亚裔、拉美裔、非裔和白人儿童所做的研究证明了这一点。一家人看到的快餐广告越多，他们吃的快餐也越多。但这并不是说，广告改变了家长对快餐的态度，而是因为家长们觉得吃快餐在自己的社区里越发普遍了，这跟社会认同机制是吻合的。

末日过后

为了说明社会认同的影响力有多大，这里有一个我最喜欢的例子。它的吸引力表现在以下几个方面：第一，它为参与式观察提供了一个绝佳的样本。所谓参与式观察，指的是科学家亲身涉足某件事的自然发生过程当中，观察整个过程，但这种方法尚未得到普遍应用。第二，这个例子能为历史学家、心理学家和神学家等不同群体提供各自感兴趣的信息。第三，也是最为重要的一点，它表明我们自己，是的，就是我们自己，不是别人，会怎样通过社会认同来进行自我宽慰，把幻想当成事实。

这是一个古老的故事，不妨翻翻从前的数据，它在过去数千年的宗教活动里从来就没绝迹过。各教派和邪教都有过预言：到了一个特定的日子，信奉本教教义的人就能获得拯救，享受极乐。所有的预言都说，这一天会发生一件重要得不容置疑的大事，通常，它指的是世界末日的到来。不过，让信徒们感到绝望的是，事实证明，此类预言统统是假的。

可是，从历史记录来看，预言落空之后紧接着就会出现一种令人难以理解的情形。大多数时候，信徒们并不会因为幻想破灭而如鸟兽散，反倒会越发坚定信仰。他们顶着普通人的嘲笑，走上街头，公开宣讲他们的教条，怀着强烈的热情发展皈依者。总之，哪怕教派的基本教义都成了泡影，信徒的狂热也丝毫不曾减退。公元2世纪的土耳其孟他努教派是这样，16世纪的荷兰再洗礼教派是这样，17世纪的伊兹密尔沙巴泰教派是这样，19世纪的美国米勒教派还是这样。所以，有 3 名对此感兴趣的社会学家认为，当代芝加哥的一支末日邪教恐怕也会这样。这 3 名社会学家是利昂·费斯廷格、亨利·雷根（Henry Riecken）和斯坦利·沙克特（Stanley Schachter），他们当时都就职于明尼苏达大学。在听说了芝加哥邪教之后，他们觉得有必要仔细做一番研究，于是他们决定改名假扮成新信徒，加入该邪教做调查，还额外出钱安插了一些观察者到里面去。这样一来，对预言末日到来前后所发生的一切，他们掌握了丰富的第一手资料。

影响力研究

这支邪教的信徒很少，成员从未超过 30 人。为首的是一对中年男女，为方便日后发表论文，研究人员将两人分别称为托马斯·阿姆斯特朗医生和玛丽安·基奇夫人。阿姆斯特朗医生在一所大学的学生健康中心就职，对神秘主义、超自然现象和飞碟一直很感兴趣。所以，说到这些议题，他是邪教组织里受人尊重的权威。不过，基奇夫人才是大家关注的焦点，教派活动也以她为中心。这一年，她开始收到一些来自其他星球神明（被她称为"守护神"）的信息。这些信息，通过所谓的"自动书写"设备从基奇夫人手里源源不断地流出来，构成了该教派宗教信仰体系的主体。"守护神"的教诲和传统的基督教教义有着或多或少的联系。

"守护神"传来的信息，本来就是教派信徒有诸多讨论和阐释的主题，可当它们预言即将发生一场大灾难，暴发一场始于西半球、最终将淹没整个世界的特大

> 洪水时，它们立刻获得了新的意义。出于可以理解的原因，教众们一开始非常惊恐，可随后的信息宽慰他们说，凡相信基奇夫人所传教诲的人，都能幸免。灾难降临之前，会有太空人出现，用飞碟把信徒带去安全的地方，那地方有可能是另一个星球。有关营救行动的其他细节很少，但信徒们要做好登上飞碟的准备，预先排练特定的口令，如“我把帽子留在家里了”“你有什么问题吗”“我就是自己的挑夫”。要把衣服上的所有金属配件取下来，因为携带金属物品会使飞碟在飞行时“极其危险”。

费斯廷格、雷根和沙克特观察了教众在洪水暴发日到来之前数个星期的准备，注意到他们的行为有两个特别重要的方面。**第一，信徒们对邪教信仰体系的投入程度极高。**因为觉得就要离开即将毁灭的地球了，信徒们采取了一些无法挽回的举措。大多数信徒的家人和朋友都反对他们的信仰，可这些人却固执己见，哪怕失去旁人的关爱也义无反顾。有好几名成员的邻居和家人甚至威胁要对他们采取法律行动，宣告他们精神失常。比如，阿姆斯特朗医生的姐姐就曾向法院提起诉讼，要求取消阿姆斯特朗医生对两名年幼孩子的监护权。许多信徒辞掉了工作，中断了学业，全职投入邪教活动。有些人还觉得个人财产很快就没用了，于是要么将其送人，要么扔掉。这些人分外肯定真理掌握在自己手里，所以顶住了来自社会、经济和法律等各方面的巨大压力，而在跟所有压力对抗的同时，他们对教条的虔诚信奉也随之深化。**第二，**

洪水到来之前，信徒们的行为是一种古怪的无所作为。毫无疑问，他们深深相信自家的教义，但他们很少对外宣扬。虽说一开始他们公布了大难即将到来的消息，却并未积极尝试转化别人的观念。他们愿意发出警报，劝告那些主动做出回应的人，但至多如此。

这个小群体不愿招募新信徒的体现多种多样。除了不愿劝说别人，他们还想方设法地保密，如将多余的教义复印件统统烧毁；制定密码和秘密手势；规定部分私人录音带的内容不得和外人讨论，这些录音带非常隐秘，连老信徒都不得对其做笔记。他们想方设法地避免外界关注他们。随着灾难日的临近，聚在该教派总部，也就是基奇夫人家外的报纸、电视台和电台记者越来越多。大多数时候，信徒们都把记者拒之门外，或是置之不理。要是有人问问题，最常见的回答是“无可奉告”。有一段时间，记者们感到很是气馁，但等阿姆斯特朗医生因为搞宗教活动被大学医疗中心开除之后，他们又报复性地蜂拥而至。有个特别固执的记者，甚至还受到了吃官司的威胁。洪水来临的前一天晚上，记者们再度挤过来要信徒们透露信息，照例也被驱散了。事后，研究人员总结了教派在洪水到来之前对公众曝光和吸纳新成员的立场：“面对声势浩大的媒体宣传，他们想尽一切办法保持低调，不为名声所动。明明有无数的机会可以发展信徒，他们却回避、保密，呈现一种近乎超然的漠不关心的态度。”

终于，赶走了所有的记者和想来投奔的信徒，教众开始为登上预计在午夜到达的飞碟做最后的准备。在费斯廷格、雷根和沙克特眼里，这场面简直是一出荒诞剧。本来是普普通通的人，包括家庭主妇、大学生、高中生、出版商、医生、五金店伙计和他的妈妈，现在却认认真真地参加着演出。他们从两名定期与“守护神”联系的成员那里接受命令，除了玛丽安·基奇的书面信息，那天晚上还有伯莎做补充。伯莎从前是个美容师，通过她的嘴巴，“造物主”下达指示。他们勤奋地排练台词，齐声呼喊飞碟到来前的口号:“我就是自己的挑夫。”“我就是自己的指南针。”此时来了一名访客，自称是“录像船长”，这是当时一出电视剧里的虚构人物，此人说他带来了些口信。信徒们居然认真讨论起这到底是恶作剧，还是该把他说的话当成救援飞碟捎来的密报。

因为不能带任何金属物品上飞碟，信徒们把衣服上的所有金属零件都取下来了。鞋子上的金属扣眼挖掉了；妇女们要么不戴胸罩，要么就扯掉了胸罩里的金属撑架；男人们使劲拽掉了裤子上的拉链，皮带也不用了，改用绳子系住裤腰。

信徒们去除金属物件的狂热情形，有一位研究者亲身体验过。还有 25 分钟就到午夜了，他忘了取下裤子上的拉链。这位研究者这样说：“周围的人知道这件事后，立刻恐慌起来。他被推进卧室，阿姆斯特朗医生双手颤抖，眼睛每隔几秒就看看时钟，他用一把刀片把拉链割掉，又用钳子拧掉了金属扣。”紧张的行动结束之后，研究员回到客厅，他身上少了些金属器件，脸色更加苍白了。

很快就要到预言里离开地球的时间了，信徒们安静下来，尤声无息地期待着。幸运的是，训练有素的科学家们详细地记录下了这一重要时间段里发生的事情。

> 最后 10 分钟，客厅里的信徒分外紧张。他们什么也不做，只是把外套放在膝盖上，坐着等待。在紧张的沉默当中，两座时钟嘀嗒嘀嗒地走动着，声音十分响亮，有一座钟比另一座快了 10 分钟。走得快的那座钟指向了 12 点零 5 分，一位观察员，即在场的科学家大声地指出了这个事实。人群齐声答道，午夜还没到呢。鲍勃·伊斯曼（Bob Eastman）肯定地说，走得慢的那座钟计时准确，因为他下午才亲手校准过，而从时钟上看，还有 4 分钟就到午夜了。
>
> 这 4 分钟在一片死寂中流逝，只有一丝杂音冒出来。壁炉架上走得慢的时钟显示，离飞碟预计降临的时间只有 1 分钟了，玛丽安紧张地高声叫了一嗓子："还没有哪次安排落了空！"时钟敲了 12 下，每一声敲击都清晰得令满怀期待的信徒们痛苦万分。他们一动不动地坐着。
>
> 人们兴许指望着出现一些明显的反应。午夜过去了，什么事也没有发生。大洪水还有不到 7 小时就要来了，此时却看不见屋里的人有什么反应。没人说话，没有声响。信徒们呆若木鸡地坐着，脸部似乎凝固了，毫无表情。马克·波斯特是唯一还能动弹的人。他躺在沙发上，闭着眼睛，但没有睡觉。过了一会儿，跟他说话的时候，他能哼哼出几句单音节的回答，可还

> 是躺着一动不动。其他人表面上没有什么变化，后来才知道他们受了沉重的打击。
>
> 渐渐地，一种绝望和混乱的气氛在痛苦中笼罩了整个小团体。他们再三检查着预言和相关信息；阿姆斯特朗医生和基奇夫人又重申了信念。信徒们仔细审视了当前的困局，提出了一个又一个的解释，但都不满意。到了凌晨4点，基奇夫人崩溃了，痛哭起来。她抽泣着说，她知道有人开始起疑心了，但整个教派必须向最需要它的人给予支持，人们必须紧紧地团结起来。其余的信徒也渐渐沉不住气了，他们颤抖着，好多人都快哭出来了。现在将近凌晨4点30分了，解决困境的办法却还没找到。这时候，午夜飞碟没能前来营救的事，大部分人也都公开地承认了。教派似乎面临解体。

在一片怀疑的阴云中，信徒们的信心马上就要破碎开来，研究人员却接连目睹了两件不同寻常的事情。第一件事出现在凌晨4点45分左右，玛丽安·基奇的手突然开始“自动书写”，记下了天上传来的神谕。她大声地朗读出来，事实证明，这段信息为当晚发生的事情做出了优雅的解释：“小教团，你们独坐了整整一晚，你们散发出的光芒，让上帝拯救了世界，使之免于毁灭。”虽然这个解释简洁有力，但本身还不够令人满意。比方说，听了神谕以后，一名信徒站起身来，戴上帽子，穿上外衣，一走了之，再也没有回来。要恢复信徒们的信心，还需要来点额外的东西才行。正是为了满足这一需求，第二件值得注意的事情出现了。在场的研究人员再一次为读者们提供了生动的描述：

> 教派里的气氛顿时为之一变，信徒们的行为也跟着变了。宣读了解释预言不中的信息之后，短短几分钟里，基奇夫人就又收到了一段信息，要她将该条神谕公之于世。她拿起电话，拨给一家报社。在等电话接通的时候，有人问："基奇夫人，这是你第一次亲自打电话给报社吗？"她立刻回答："哦，是的，这是我第一回给他们打电话。以前我从来没什么可以告诉他们的，但现在我觉得事出紧迫。"整个小团体都对她的感觉有了共鸣，因为所有人都觉察出了一种紧迫感。基奇夫人打完电话后，其他成员也轮流给报社、通讯社、电台和全国范围发行的杂志社打电话，告知洪水未曾降临的原因。因为想要迅速而又轰动地把消息传播开来，信徒们把以前严加保密的事情公开了。就在几个小时之前，他们还使劲躲着报社记者，觉得媒体的关注让人痛苦，现在却热心地想要曝光了。

不仅长久以来的保密政策来了个大转弯，教派对转化潜在信徒的态度也完全不同了。之前，对拜访总部、有意投靠的新人，信徒们要么是置之不理、拒之门外，要么就是马马虎虎地敷衍了事。可预言落空之后的这一天，一切都变了。他们接待了所有的访客，回答了所有的问题，想努力改变来访者的信仰。信徒们招纳新成员的愿望空前高涨，最能说明这一点的，是在第二天晚上9名高中生来找基奇夫人谈话的时候。

> 这几名高中生发现，基奇夫人正跟人在电话里讨论

> 飞碟的事，过了一会儿才知道，基奇夫人认为对方是个外星人。基奇夫人既想继续跟他说下去，又急着招待新客人，于是就让他们也来参加谈话。在一个多小时里，她跟客厅里的客人和电话那头的“外星人”轮流说着话。她太想劝人改变信仰了，简直容不得放过任何机会。

信徒们在态度上发生了180度的大转弯，原因何在呢？一开始，他们沉默寡言、对上帝旨意严加保密，可仅过了几个小时，他们就成了热心的宣传家，到处传播神的福音。预言里的大洪水根本没来，不信他们那一套的人反而会觉得这个教派及其教条全是闹剧。是什么使他们选择了这样一个完全不合适的时机呢？

一切的关键就发生在“洪水之夜”的某个时候，所有人都越来越清楚地意识到，预言不会实现。奇怪的是，驱使信徒们宣扬其信仰的，并不是先前的确定感，而是一种逐渐扩散的怀疑。他们稍微摸到了点头绪：要是飞碟和洪水的预言根本是错的，那么整个信仰体系恐怕都站不住脚。对蜷缩在基奇客厅里的人们而言，这种很快就要变成现实的前景太恐怖了。

信徒们已经走得太远了。为了自己的信念，他们放弃了太多东西，要是信仰破产了，他们也完了。由此而来的耻辱感、经济损失和旁人的嘲弄，都让人承受不起。从他们自己的话里，就可以看出坚持信仰是信徒们的关键需求。一位带着3岁小孩的年轻妇女说：

> 我非得相信洪水会在21日来袭不可，因为我已经用光了所有的钱。我辞了工作，从电脑学校退了学，我不能不信。

在外星人预计到达的时间之后，过了4小时，阿姆斯特朗医生对一位研究人员说：

> 我已经走了好长的一段路了。我几乎放弃了一切，我跟所有人都断了交。我拆掉了回头的每一座桥，我背弃了世界。我绝不能怀疑，我只能相信。事实只有这一个，其他的全是假的。

想象一下阿姆斯特朗医生及其追随者在清晨来临时陷入了什么样的窘境吧！他们为自己的信仰许下了太多承诺，以至于已经容不下其他的真相了。然而，这套信仰刚刚遭到了现实的无情冲击，没有飞碟降落，没有外星人敲门，预言说的一切都没发生。既然唯一可以接受的真理被现实证据彻底否定了，教众们要摆脱困境就只有一条路可走了。它必须为信仰的有效性建立另一种证明形式：**社会的认同**。

这样就解释了他们为什么会从保守秘密变成狂热宣传，同时也说明了他们态度的转变为什么会发生在这个关头。信仰直接遭到否定，最是难以说服外人的时候，他们必须冒险直面外界的嘲笑和轻视，因为宣传和吸纳新人是他们唯一的指望。要是他们能传播神谕，告诉那些不知情的人，说服持有怀疑态度的人，并在这个过程中拉拢新人，那么，他们遭到威胁的宝贵信仰便能更加真实。社会认同原理这样说，**认为一种想法正确的人越多，持有这种想法的人就越会觉得它正确**。教派的任务很明确，既然事实证据无法更改，那就只有改变社会证据了。你能说服别人，自己也必然信服。[①]

死亡原因：不确定性

本书讨论的所有影响力武器都有适用的条件，在有些条件下其效果好些，有些条件下效果差些。倘若我们要保护自己免受这

① 大概是因为接下任务时太过绝望，信徒们招募新人的努力彻底失败了，他们没拉拢到一个愿意皈依的人。到了这时候，整个教派在物质和社会上面临着双重失败，很快就解体了。洪水预言破灭后不到 3 个星期，教派成员就如鸟兽散，只在彼此间维持着零星的沟通。预言的最后一次失灵，就使整个教派毁在了这场从未发生的洪水里，真有些讽刺。

不过，预言失灵的世界末日教派也不一定全是这个下场。要是它们能够行之有效地招募到新人，为自己的信仰建立起社会认同，它们还能继续繁荣发展下去。举例来说，荷兰的再洗礼教派预言 1533 年世界会毁灭，但那一年太平无事地过去了，之后，教徒狂热地招募皈依者，为此投入了前所未有的精力。据说，有个口才超凡的传教士——雅各布·冯·康朋，一天之内就给 100 人施了洗礼。社会认同的力量如同滚雪球般越来越大，巩固了再洗礼教派的地位，并很快逆转了他们预言落空的不利局面，荷兰大城市里 2/3 的人口都成了该教派的追随者。

类武器所伤，那么了解它的最佳适用条件，明确我们在什么时候最容易受它影响，毋庸置疑是最为重要的。关于社会认同原理最适用的条件，我们已经可以从芝加哥教派的例子中看出一点端倪。信心的动摇，引发了他们吸纳新人的需求。一般来说，**在我们自己不确定、情况不明或含糊不清、意外性太大的时候，我们最有可能觉得别人的行为是正确的**。

对环境不熟悉，是不确定性扩散的另一个原因。在这种情况下，人们特别容易跟着别人走。有人光凭这一点就变成了千万富翁，此人名叫西尔万・戈德曼（Sylvan Goldman）。

影响力研究

1934年，戈德曼收购了几家小型杂货店。他注意到，要是顾客觉得手提购物篮太重，就会停止购物。通过这一点，他得到启发，发明了购物车。购物车最早的样子是一把带有轮子的折叠椅，上面载着一对沉重的金属篮。起初，这套装置太标新立异了，以至于戈德曼的顾客们全都不愿使用，哪怕他在店里提供充足的购物车，把它们放在显眼的地方，还竖起告示牌，说明其用途和好处。戈德曼十分沮丧，都打算放弃了，但这时他想出一个通过社会认同原理减少顾客不确定性的办法：他请店员推着购物车在店里四处走。结果，他的顾客们竞相效仿。这一发明席卷全国，到戈德曼去世以前，他已经变得非常富有了，资产超过了4亿美元。

在审视他人反应，消除不确定性的过程中，我们很容易忽视一点微妙而重要的事实，即其他人有可能也在寻找社会证据。尤其是在局面模糊不清的时候，人人都倾向于观察别人在做什么，这会导致一种叫作“多元无知”的有趣现象。深入理解“多元无知”现象，能帮我们解释一道在全美国频频出现的谜题，也有人说这叫“举国之耻”：受害者迫切需要帮助，全体旁观者却无动于衷。

看客袖手旁观的经典案例子，在纽约市皇后区的一起寻常凶杀案中拉开了序幕。这件事在新闻界、政治界和科学界掀起了轩然大波。一位 20 多岁的姑娘，凯瑟琳·吉诺维斯（Catherine Genovese）深夜下班回家，在住所所在的街道上被杀。谋杀并不是一件小事，可在一座像纽约这么大、人口这么多的城市里，吉诺维斯事件本来只能在《纽约时报》上占个小小的角落。要不是因为人们犯了一个错误，凯瑟琳·吉诺维斯的消息，本该在她出事那天，即 1964 年 3 月里的一天就销声匿迹的。

《纽约时报》都市版的编辑，A. M. 罗森塔尔（A. M. Rosenthal）碰巧在案发一个星期之后跟市警察局长吃了个午餐。罗森塔尔向局长打听皇后区发生的另一起凶杀案，可局长以为他问的是吉诺维斯一案，就说警方调查发现了一些惊人的内情。凡是听说的人（也包括局长）都十分讶异，很想找到原因。原来，凯瑟琳·吉诺维斯并不是无声无息、一下子就死掉的。她遭受的攻击持续了很长时间，她受了许多折磨，弄出了很大的声响，而这一切就发生在大街上。袭击者追上她，向她攻击了 3 次，她大喊救命，过了整整35分钟，袭击者的刀才最终夺走了她的性命。令人难以置信的是，38名邻居只是从公寓的窗户里眼睁睁地看着这一切，都不愿动动手指打电话报警。

罗森塔尔是个从前得过普利策奖的经验丰富的记者，他一听这故事就觉得它有报道价值。当天，他就派了个记者调查“旁观者”眼里的吉诺维斯事件。一个星期之内，《纽约时报》发表了一篇长长的头版文章，引起了读者的争论和反思。报道的头几段就为整个故事奠定了基调，确立了焦点：

> 半个多小时里，凶手在基尤加登斯跟踪一位妇女，并对其施以3次攻击，而皇后区38位受人尊敬的、遵纪守法的公民却漠然视之。
>
> 有两次，他们的声音、他们的卧室突然亮起的灯光打断了行凶过程，把凶手吓跑了。可两次凶手都回来了，重新跟上了受害者，并用刀刺她。惨剧发生期间，没有一个人打电话报警，直到妇女死后，才有一个目击者报了警。
>
> 那是两个星期之前的事了。但负责皇后区凶杀案调查、干了25年警察工作的助理总督察弗雷德里克·卢森（Frederick M. Lussen）仍然大感震惊。
>
> 卢森能背出一连串的凶杀案，但基尤加登斯的刺杀案却让他极为不解，因为那么多“好人”居然不报警。

跟助理总督察卢森一样，震惊和不解几乎是所有知晓了这个故事详情后人们的标准反应。警察、新闻记者和读者们先是惊讶得目瞪口呆，之后便是困惑。38 个“好人”怎么可能在那样的情况下无所作为呢？没有人搞得明白，凶杀案的目睹者们自己也觉得莫名其妙。“我不知道，”他们一个接一个地回答说，“我确实不知道。”有几个人给自己袖手旁观找了些站不住脚的理由。比方说，有两三个人解释说，他们“害怕”“不想卷入其中”。不过，稍微推敲一下，就知道这些理由并不成立。只要匿名给警察打个电话，就能救回凯瑟琳·吉诺维斯一命，这丝毫不会给目击者将来的安全带来威胁，也不会浪费他们的时间。不，旁观者无所作为，并不是因为害怕，也不是因为害怕给自己的生活添乱，这里头另有内情，只是他们自己也说不清。

困惑是出不了好新闻的，所以，《纽约时报》和其他媒体，包括几家报社、电视台和杂志社在跟进后续报道时，都强调了当时找得出来的唯一解释，即和我们大多数人一样，目击者们对此漠不关心，根本不想卷进这种事情，美国变成了一个自私自利、麻木不仁的国家；现代生活，尤其是城市生活的冷酷，把人变得铁石心肠；他们成了“冷漠社会”的一分子，面对同胞的困境，他们表现得无情而又麻木。

为支持这一阐释，详尽描述公众麻木冷漠的新闻报道隔三岔五地刊登出来。不切实际的社会评论家们也发表了一系列的议论，支持此种论调。这群人面对媒体的时候，似乎从来就没承认自己也曾感到困惑不解，同时他们还认为吉诺维斯一案有着重大的社会意义。他们都用了“冷漠”这个词，值得注意的是，《纽约时报》头版报道的标题也是“冷漠”，尽管大家对冷漠的成因各有看法。有人认为冷漠是电视大肆宣扬暴力所致，有人认为是因为人的攻击性受到了压抑。但大多数人扯出了都市生活的“人格解体”，“特大型都市社会”中“个体与群体的疏远”，就连头一个报道这条新闻、后来还就该主题写了一本书的记者罗森塔尔，也赞同城市导致冷漠的理论：

> 没人说得出为什么38名目击者看到吉诺维斯小姐遭到攻击，却不曾拿起电话，因为他们自己也不知道原因。但可以设想，他们的冷漠的确是大城市的一个特点。要是数百万人围着你，挤着你，那么为了避免他们不断地侵犯你，唯一的办法就是尽可能地无视他们。这几乎是一种心理生存策略了。在纽约和其他大城市的生活当中，人们会条件反射般地对邻居和他们的麻烦置之不理。

随着吉诺维斯事件的热炒，除了罗森塔尔的书，该事件还成了众多报纸和杂志文章的焦点，几段电视新闻纪录片也是围绕它拍的，它甚至还被排成了一场百老汇的演出。两名纽约心理学教授，比布·拉塔纳（Bibb Latané）和约翰·达利（John Darley），对这件事产生了职业上的兴趣。他们翻检了吉诺维斯事件的报道，根据社会心理学的知识，提出了一种看起来最令人难以置信的解释：目击者都没报警，恰恰是因为当时有38个人在场。之前的报道都在强调，38个人袖手旁观，没有采取任何行动。拉塔纳和达利却认为，没人帮忙，正是因为有这么多的旁观者。

两位心理学家推测，**当有大量其他旁观者在场时，旁观者对紧急情况伸出援手的可能性最低**。其原因至少有两个。第一个原因很浅显，**周围有其他可以帮忙的人，单个人要承担的责任就减少了**，“说不定其他人会帮忙或打电话，说不定其他人已经这么干了”。因为人人都想着会有别人帮忙或者别人已经帮了忙，结果人人都没帮忙。第二个原因从心理学的角度来看更有意思，它建立在社会认同原理之上，并涉及“多元无知”效应，即**很多时候，紧急情况乍看起来并不会显得十分紧急**。倒在小巷里的男人，是心脏病发作了，还是只是喝醉了酒？隔壁的喧闹是需要报警的暴力打斗，还是只是无须外人干涉的夫妻俩的小打小闹？到底是怎么回事？碰到这种不确定的情况，人们很自然地会根据周围其他人的行动来加以判断。我们可以根据其他目击者的反应方式，得知事情到底够不够紧急。

可我们很容易忘记，其他旁观该事件的人恐怕也正在寻找社会证据。因为我们所有人都喜欢装出一副镇定自若、从容不迫的样子，所以我们可能只是暗中瞟着周围的人，不动声色地寻找着证据。这样一来，在每一个人眼里，其他的人全都是镇定自若的，没打算采取什么行动。于是，在社会认同原理的作用下，人们会觉得这起事件没什么紧急的。根据拉塔纳和达利的说法，这就是所谓的“多元无知”状态。“每个人都得出判断，既然没人在乎，那就应该没什么问题。与此同时，危险也有可能累积到这样一个程度：某一个体不受看似平静的其他人所影响，采取了行动”。[①]

科学方法

拉塔纳和达利的推论得出了一个有趣的结果，即对紧急事件的受害者而言，“人越多越安全”的想法有可能完全错误。跟一群人在场比起来，要是当时的旁观者只有一个，说不定急需救助者的生存概率反而更大一些。

为了验证这一不同寻常的论点，达利、拉塔纳和他们的学生、同事展开了一次系统化的感人研究项目，得出了一组明确的结果。实验的基本程序是模拟紧急事件，只不过有时候是让一个人看到，有时候是让一群人看到。而后，他们记下紧急事件受害者在两种情况下所得到的援助次数。他们的第一次实验是让一名

① 芝加哥合众国际社发表的一篇报道彻底阐明了“多元无知”效应有可能导致的悲剧性后果：

警方周六说，一名女大学生在本市最受欢迎的一处旅游景点，于光天化日之下遭到殴打并被勒死。

周五，一名12岁男孩在艺术学院围墙边的茂密灌木丛中玩耍，发现了23岁的李·亚历克西斯·威尔森的裸尸。

警方推论，李遭到袭击时，有可能正坐在或站在艺术学院南广场的喷泉附近，而后，行凶者将她拖进了灌木丛。警方说，她明显遭到了性侵犯。

警方表示，有好几千人从案发地点经过，一名男子曾报告说在下午两点前后听到一声尖叫，但并未深究，因为似乎没有其他人注意到。

纽约的大学生假装癫痫病发作。要是只有一名旁观者在场，85%的情况下“病人”都得到了帮助，而有 5 名旁观者在场时，“病人”得到帮助的概率却降到了 31%。既然几乎所有单个的旁观者都出手帮了忙，说我们是个不关心他人痛苦的“冷漠社会”就显得不那么理直气壮了。

很明显，恰恰是其他旁观者的在场，才使得人们施以援手的概率降到了可耻的水平（见图 4-3）。

图 4-3　他们是受害者吗

类似图中的这种情况，无法断定当事人是否需要紧急救助，因此就算此人真的需要帮助，人群中恐怕也很难会有人伸出援助之手。想想看，如果你是图中的第二个过路人，恐怕你也会受到第一个过路人的影响，觉得倒在地上的人并不需要帮助。

还有些研究考察了旁观者的普遍冷漠态度在多大程度上是社会认同导致的。研究人员在紧急事件的目击者里安插了“内鬼”，要他们装成什么事也没发生的样子。例如在纽约的另一次实验中，看到门缝里冒出烟雾，75% 的单个旁观者报了警；而对于同样的事情，有 3 个人同时旁观时，报警的概率却降到了 38%；要是这 3 个人里有两个都是“内鬼”，而且研究人员事先就告诉他们别插手，那么采取行动的旁观者人数最少，报警的概率只有 10%。多伦多也进行过一项类似的研究，单个旁观者提供紧急救助的概率是 90%；可要是一个旁观者旁边有两个不动声色的旁观者，给予救助的概率则仅为 16%。

旁观者什么时候会提供紧急援助，社会学家们现在已认识得很清楚了。首先，跟“我们成了一个冷酷无情的社会”这种看法不同，**目击者们只要确信出现了紧急情况，就很可能会出手相助**。在这种情况下，自己帮忙或叫人帮忙的旁观者数目，都是令人颇感欣慰的。以佛罗里达州的 4 次独立实验为例。研究人员模拟事故现场，叫一位维修工人出演。他们前后做了两次实验，当该名男子明确表示受了伤，需要帮忙时，100% 的旁观者都伸出了援手。在另外两次实验里，要帮忙，就有可能会触电，但仍有 90% 的旁观者伸出了援手。而且，不管旁观者是一个人还是一群人，主动帮忙的概率都很高。

可要是旁观者无法肯定看到的是不是紧急情况，局面就大不相同了。此时，单个旁观者比一群旁观者，尤其是当这群人互不相识的时候，更有可能帮助受害者。**“多元无知”效应似乎在陌**

生人里显得最为突出，因为我们喜欢在公众面前表现得既优雅又成熟，又因为我们不熟悉陌生人的反应，所以**当置身于一群素不相识的人里面时，我们有可能无法流露出关切的表情，也无法正确地解读他人关切的表情**。因此，潜在的紧急事件得不到应有的关注，受害者也会因此倒霉。

仔细观察这一连串的研究结果，就能发现一个颇具启示意味的模式。降低紧急事件受害者获得旁观者救助概率的所有条件，多见于城市，而少见于农村地区：

- 城市里喧嚣、吵闹、变化快的地方很多，在这些地方，人们很难确定发生的事件具有什么样的性质。
- 城市里人口更多，故此，目击潜在紧急事件时，多个人在场的概率更大。
- 跟小镇相比，城市居民认识邻居的比例要低得多，因此，城市居民更有可能跟一群陌生人共同目睹一起紧急事件。

城市环境的这三种自然特征——混乱、人口众多、相似度低——与研究所揭示的降低旁观者出手救助概率的因素极为吻合。因此，我们不需要“都市人格解体”和“城市居民疏远”这等可怕概念，就能理解城市里为什么会出现如此多旁观者不作为的例子。

不过，我毫不怀疑评论家们还是会做出旧有解释。让我来举个例子吧。英国一个互联网新闻频道报道了又一起“旁观者冷漠”的事例：一名妇女在伦敦街头跌倒了，司机们却没能及时停车，几乎所有的电子邮件回复都怒斥现代生活尤其是城市生活的粗鲁不文明，旁观者总觉得自己太忙，不愿多事。写邮件的人恐怕并不知道，没人帮忙的真正原因在于城市的自然环境特征，而不是城市居民邪恶的心理特点。受害者没得到帮助，与其说是旁观者太忙，倒不如说是发生事故的街道太过繁忙。这两种说法有着根本的不同。不过，一旦理解了这点差异，我们在需要帮助的时候就占了很大的先机了。

别让自己成为受害者

以不那么险恶的术语解释了现代都市生活的危险性，并不意味着这种危险就消除了。更何况，随着世界人口加速向城市转移（未来不久，全人类有一半都将生活在城市当中），降低此类危险的需求将会越来越大。好在我们对旁观者的“冷漠”有了新的理解，带来了真正的指望。靠着这一科学认识，紧急事件的受害者可以极大地提高自己获得他人救助的概率。这里的关键是要意识到，**旁观者群体没能帮忙，不是因为他们无情，而是因为他们不能确定**。他们不帮忙，因为他们无法确定紧急情况是否真的存在，也无法确定此时是否需要自己采取行动。只要他们明确地意识到自己有责任插手干预紧急事件，他们便一定会做出反应。

既然我们现在知道，“敌人”只是单纯的不确定状态，那么紧急事件的受害者就有可能减少不确定性，保护自己。设想一个夏天的午后，你在公园里参加音乐会。音乐会结束时，人们开始离场，你发现自己的一只胳膊略感麻木，但你以为没什么好大惊小怪的。然而，当你随着人群朝着远处的停车场走去时，你感觉麻木的范围在扩展，手也僵了，半边的脸也硬了。你困惑不解，决定靠在树下休息片刻。很快，你意识到麻烦大了。坐下来没有丝毫帮助，事实上，你的肌肉控制力和协调力越来越差，你逐渐连嘴巴都难以动弹，快说不出话来了，你想站却站不起来。一个可怕的想法冒了出来："啊，天哪，我中风了！"人们成群结队地经过你身边，可大部分人都没注意到你。少数几个人注意到了你跌倒在树下的古怪样子，或是你脸上难看的表情，但他们看了看周围的人，想寻找社会证据，却发现他人并没露出关心的样子，于是也觉得没出什么事儿，径直走开了。

要是你发现自己正处在这样的困境中，你该怎么做才能获得救助呢？由于你的身体能力正在退化，抓紧时间至关重要。要是你在找到救助之前丧失了说话能力、行动能力，甚至连意识也没了，那你获得帮助、恢复健康的概率必然大幅下降。因此，赶紧得到帮助非常重要。那么什么样的求救形式最有效呢？呻吟、叹息或喊叫恐怕无济于事，它们能让别人注意到你，但其信息量还不足以让路人确信你存在真正的紧急情况。

如果光是呼喊难以引来过路群众的援手，你恐怕应该更有针对性一些。事实上，你要做的不仅仅是吸引别人的注意，你应当清楚地喊出你需要帮助。你不能让旁观者来判断你的情况，不能让他们认为你没什么要紧的，要用"救命"这样的字眼来表现你需要紧急救助的事实，别担心会不会是自己搞错了。这里，尴尬是你要镇压的头号敌人。如果你认为你中风了，那你可没工夫去管自己是不是把问题说得太严重了。你是愿意承受一时的尴尬，还是愿意就这么死掉，或是终身瘫痪？

就算是高声呼救，也不见得是最有效的手法。它或许可以让旁观者不再怀疑你此刻是否存在紧急状况，却无法消除他人心目中另外几个重要的疑点：你需要什么样的救助？我应该上前帮忙，还是让其他更有资格的人来做？是否已经有其他人去找专业人士来帮忙了，还是该我去找？旁观者怀着这些困惑呆呆地望着你，对你来说生死攸关的时间就这样消逝。

很明显，身为受害者，除了提醒旁观者你需要紧急救助之外，你还必须多做点什么，你要消除他们的不确定性，告诉他们怎样提供救助，谁该提供救助。那么，什么样的办法才最有效、最可靠呢？

根据我们已经看过的研究结果，我建议是从人群里找出一个人来，盯着他，直接指着他说：“你，穿蓝夹克的那位先生，我需要帮助。请叫救护车来。”这样一句话，消除了一切有可能阻碍或拖延救助的不确定性。你把穿蓝夹克的先生放在了“救助者”的位置上。他现在应该明白，紧急救助是必要的；他也应当理解，负责提供救助的不是别人，而正是他本人；最后，他还应该很清楚自己要如何提供救助。各项科学证据表明，只要你这样做，就应该会得到快速、有效的帮助。

因此，一般而言，**在需要紧急救助的时候，你的最佳策略就是减少不确定性，让周围的人注意到你的状况，搞清楚自己的责任**。尽可能精确地说明你需要什么样的帮助，不要让旁观者自己判断，因为尤其是在人群里，社会认同原理以及由此产生的“多元无知”效应很可能会使他们认为你的情况并不紧急。在本书提到的所有顺从技巧里，这一条恐怕最为重要，必须记住。毕竟，要是没得到紧急救助，说不定你就没命了。

读者报告 4-1 来自波兰弗罗茨瓦夫的一位女士

有一次我从一条灯火通明的大街上走过，看到似乎有人掉到了施工中的地沟里。地沟的保护措施做得很好，我并不肯定自己当真看到了，兴许只是我眼花，只是在胡思乱想呢。要是在一年前，我会继续走我的路，以为离得更近的人会看得更清楚。但现在我看过了您的书，所以，我停下脚步，回过头去看看自己是不是真的眼花了。结果真的是有人出事了，一个男人掉进了沟里，昏迷不醒。地沟很深，所以旁边走过的行人很难发现他。我正努力想做点什么的时候，两个途经此地的人帮忙把他拉了上来。

今天的报纸上说，在过去 3 个严寒的星期里，全波兰冻死了 120 个人，我们救出来的那家伙有可能是第 121 个，那天晚上的温度是零下 21℃。

他应该感谢您的书救了他的命。

作者点评：

几年前，我在十字路口发生了一场严重的车祸。我和对方司机全都受了伤。他倒在方向盘上昏迷不醒，我脚步踉跄地下了车，血滴滴答答地洒在路上。周围的汽车慢慢从我们身边开过去，司机们目瞪口呆，却并未停车。和这位波兰女士一样，我也读过自己的书，所以，我知道该怎么办。我径直指着一辆车的司机："打电话报警。"又指着第二辆和第三辆车的司机："停车，我们需要帮助。"不仅他们飞快地过来帮了忙，人们的善意也传染开来，更多的司机自发停了车，去照看另一位伤者。

社会认同原理现在发挥作用了，这个窍门让帮助我们的雪球滚动起来。一旦实现了这一点，剩下的事情就全交给社会认同原理的自然动力去完成吧。

有样学样

正如我之前所说，跟其他影响力武器一样，社会认同原理也有最适用的条件。我们已经探讨了这些条件中的一个：不确定性。毫无疑问，在人们不确定的时候，更容易根据其他人的行为来判断自己该怎么做。除此以外，还有一个重要的适用条件：**相似性。我们在观察与自己类似的人的行为时，社会认同原理能发挥出最大的影响力。**这类人的行为让我们意识到自己该怎样做才正确，因此我们更倾向于效仿与自己相似的人，而不是效仿跟我们不同的人。

我认为，近来电视上普通人做的广告越来越多，原因就在这里。广告客户现在知道，要向普通观众（这些人构成了最大的潜在市场）推销一种产品，最好的办法就是表现其他“普通人”喜欢它、爱用它。所以，我们频繁看到电视上的老张、老李、老王盛赞某个品牌的软饮料、止痛药或洗衣粉。

科学研究为我们提供了更多有力的证据，说明了相似性在决定我们是否效仿他人行为中的重要意义。有人在校园里对筹款活动做了研究，提供了极为切题的例证。要是筹款人声称自己跟筹款对象一样，说“我也是这里的学生”，那么筹款数额就能增加不止一倍，因为这句话暗示对方也会支持同样的事业。这些结果揭示了社会认同原理的一个重要限定条件。我们会用他人的行为判断自己做出怎样的行为才恰当，尤其是在我们觉得别人跟自己一样的时候。

不仅成年人有这样的行为倾向，儿童也一样。例如，健康研究人员发现，在学校开展反吸烟活动时，只有当同龄的孩子王以身作则，活动才能实现持久的效果。另一项研究发现，看过表现一个小孩主动去看牙医的影片之后，跟片中小孩同龄的儿童去看牙医时的焦虑感会大幅降低。几年前，我曾想方设法地减少我儿子克里斯的另一种焦虑情绪，要是那时候我就知道这一项研究结果就好了，虽说那时它还没发表。

我真想狠狠踹自己一脚。毫无疑问，在寻求自己能做什么、应该做什么的相关信息时，克里斯会去参考小汤米，而不是一个身高一米八的研究生。要是我好好想想，早点让小汤米来给克里斯当榜样，就用不着这么徒劳无功地忙活好几个月了。我应该早点注意到野营里的小汤米会游泳，然后跟他的父母安排一下，找个周末让男孩们在我家的游泳池玩上一下午。我猜如果那样的话，在那天结束之后，克里斯应该就能甩掉游泳圈了。

读者报告 4-2 来自阿肯色州的一位大学教师

在我上大学时，每年放暑假，我都会到田纳西州、密西西比州、南卡罗来纳州和堪萨斯州挨家挨户地卖《圣经》。我想出了一个办法，在卖书时向女性潜在客户提及先前女客户的名字或女推荐人的名字，向男性潜在客户提及男客户的名字或男推荐人的名字，如果潜在客户是夫妇，则提及先前买了书的夫妇的名字。有趣的事情发生了，我的销售业绩有了极大改善。

在最初推销《圣经》的 15 个星期里，我严格按照公司教我们的统一推销说辞进行销售，即强调我们图书的特点，那时每周的平均销售额是 550.80 美元。但是，一个新的销售经理教我们在陈述里提及从前客户的名字，比方说："苏·约翰逊就买了一套，这样她就好给孩子们讲圣经故事了。"从第 16 个星期开始我采用这套做法，我发现，在第 16 ～ 19 周，每周的销售额提高到了 893 美元，增加了 62.13%！当然，不只有这些改变，还有些别的事儿。我清楚地记得，在第 19 周，我醍醐灌顶般地意识到，尽管引述他人名字的做法提高了我的总销售额，但也令我损失了一些生意。有一天，我向一位家庭主妇做陈述，她似乎对书很感兴趣，但没法决定该不该马上下订单。这时，我提到她的一些已婚朋友已经买了书，结果她这样说："玛丽和比尔买了？那我还是跟哈罗德谈谈再决定好了，我们一起拿主意会更好。"

接下来的好几天，我都在琢磨这件事，并有了些认识。我告诉一位家庭主妇另外一对夫妇已经买了书，这无意中给了她一个不马上买书的好理由，即她得先跟丈夫谈谈。但要是许多跟她一样的家庭主妇都买了，她买肯定就没问题了。从这一刻起，我下了决心，在向家庭主妇做陈述的时候，我只提及其他家庭主妇的名字。接下来的一个星期，我的销售额飙升到了 1 506.1 美元。我很快把这一战略扩展到丈夫和夫妻身上，向男性做陈述的时候只提男客户的名字，向夫妇做介绍的时候只提夫妇客户的名字。在接下来做销售的 20 个星期里，我每周的平均销售额达到了 1 209.15 美元。到了末期，我的销售额有所下降，是因为我已经挣了太多钱了，我发现没办法再激励自己天天出门努力干活了。

毫无疑问，在整个销售过程中，我还学到了其他一些有助于提高销售额的知识。然而，在亲身体验了这些快速的变化之后，我确信，要使销售额提高 119.67%，没有其他任何一个因素的作用能比得上来自相似者的社会认同这一条。

作者点评：

这位读者是我私下里的一个朋友，最初他是当面对我讲述这个神奇故事的。我觉得他肯定察觉到我对此有所怀疑，于是，他把 4 年暑假里每个月的销售记录拿给我看（他当时就记下来，而且保存了几十年），用来支持自己的说法。顺便说一句，我的这位朋友是在大学里教统计学的，各位读者想必并不吃惊吧。

模仿自杀

尽管我们已经看过了社会认同对人类决定的强大影响，可在我看来，最能说明这一影响的例子，来自一则看似荒诞的统计：**每当自杀上了头条新闻，飞机，不管是私人小飞机、企业的喷气机，还是商业航班，就会以惊人的速度从空中掉下来。**

例如，研究显示，每当自杀新闻炒得热火朝天时，死于商业客机坠毁事故的人数便会激增 10 倍！更惊人的是，不仅坠机而死的人会增多，发生致命车祸的人数也会急剧增加。这到底是怎么一回事呢？

有这样一种现成的解释马上冒了出来，即能让某些人自杀的社会条件，同样也能让另一些人死于意外。比方说，面对紧张的社会压力（经济衰退、犯罪率上升、国际局势紧张等），某个人可能会以自杀来结束这一切。而面对同样的事情，其他人会做出不同的反应，他们可能会愤怒、急躁、紧张或分心。要是这样的人在驾驶、修理我们的汽车或飞机，那这些交通工具的安全性必然会有所降低，死于空难和车祸的人数就会猛增。

按照这种“社会条件论”的解释，使人自杀的社会条件同样也会导致事故发生，这也是为什么自杀新闻和致命事故之间会存在强烈的联系。可惜另一组有趣的统计数据表明，这种解释并不正确。致命事故激增的现象仅仅局限于自杀事件被广为报道的地区，其他地方，就算存在类似的社会条件，可当地媒体如果没有曝出自杀的消息，类似的致命事故激增现象就不会出现。而且，在报道了自杀事件的地区，曝光力度越大，其后发生的致命事故增幅也就越大。因此，刺激自杀又引发致命事故的原因，并不是社会条件，而是对自杀事件的宣传，这导致了更多的车祸和坠机。

于是，又有人提出了所谓的“丧亲说”来解释自杀新闻报道和致命事故之间存在的强烈联系。他们认为，由于能上报纸头条的自杀消息往往涉及广受尊敬的知名公众人物，也许他们自杀的消息让许多人感到既震惊又悲痛。如此一来，这些人因为惊讶和分神，在开车和开飞机的时候就会粗心大意。所以，每当有自杀新闻上了头条，交通工具发生致命事故的情况就会急剧增多。诚然，“丧亲说”能解释自杀事件曝光力度和致命事故之间的联系，知悉自杀消息的人越多，悲痛和粗心大意的人也就越多，可它无法解释另一个触目惊心的事实：**要是新闻报道的是一个人自杀的消息，之后增加的也大多是一个人出事的事故；要是新闻报道的是一个人自杀并导致多人死亡的消息，之后增加的往往就是导致**

多人死亡的车祸或坠机事故。倘若人们单纯是因为丧亲、悲痛、出神而发生了事故，那就不可能有这样一种事实出现。

这样看来，自杀新闻对车祸和坠机事故的影响还具有令人难以置信的针对性。单纯的自杀，只有一个人死掉，会带来只有一个人死掉的事故；自杀的同时又导致多人死亡的新闻，则会带来多人致死的事故。倘若“社会条件”和“丧亲”理论都无法解释这种诡异的联系，那么它到底是怎么一回事呢？加利福尼亚大学圣地亚哥分校的一位叫大卫·菲利普斯（David Phillips）的社会学家认为自己找到了答案，他认为罪魁祸首是所谓的“**维特效应**”（Werther Effect）。

“维特效应”的故事既惊悚，又有趣。两个多世纪以前，德国大文豪歌德出版了一本小说，叫《少年维特的烦恼》。该小说轰动一时，但故事以书中的主人公维特自杀而告终。它让歌德名声大振，也在欧洲引发了一阵自杀浪潮。因为影响太过强烈，好几个国家都把这本书列为禁书。

菲利普斯对当代的“维特效应”做了跟踪研究。他的研究证明，只要报纸头版一登出自杀新闻，在新闻曝光率高的地区，自杀率就会激增。菲利普斯认为，这是因为一些内心饱受折磨的人读了别人自杀而死的报道后，就效仿了这种做法，了断了自己。**这是社会认同原理的一个病态例证：这些人根据其他陷入困境的人的行动，决定了自己该怎么做**（见图 4-4）。

图 4-4 年轻人的独立思考

我们经常认为，青少年思想叛逆而独立。然而，我们必须要认识到，这种态度只针对家长。在同龄人群体里，青少年同样要根据社会认同来判断自己怎么做才合适。

菲利普斯在美国 1947—1968 年的自杀统计数据中为当代“维特效应”找到了证据。他发现，每次自杀事件上了头版，其后两个月里自杀的平均人数就会比通常情况下的多 58 个。从某个角度上来说，每条自杀新闻会杀掉 58 个本来能够活下去的人。菲利普斯还发现，自杀诱发自杀的倾向主要集中在大肆报道第一起自杀事件的地方。他指出，头一起自杀事件的曝光率越高，其后自杀的人数也就会越多（见图 4-5）。

你是否觉得“维特效应”跟自杀新闻导致陆空交通事故激增的现象未免太过相似？菲利普斯也注意到了这种巧合。事实上，他指出，轰动的自杀新闻之所以会引发事故热潮，原因其实是同一个：模仿自杀。知道别人自杀之后，一大批人觉得，对自己来说，自杀也是一条不错的出路。于是，有些人采取了直接的行动，不加掩饰地自杀了，随之而来的便是自杀率猛增。

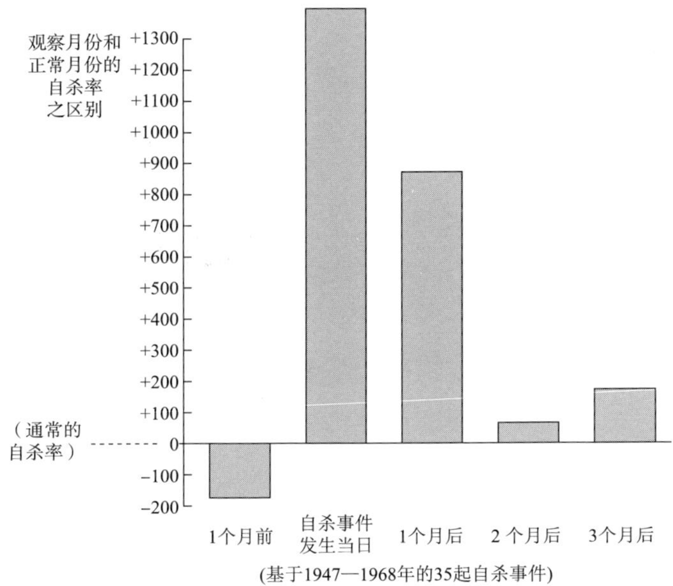

图 4-5 自杀新闻出现之前、期间和之后数个月的自杀人数

上图提出了一个重要的伦理问题。仿效新闻自杀而死的人，本来是不该死的。自杀率在最初的猛增过后，虽然有所下降，但再也不会回到传统的水平。看到这样的统计，大肆炒作自杀消息的新闻编辑们应该停下来反思一下，因为相关报道有可能导致数十人死亡。最新的数据表明，除了报纸编辑，电视从业人员也该思考一下自杀新闻造成的负面效应。不管自杀消息是出现在新闻报道、信息特写还是虚构的电影里，它都能引发自杀狂潮，有模仿倾向的敏感青少年尤其容易成为受害者。

然而，其他一些人就不那么直白了。出于这样那样的原因，如保护自己的声誉、不让家人蒙羞受伤害或让家人享受到意外保险金，他们不希望自己显得像是自杀死的，而更想显得像是死于意外。所以，他们暗中故意让自己驾驶或乘坐的车辆、飞机出事。要实现这一目的，有太多方法可以选择：商业航班的飞行员可以在起飞的关键时刻倾斜机头，违背控制塔的指示，令人费解地把飞机降落在停着其他飞机的跑道上；开车的司机可以冷不防地撞到树上，驶入对面的车道；搭乘汽车或飞机的旅客可以弄晕驾驶员，造成致命冲撞；私人飞机的飞行员可以不顾所有通信设备里传来的警报，栽向另一架飞机。因此，根据菲利普斯的说法，轰动的自杀新闻过后，致命交通事故的发生率陡增，很有可能是“维特效应”在偷偷搞鬼。

我认为菲利普斯的见解十分精辟。首先，它完美地解释了所有数据。倘若这些致命事故真的是隐性的模仿自杀，我们也就能够理解为什么自杀新闻见报之后事故率会升高了。我们同样也能理解，为什么自杀新闻闹得沸沸扬扬之后，事故率的增幅会最大。至于为什么只有在自杀新闻炒作得最厉害的地区，车祸、坠机次数才会出现猛增，单人自杀只会导致单人事故，多人死亡的自杀则会导致造成多人死亡的事故，这些谜题全都解释得通了。**模仿是其中的关键。**

此外，菲利普斯的认识还有另一点重要的地方。它不仅能帮我们解释已经存在的事实，还能帮我们预测从来没出现过的全新事实。举例来说，倘若轰动的自杀新闻之后频频出现的反常事故真的是模仿而非意外，那么它们必然会更为严重。也就是说，想要自杀的人很可能会把事故后果尽量安排得更为致命。开车时一脚踩在油门而不是刹车上，飞机下降时机头冲下而不是朝上，这样才能死个痛快。根据这一预测，菲利普斯核查了事故记录，发现了这样一种模式：**较之发生在轰动性自杀新闻一周前的商业航**

班事故，发生在轰动性自杀新闻一周后的事故，其平均死亡人数要高出 3 倍之多。从交通统计数据中也可以看到类似的现象，轰动性自杀新闻过后的车祸更为致命，这一类车祸受害者的死亡速度比一般情况下的要快 4 倍（见图 4-6）。

菲利普斯的想法还引出了另一些有趣的预测。**要是自杀新闻后增多的事故真的意味着有人在蓄意模仿，那么，这些跟风模仿者最可能效法的是跟自己类似的人。**社会认同原理指出，我们会参考他人的行为方式，判断自己该怎么做。校园慈善捐款实验也表明，我们最容易受跟自己类似的人的影响。

故此，菲利普斯推断，要是整个现象背后藏着社会认同原理，那么，轰动性自杀新闻的主角应该跟之后导致事故的人存在显而易见的相似之处。

菲利普斯意识到，要验证这一可能性，最简单的方法是看只涉及了单车单人的车祸记录，于是他比较了自杀新闻里自杀者的年龄，和新闻见报后死于单人车祸的司机的年龄。他的预测再一次准得出奇，每当报纸详细报道了一名年轻人的自杀事件，其后就会有年轻司机开着车撞到树上、栽进洞里、滚下河堤；而若新闻报道的是老年人自杀，那么死于这类车祸的就是年龄较长的司机。

最后一项统计把我活生生地说服了。我完全相信了，同时也为此感到十足的震惊。很明显，社会认同原理这么普遍又有力，

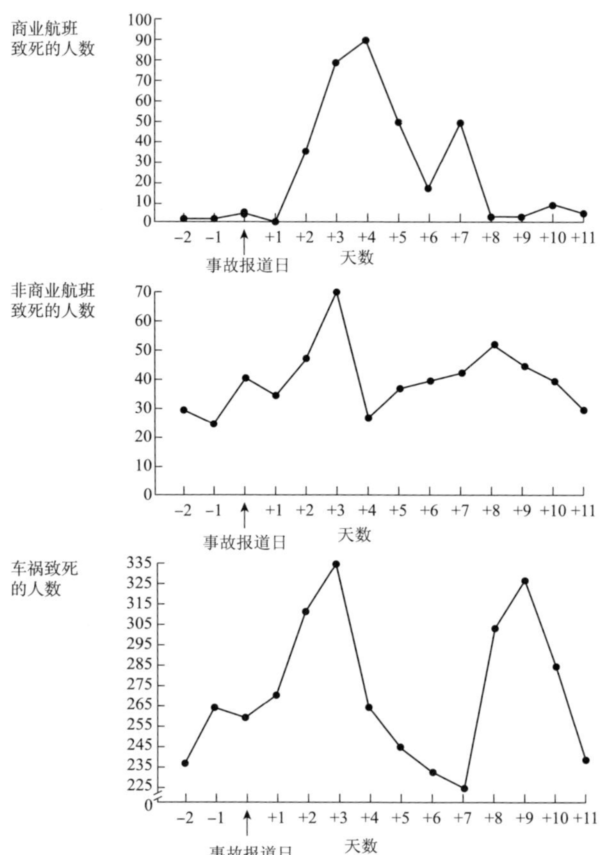

图 4-6　自杀新闻上报之前、当天和之后的事故死亡人数波动情况

从上图可以清楚地看出，新闻报道刊出后的 3 ～ 4 天最为危险。短暂回落之后，过上大约一个星期又会出现一波高峰。到了第 11 天，“维特效应”就消失了。好几种类型的数据都表现出了同样的模式，暗示了隐性自杀有些值得注意的地方。想用意外来掩盖自己效仿自杀行为的人，要隔上几天才会采取行动，兴许是为了积蓄勇气、策划事故或是安排后事。不管这一模式到底为什么呈现这样的规律性，我们可以知道，在自杀并导致他人死亡的新闻报道刊出后的 3 ～ 4 天里，乘客的安全受到了最大的威胁。之后的几天也会很危险，但程度稍低。故此，我们建议，在这些时候外出旅行要特别当心。

连是生是死这样的问题都要受它左右。菲利普斯的研究结果说明了一点令人痛心的倾向，**报道自杀的消息，促使一部分跟自杀者类似的人走向了绝路，因为现在他们发现自杀的念头更加站得住脚了**。更可怕的是，数据显示，在这个过程中，往往会有许多无辜者白白死掉。

倘若菲利普斯提供的自杀数据还不够触目惊心，他的另一些研究或许更加发人深省。在美国，只要媒体大肆报道暴力事件，就总会有人群起效法。电视台晚间新闻转播重量级拳王争霸赛，似乎能显著提高全美的凶杀案发生率。对重量级拳王争霸赛（1973—1978 年）做一番分析后，可以看出效仿暴力行为的一个惊人特点：每当黑人拳手输了比赛，其后 10 天里，黑人男青年在凶杀案里死亡的概率就会大幅上升。反过来看，要是白人拳手输了比赛，未来 10 天里，就会有更多白人男青年频频死于暴力事件。把这些结果跟菲利普斯从自杀数据里发现的情况结合起来，我们可以很明显地看出，**对暴力事件大加报道，会让可怕的结果落到相似的人身上，不管暴力行为的对象是自己，还是别人**。

说到社会认同原理的负面影响，最戏剧性的事件恐怕要数模仿犯罪了。20 世纪 70 年代，我们注意到劫机事件就像病毒一样，能通过空气传染。20 世纪 80 年代，在产品里下毒又成了热门，比如往泰诺胶囊里注入氰化物，往嘉宝儿童食品里掺玻璃碴等著名案件。据美国联邦调查局的法医专家所说，每发生一件全国曝光的大案，便平均会多冒出 30 件同类案件。最近 20 多年，具有传染性的大屠杀事件又把我们给吓坏了。这类暴力事件先是发生在职场，之后又不可思议地蔓延到了学校里。例如，1999 年 4 月 20 日，在科罗拉多州里特尔顿的两名高中生制造了血腥的校园枪击案之后，警方紧接着又处理了数十宗类似的威胁、密谋和尝试犯罪事件，全都是饱受困扰的学生干的。有两名学生尝试成功了，就在里特尔顿大屠杀之后不到 10 天，艾伯塔省泰伯的一名 14 岁男孩和佐治亚州科尼尔斯的一名 15 岁男孩打死、打伤了共 8 名同学。2007 年 4 月美国弗吉尼亚理工大学可怕的杀人并自杀案件发生之后一周，美国各地的报纸纷纷报道了更多类似事件，光是在休斯敦就发生了 3 起。值得注意的是，弗吉尼亚理工大学大屠杀之后，接下来的同类事件就不光发生在高中了，北伊利诺伊州的一所大学也遭了殃。

这些事件数量如此之多，必须对其加以分析和解释。为了搞清楚其中的奥妙，有必要理出一些共同的线索。就职场杀人案而言，观察家们注意到，杀戮现场大多是在美国邮政局的库房。所以，美国邮局“难以承受的紧张”环境成了千夫所指。而对于校园大屠杀，评论家总会谈到一个奇怪的共同点，所有受波及的学校都位于农村或郊区，城里那些总是吵吵闹闹没个消停的学校反倒平安无事。所以，媒体告诉我们，美国小城镇或郊区的青少年在成长期有着“难以承受的紧张压力”。根据这些说法，正是邮局工作和小镇生活的压力使得那里的人们做出了过激的爆炸式反应。这种解释很直白，类似的社会条件引起了类似的反应。

1999 年 5 月 20 日，学校开始上课前 5 分钟，15 岁的托马斯·所罗门（Thomas Solomon）朝同学们开了枪。在击中了 6 名同学之后，他才被一位勇敢的老师拦下。为了理解这其中的根本原因，我们必须意识到在为期 1 年的时间里一连串的同类事件曝光给托马斯造成的影响。先是阿肯色州的琼斯伯勒，接着是俄勒冈州的斯普林菲尔德，再接着是科罗拉多州的里特尔，最后是两天前艾伯塔州的泰伯。有人问托马斯的一个朋友，为什么好好的学生突然之间会变成学校里的杀人狂，此人回答说："像托马斯这样的孩子，一直都听到、看到同样的事情。校园枪击像是成了他们的一条新出路。"

但此前，在理解致命事故的异常模式时，你我已经驳倒了"同类社会条件"这个说法。特定环境下相同的社会条件能解释自杀现象的猛增吗？菲利普斯想过这种可能性，但这个解释并不令人满意，我认为，用它来解释接二连三发生的枪击事件恐怕也不怎么样。我们还是再回到现实，看看能不能找到更好的答案吧。在邮局、郊区工作和生活，真的存在"无法承受的紧张压力"吗？跟在煤矿里工作相比，跟在黑帮横行、到处藏着危险的城里生活相比，这里的"压力"到底有多无法承受呢？好好想想吧，毫无疑问，发生大规模枪击事件的特定环境里的确有这样那样的紧张压力，但它们并不比没有发生此类事件的其他诸多环境更严重，而且往往也没有那么严重，"同类社会条件"的结论是站不住脚的。

那到底是怎么回事呢？我赞同社会认同原理，它认为，**人们会效仿跟自己类似的其他人，尤其是在对自己不确信的时候**（见图 4-7）。

图 4-7　机能失常的模仿者

对一个心怀不满的邮局员工来说，有谁能比另一个心怀不满的邮局员工更像他自己呢？对一个饱受困扰的美国小镇青少年来说，有谁能比另一个饱受困扰的美国小镇青少年更像他自己呢？在现代生活中，总有很多人生活在心理痛苦当中。他们如何应对这些痛苦，取决于多方面的因素，其中之一是观察类似的其他人怎样应对。正如我们从菲利普斯的数据中看到的，大肆报道自杀新闻，会让其他类似的人竞相仿效，走上自杀之路。我相信，大肆报道群体枪击案也有同样的效果。和自杀案件中一样，媒体从业人员必须仔细想想该如何报道凶杀案件，该把它们摆在什么样的高度上进行报道。目前的报道方式太精彩、太具轰动性、太有新闻价值，也太过有害了。

模仿之岛

诸如菲利普斯等人的工作可以帮助我们理解相似者行为的可怕影响力。一旦你意识到它的强大，也就有可能理解当代最惨绝人寰的顺从悲剧——圭亚那琼斯镇的集体自杀事件是怎么发生的了。让我们来回顾一下这起事件的几点重要特征。

影响力研究

"人民圣殿教"是以旧金山为基地的一个邪教组织，成员主要来自该市的穷人。1977 年，该组织无可争议的政治、社会和精神领袖吉姆·琼斯动员大部分信徒跟他一起搬到了南美圭亚那的一处丛林里。在那里，"人民圣殿教"的活动相对低调。直到 1978 年 11 月 18 日，去圭亚那调查该教派的加利福尼亚州众议院的里奥·瑞安（Leo R. Ryan）、调查小组随行的 3 名成员，还有 1 名邪教的叛逃者，在准备搭乘飞机离开琼斯镇的时候遭到杀害，"人民圣殿教"才成了大众目光的焦点。琼斯确信自己肯定会被逮捕，牵连到凶杀案里，到时候，"人民圣殿教"自然也难免解散。于是，他决心照自己的方式来控制人民圣殿教的结局。他把教派的所有信徒全召集

> 到身边，要大家采取统一行动，集体自杀。
>
> 头一个响应者是个年轻的女性，她平静地走到带有草莓味（现在这一点是尽人皆知了）的毒药桶跟前，先给孩子喂了一勺，自己也喝了。之后，她坐在地上，和孩子抽搐了 4 分钟，死了。其他人也一一效法。尽管有少数人逃跑了，据说还有几个人做了抵抗，可按幸存者的说法，910 名死者里，绝大部分人是心甘情愿、秩序井然地赴死的。

这一事件震惊了全世界。广播媒体和报纸进行了全方位的报道、跟进和分析。好些天，人们的谈话都围着这个主题：“他们现在发现死了多少人了？”“有个逃掉的家伙说，他们像是受了催眠一样把毒药喝了。”“他们到底在南美洲干吗呀？”“真是太难以置信了，怎么会这样呢？”

是的，“怎么会这样”的确是最关键的问题。我们该如何说明如此惊人的顺从行为？人们给出了各种各样的解释，有的侧重于吉姆·琼斯的个人魅力，说他有一种风度，能让信徒像救世主一样爱戴他、像父亲一般信任他、像帝王那般对待他；另有解释指出，“人民圣殿教”吸引的教徒是有共同特点的，他们大多数是穷人，没受过什么教育，愿意放弃他们思考和行动的自由去一个安全的地方，让琼斯代他们做一切决定；还有的解释强调“人民圣殿教”的准宗教本质，这样的组织最推崇的就是对邪教领导者不容置疑的效忠。

毫无疑问，琼斯镇之所以发生惨剧，上述每一个特点都或多或少起到了推波助澜的作用，但我认为，光是它们还不够。毕竟，全世界到处都有领导者魅力惊人、追随者盲从盲信的邪教组织。更何况，这一类组织在历史上也从不少见。然而，我们几乎找不到证据，说明这类团体发生过哪怕是与琼斯镇事件类似的惨剧，肯定还有点别的什么关键因素。

有个特别能说明内情的问题给了我们一点线索："要是这个团体依然留在旧金山，人们还会服从牧师琼斯下的自杀命令吗？"显然，这完全是个推测性的问题，但最熟悉"人民圣殿教"的专家却确凿地知道答案。时任加利福尼亚大学洛杉矶分校精神病学和生物行为学系主任兼神经精神病学研究所主任的路易斯·乔利恩·韦斯特博士（Louis Jolyon West），是研究邪教的权威人士。在琼斯镇惨剧发生之前，他曾观察"人民圣殿教"8年时间。事后不久我采访了他，他指出："这件事不会发生在加利福尼亚。他们所处的地方是与世隔绝的丛林。"

尽管惨剧发生后各路评论铺天盖地，几乎叫人没了头绪，可在我看来，韦斯特的意见，再加上我们对社会认同原理的现有认识，似乎能为教众们顺从地走向自杀提供一个满意的解释。我以为，信徒们之所以能盲目顺从琼斯，最重要的一点原因就在于"人民圣殿教"于一年前搬到了一个人地两生的丛林国家。倘若我们相信吉姆·琼斯真的具有邪恶的天分，那么他必然完全理解这样的举动会给信徒们造成多大的心理冲击。突然之间他们来到了一个一无所知的陌生地方。南美洲，尤其是圭亚那的热带雨林，跟他们在旧金山的人生经历完全不同。他们生存的环境，包括自然和社会环境，必然显得极具不确定性。

不确定性，这可是社会认同原理的左膀右臂！我们已经看到，人们在不确定的时候，会根据他人的行动来指导自己的行为。故此，在圭亚那的陌生环境里，教派成员会很乐意追随别人的领导。也正如我们所知，人们最容易效仿的是一种特别的人，即跟自己类似的人的行为。这才是琼斯搬迁战略里最可怕的地方。在圭亚那这样的国家，琼斯镇的居民们没有类似的人可以效仿，能效仿的只有琼斯镇的其他居民。

教派成员要怎样做才正确，这在很大程度上由受琼斯影响极深的其他教派成员所决定。从这个角度看，这些人井然有序、毫不惊慌、镇定自若地走向毒药桶，走向死亡，似乎更容易理解了一些。他们并不是被琼斯催眠了，只不过，琼斯和社会认同原理（这一点更为重要）说服了他们：自杀是正确的做法。最初听到死亡命令，他们肯定感到疑心重重，也必然会东张西望，想从他人身上知道自己怎样做才恰当。

值得特别注意的是，他们找到了两条令人印象深刻的社会证据，每一条都指着相同的方向。

第一，有些人立刻心甘情愿地喝下了毒药。在所有由强势领导人掌控的群体里，总会有少数狂热追随的人。在本例中，不管这些人是事先听从了专门的指示来充当榜样的，还是本来就最顺从琼斯的意愿（我们现在已经很难知道了），这已经无关紧要了，这些人的行为，给他人造成的心理影响不容小觑。既然新闻报道里同类人自杀的消息都能让陌生人自寻死路，可以想象，在琼斯镇那样的地方，眼见自己的邻居毫不犹豫地踏上了黄泉路，会给人带来怎样巨大的心理冲击。

第二，来自人群本身的反应。从当时的情况看，我怀疑那儿是出现了一场大规模的“多元无知”效应。琼斯镇的每个人都通过观察周围人的行动来评估当前局势，在他们眼里，其他所有人都挺平静，其实这些人也不过是在不动声色地暗暗观察、评估罢了。于是，他们“得知”，耐心地排队等死是正确的行为。显然，正是因为人们对社会证据做出了以上可信但错误的解读，才导致圭亚那丛林里的可怕一幕：所有人异常镇定地、有条不紊地走向死亡（见图 4-8）。

依我看，对琼斯镇惨剧的大多数分析，都太过强调吉姆·琼斯的个人素质了。毫无疑问，他的确是个罕见的煽动家，可他运用的力量，与其说是来自他独特的个人风度，倒不如说是来自他对心理学基本原理的认识。身为领导者，琼斯真正的天赋体现在他意识到了个人领导的局限之处。没有哪个领导者能单枪匹马地说服群体里的所有成员，然而，一个强有力的领导者应该能说服群体里占相当大比例的一部分成员。“大量群体成员已经被说服”，这一信息本身就足以令剩下的人信服。所以，**影响力最强的领导者是那些知道怎样安排群体内部条件、让社会认同原理朝对自己有利的方向发挥作用的人。**

图 4-8　琼斯镇的成排尸体

琼斯镇成排的尸体，向我们展示了顺从行为在当代酿成的一幕最大惨剧。

琼斯似乎正是从这一点中汲取了灵感。他的神来之笔是决定把人民圣殿教总部从旧金山市搬到遥远的南美洲，在那个地方，不确定性和教派成员独一无二的相似性可以让社会认同原理发挥出最大的功效。光靠一个人的个性力量一般是难以掌控上千名居民的，可因为圭亚那的特殊地理环境，上千名居民从追随的信徒变成了一群牲口。经营屠宰场的人早就知道，靠着从众心理，管理牲口很容易。只要你能让一部分牲口朝着预期的方向走，其他牲口就能机械地跟上去。与其说这些牲口是在跟随打头阵的，倒不如说它们是随波逐流，让大部队拖着走罢了。因此要理解琼斯的神奇力量，不仅要看到他独特的个人风度，还要看到他对四两拨千斤的社会柔道术炉火纯青的掌握程度。

如何防范

本章从笑声音轨这个相对无害的做法说起，进而讲到了凶杀和自杀的例子，它们全都可以用社会认同原理来解释。如此之多的行为里都渗入了这种影响力武器，我们怎么才能抵挡它呢？更叫人头痛的是，大多数时候，我们并不愿防范社会认同提供的信息。它提供的行为方式信息，通常是正当且有价值的。靠着它，我们可以自信满满地在生活里穿梭自如，做出无数决定，而不必仔仔细细地考察每个决定的优劣利弊。从这个角度来看，社会认同原理为我们配备了一种奇妙的自动导航仪，就跟大多数飞机上装的那种差不多。

但自动导航偶尔也会出问题。倘若输入操控机制的飞行信息是错的，那这些问题就会冒出来。这时候，我们会偏离航线。误差的大小决定了结果的严重程度，但由于社会认同原理提供的自动导航仪更多的时候是朋友而非敌人，我们并不想彻底切断它。因此，我们面对的是一个经典的问题，怎样使用一台既对我们有好处，又对我们有坏处的设备呢？

好在这里有一条走出困境的道路。由于自动导航仪的弊端主要出在控制系统输入错误数据的时候，那么识别错误数据，就是我们对抗其弊端的最佳方式。要是我们能敏锐地察觉出社会认同自动导航仪采用失准信息时的状态，那就可以在必要时关闭它，自己接管控制权。

捣鬼的方式

不正确的数据会导致社会认同原理导航失准，这分为两类情况。一类情况出现在社会证据是蓄意伪造出来的时候。这种情况全是牟利者制造出来的，他们想给我们留下一种印象：很多人都在怎样怎样做（实际上可能根本不是这么一回事），而他们正好也希望我们那样做。情景喜剧节目里放的“罐头笑声”，就属于此类伪造的数据之一。同类的伪造数据还很多，大部分都假得一目了然。

举例来说，“罐头笑声”式反应从来不是电子媒体，甚至电子时代独有的产物。事实上，贯穿大型歌剧这一人类最古老、最庄严的艺术表现形式的历史，其中大肆利用社会认同原理的例子比比皆是。这就是所谓的“捧场”现象。

影响力研究

“捧场”是1820年巴黎歌剧院的一对常客首创的，这两人名叫索通和波奇尔。不过，这两人可不光是歌剧看客，他们是生产掌声的商人。

他们成立了一家叫作“歌剧演出成功保险公司”的

> 组织，向希望得到观众积极反馈的歌手和剧院经理提供服务。索通和波奇尔极为成功地靠着通过预先安排的反应激发出了观众的真实反应，没过多久，“捧场”（一般会有个“首席喝彩”，再加上几个附和的）就变成了整个歌剧世界的惯例和传统。

音乐历史学家罗伯特·萨宾（Robert Sabin）指出：“到了1830年，捧场制度达到全盛时期。各家机构白天收钱，晚上鼓掌，一切都在光天化日之下进行……但不管是索通，还是他的盟友波奇尔，都没想过自己设计的这套付费鼓掌的做法，会在歌剧界蔓延到如此轰轰烈烈的程度。”

随着捧场制度的成长和发展，从业者们开始提供形式和强度不一的各种服务项目。如今的笑声音轨制作人会分别聘用擅长傻笑、轻笑和捧腹大笑的人，当年的捧场客也一样，逐渐分化出了专业。有能一声令下说哭就哭的“哭娘”；有能用狂喜的声调高喝“再来一个”的“喝彩人”；还有如今录制笑声音轨的演员的老祖宗，笑声极具感染力的“笑匠”。

不过，两者对比来看，捧场和当代“罐头笑声”最相似的地方，还在于它们都“假”得一目了然。捧场客们似乎从不觉得有必要换人或乔装打扮，他们经常坐在相同的位置，在从业已经20年的“首席喝彩员”的带领下，一年又一年、一场演出接一场演出地跟着鼓掌叫好。就算是做金钱交易时也从不背着人。实际上，捧场诞生100多年以后，伦敦《音乐时代》的读者还能在广告里看到意大利式捧场的费率呢（见图4-9）！所以，不管是在《弄臣》（*Rigoletto*）还是在电视情景喜剧的世界里，**利用社会证据的人总能成功地操纵观众，哪怕这些证据是赤裸裸地伪造出来的**。

登台时一位男士给掌声，25里拉
登台时一位女士给掌声，15里拉
演出中的寻常掌声，每次10里拉
演出中的长时间掌声，每次15里拉
持续时间更长的掌声，17里拉
加入“太棒了”“好样的”等喝彩，5里拉
“再来一次”，50里拉
狂热的叫好喝彩，价格面议

图4-9　明码标价的意大利式喝彩广告

从“寻常掌声”到“狂热叫好”，喝彩员毫不避讳地当众提供这项服务；刊登上述广告的报纸，有许多他们想要影响的读者。来吧！观众们，喝彩——按下开关就播放。

索通和波奇尔意识到，人是机械地按照社会认同原理做的。这一点，当代好些牟利的奸商也都知道。他们提供的社会证据是伪造出来的，可在他们看来，毫无必要隐瞒这一点，看看电视里笑声音轨的平均素质就知道了。他们完全知道我们的尴尬感觉，得意得不得了，而我们要不就让他们骗，要不就必须放弃宝贵的自动导航仪。正因为有了这些导航仪，我们才在他们耍的把戏面前一筹莫展。不过，这些人太自信了，自信到犯了一个致命的错误，他们伪造社会证据时也太漫不经心了，以至于给我们留下了还击的漏洞。

由于自动导航仪可以随意切换和取消，我们可以按照社会认同原理设计的路线巡航游荡，但要是发现它使用了不正确的数据，我们完全可以接管控制权，对错误信息做出必要的修正，重启自动导航仪。由于伪造的社会证据大多一目了然，我们很容易知道该在什么时候执行这一简单的调整。**面对明显是伪造的社会证据，我们只要多保持一点警惕性，就能很好地保护自己。**

让我来举个例子吧。前阵子，我注意到在街上拉普通人做广告的做法很是流行，也就是找许多普通人大谈一种产品的好处，不过这些普通人一般并不知道自己说的话会被录下来。根据社会认同原理，我们可以预料到，这些来自“跟你我一样的普通人”的推荐能发挥相当有效的广告作用，但实际上它们对现实做了较为微妙的歪曲。我们只听到了那些喜欢该产品的人的意见，因此我们所得的印象也存在着可以理解的偏差。最近，广告商们甚至开始违背商业道德，赤裸裸地造假了。拍广告的人一般根本不去找真正的消费者做评价，他们直接雇人扮演普通消费者，让他们在接受采访时假装成没彩排过的样子。这些“即兴采访”的广告假得叫人目瞪口呆，整个背景明显是做过布置的，谁都能一眼看出参与者是演员，对白也毫无疑问是事先写好的（见图4 10）。

伙计们，别换台：接下来是来自火星的消费者

作者：戴维·巴里（Dave Barry）

最近我看电视，总会插进一个广告，播音员用一种“波斯湾又发现大油田了”的兴奋声音说道：“现在消费者可以向安杰拉·兰斯伯里提出有关巴菲林镇痛药的问题啦！”

身为一个正常的人，听到这样的说法，自然的反应大概会是：“啊？”也就是说：“安杰拉·兰斯伯里跟巴菲林有哪门子的关系？”但在这段广告里，几个一看就是从大街上随便拦下的消费者，居然都有关于巴菲林的问题要问安杰拉·兰斯伯里。基本上，他们问的问题是这样：“兰斯伯里小姐，巴菲林这种产品，我买合适吗？”诸如此类。

这些消费者看起来很热切，就好像他们好几个月以来都坐立不安，死死绞着双手说：“我有一个关于巴菲林的问题！让我问问安杰拉·兰斯伯里！”

我们在这里看到的是一个日益严重的问题。长久以来，全美国都把这个问题用地毯遮起来，假装看不见——这就是火星消费者入侵的问题。火星人看起来像是人类，但不像人类那么做事，而他们现在接管了地球！

图 4-10　大街上只是普通的火星人

显然，不是只有我注意到了近日来假冒“即兴赞美”的广告越来越多。幽默作家戴维·巴里也注意到了它们的流行，并把广告里的路人称为“来自火星的消费者”。我喜欢这个说法，自己也忍不住用起来。它能帮忙提醒我，买东西时可别考虑这些人的奇怪口味，毕竟，他们是从火星来的，不是地球人！

每当碰到这一类有人想愚弄我的情况，就会有一道清晰的指令叫我转入警惕状态：“当心！当心！遭遇假冒社会认同，暂时切断自动导航仪。”这是很容易的，我们只需要有意识地警惕造假的社会证据即可。平常我们尽可以放松心情，等识别出如向显而易见的造假，我们就可以还击了。

还击的时候要咄咄逼人。我说的可不光是无视对方的误导，尽管这种防御性策略很有必要，但我说的是主动反击。只要有可能，我们就应该狠狠地戳一下那些伪造社会证据的人。我们绝不应当购买打虚假“即兴采访”广告的产品，相反，我们还应该向制造这些产品的厂家写信抗议，建议他们别再跟做这类广告的机构合作。

当然，我们并不总需要依靠他人的行动来指导自己怎么做，尤其是在事情很重要，必须亲自权衡优劣得失的时候，或者我们本身就是该领域专家的时候。但还有很多场合，我们的确需要把别人的行为当成有效的信息来源。要是我们发现自己处在这种证据经人蓄意篡改、信息不可靠的情况下时，我们便应做好还击的准备。

我个人碰到这类事情，会觉得比单纯的上当受骗还讨厌。一想到有人利用我应对繁忙现代生活的决策捷径把我逼得无路可走，我就会怒发冲冠。只要有人胆敢尝试，我一定会厉声怒斥，并从中感到一种伸张正义的崇高感。如果你跟我一样，那你也应当这么做。

读者报告 4-3 来自中美洲的一位营销高管

我一直在读您的《影响力》这本书，我是搞营销的，这本书帮助我理解了某些技巧的运作方式。在我读第 4 章社会认同原理的内容时，我想起了一个有趣的例子。

在我的祖国厄瓜多尔，你可以雇用一个人或一群人（传统上均由女性组成）来出席家庭成员或朋友的葬礼。这些人的工作是在死者下葬时号啕大哭，其目的是让更多的人哭起来。几年前，这种工作相当热门，干这行最出名的人会得到“乌拉纳斯”（Uoronas）的称号，也就是“哭丧人”的意思。

作者点评：

我们可以看出，在不同的时代和不同的文化中，都有人可能利用伪造的社会证据来渔利，哪怕人们一眼就能看穿这些证据是伪造的。这种做法甚至与时俱进地迈入了数字化时代，现代的不少商家都会利用计算机合成的声音。举例来说，亚马逊网站有顾客评论的功能。一项研究表明，要是用五种不同的“合成”语音（一听就知道）来念出顾客对图书的积极评价，人们会对这本书表现出相当的偏爱情绪，这比用同一种合成语音（一听就知道）念出多则积极评价的效果更好。

随大流

除了人为伪造社会证据的情况，社会认同原理在另一个情况下也会导向失误。此时，一个纯属无心的失误会像雪球一样越滚越大，逼我们做出错误的决定。“多元无知”效应就是这种情况下的一个例子，明明出现了紧急事件，可人人都觉得没什么好惊慌的。然而，据我所知，最好的例子是几年前发生在新加坡的一件事。

影响力研究 不知道怎么回事，一家当地银行的客户突然开始疯狂挤兑。这家银行本来声誉很好，出了这种事他们也觉得莫名其妙。直到后来研究人员采访挤兑者的时候才发现了出事的原因。那天，公交系统突然罢工，银行大门前的汽车站一反常态地站了一大群人。路人误以为这里聚集的人是为了从即将倒闭的银行里取钱，于是他们也慌乱地赶紧排队取起钱来，见此情形，越来越多的过路人产生了误解，纷纷加入了挤兑的行列。于是这家银行开门后不久，就被迫关了门，以免彻底倒闭。[①]

这个例子有助于我们理解人们响应社会认同的方式方法。

首先，我们似乎持有这样的假设：要是很多人在做相同的事情，他们必然知道一些我们不知道的事情。尤其是在我们并不确

① 这件事发生在新加坡或许并非偶然，因为研究告诉我们，东方社会的公民比来自西方文化背景的人更容易根据社会认同信息做出反应。其实，凡是看重群体多于个体的文化都表现出了同样的敏感性。几年前，我和一些同事展示了这类倾向在波兰是怎样发挥作用的。波兰这个国家的价值观正慢慢西方化，但民众的心态仍比普通美国人更依赖集体。我们问波兰和美国的大学生是否愿意参加一个市场调查。要预测美国学生的决定，主要是看他们以前是否经常答应同类市场调查的请求，这吻合大多数美国人的个人主义偏好；可要预测波兰学生的决定，主要得看他们的朋友过去是否经常答应同类市场调查的请求，这也吻合该国更强调集体主义的价值观倾向。

定的时候，我们很乐意对这种集体智慧投入极大的信任。

其次，人群的反应很多时候都是错的，因为群体成员并不是根据优势信息采取行动的，而只是基于社会认同原理在做反应（见图 4-11）。

这里有一点教训，人们绝对不应该完全信任类似社会认同这样的自动导航装置，哪怕没有坏分子故意往里面添加错误信息，有时候它自己也会发生故障。我们需要不定时地检查这台机器，用该环境下的其他证据来源，如客观事实、先前的经验及我们自己的判断等与之进行对比，确保它没有出乱子。幸运的是，以上预防措施并不需要花很多精力，也不需要用太多时间，只要抽空迅速打量一下周围就行了。

花点工夫采取这个小小的预防措施，是物有所值的，一根筋地依赖社会证据，有可能导致极为可怕的后果。比方说，许多坠机事故的发生，都是因为飞行员在天气条件不合适的时候做出了错误的着陆决定。航空安全研究人员对此类飞机事故进行了深入的分析，并做出了解释。飞行员在决定着陆时，对物理证据考虑得并不充分，他们把重点放在了社会证据上，因为以前好多飞机全都这样安全着陆了。

显然，跟着其他飞机驾驶的飞行员最好还是偶尔看看仪表盘和窗外。同样道理，在采纳群体证据时，我们也有必要周期性地四处看看。面对误导的社会认同，如果不使用这种简单的防护措施，我们很可能会跟这些不幸的飞行员和先前的那家新加坡银行落得一样的结果——覆灭。

“好啦，跟着大家走吧，往人多的地方去准没错……”

图 4-11 “自动上砧板”

一旦确立了从众心理，“往人多的地方去准没错”这种观念会把人害死。

读者报告 4-4

来自一位前跑马场雇员

在一家跑马场工作的时候，我洞悉了一种伪造社会证据牟取私利的方法。为了降低风险，赚更多的钱，有些投注者能煽动公众把赌注押在劣马上。

跑马场的赔率是根据人们在马匹上下的赌注来确定的。一匹马身上押的钱越多，赔率就越低。好多赌马的人对赛马或下注策略的知识少得可怜。因此，尤其是当他们对参赛的马匹没什么了解的时候，他们就会把注下在最受欢迎的那匹马上。由于计分板每分钟都会更新赔率，公众随时都能判断出目前哪匹马最受欢迎。赌马老手改动赔率的手法其实非常简单，这家伙早就看准了哪匹马赢的机会大。他会挑选一匹赔率很大（比如 15 ：1）、根本没机会赢的马，等下注的窗口一打开，这人就把 100 美元投在这匹劣马上，于是计分板上显示的赔率一下就降到了 2 ：1，创造出“这匹马很受欢迎”的假象。

现在，社会认同原理开始发挥作用了。不确定把钱押到哪匹马上的人会观察计分板，根据先前赌客的投注判断哪匹马最受欢迎，然后自己再跟进。等其他人继续把钱押在这匹“最受欢迎”的马的身上时，滚雪球效应就出现了。此时，赌马老手可以回到投注窗口，在他真正看中的马身上下重注，现在，这匹马的赔率会比较高，因为“新的最受欢迎赛马”已经出现在计分板上了。要是这家伙赢了，先前的 100 美元投资就能赚回好多倍来。

我亲眼见识过这套把戏。记得有一回，一个人把 100 美元押在了赛前赔率是10：1的一匹马上，把它弄成了初期的大热门。赛场上传起了谣言，说最早下注的家伙有内幕消息。接下来的事情你应该猜得到，人人（我也在内）都在这匹马上下注。结果它跑了最后一名，还把腿给跑瘸了。很多人亏了大把的钱，可有人却赚了个盆满钵满。我们永远不会知道那人是谁，但他一个人把所有的钱都捞走了。这家伙把社会认同原理吃得很透。

作者点评：

我们再一次看到，对那些在特定环境下感到不熟悉、不肯定的人来说，社会认同最有说服力，因为这些人必须观察周围，寻找自己该怎么做的证据。

Influence

本章小结

- 社会认同原理指出，人们用来判断自己在某个环境下该相信什么、该怎么做的一条重要途径，就是看其他人在这个环境下相信什么、怎么做。不管是成年人还是儿童，身上都存在强大的从众效应，而且这一效应适用于购物决定、慈善捐款、缓解恐惧等多种活动。社会认同原理可以用来使一个人顺从要求，只要告诉他其他很多人（人越多越好）都这么做了就行。

- 效仿别人的行动，并将之奉为正确的做法。例如，较之一目了然的紧急情况，倘若形势暧昧不明，这时旁观者是否出手帮忙的决定会受到其他旁观者行为的极大影响。社会认同最具影响力的第二个条件是相似性：人们更倾向于效仿跟自己相似的人。从社会学家大卫·菲利普斯汇集的自杀统计数据中，我们可以清楚地看到同类人的行为对人们会产生多大的影响。这些统计数字显示：倘若其他陷入困境的人自杀的消息高度曝光，跟这个人相似的人也会决定走上绝路。有人对圭亚那琼斯镇的集体自杀事件做了分析，认为该组织的领导者吉姆·琼斯利用了不确定性和相似性这两个因素来引诱当地的绝大部分民众顺从地自杀。

- 要想避免对不完善的社会认同太过依赖，我的建议是：警惕明显是伪造的社会证据，比如与自己类似的其他人在做什么，并意识到我们的决定不应该建立在“其他人怎么做”的基础之上。

习 题

这些你掌握了吗

1. 描述社会认同原理，并用它来解释喜剧节目中“罐头笑声”对观众反应的影响。
2. 在费斯廷格、雷根和沙克特对世界末日邪教的研究当中，该群体的成员在末日预言落空之后拼命拉拢新成员。为什么会这样呢?
3. 哪两个因素能把社会认同对个体的影响力发挥到最大限度?在圭亚那琼斯镇事件中，使得这两个因素强有力地运作起来的环境是怎样的呢?
4. 什么是“多元无知”?它对旁观者干预紧急情况有着怎样的影响?
5. 城市生活有哪些自然的环境条件降低了旁观者干预紧急事件的概率?
6. 什么是“维特效应”?如何用它来解释轰动性自杀新闻与之后致命车祸、坠机事故激增现象之间的惊人关联性?

思考一下吧

1. 如果你要向一群心脏病患者做个讲座，告诉他们在公共场合当心脏病发作时怎样才能确保得到他人的帮助，你会让他们采取哪些措施呢?
2. 1986 年年初，有人往商店货架上的泰诺胶囊注入氰化物，纽约的一位妇女在服用了这种被做了手脚的胶囊之后死了。此事件一经媒体曝光便轰动了整个社会，接下来的几个星期出现了一系列在产品里搞鬼的事件：另外三种流行的非处方药也发现被人下了毒；冰激凌和麦片里被塞进了玻璃碴；连卫生纸也没能幸免，一栋办公大楼公共厕所里的卫生纸被喷了梅斯催泪毒气。虽说泰诺事件本身是无法预见的，但读完本章内容后，请解释为什么其后事件的出现会在你的意料之中。

3. 假设你是一个电视制片人，打算制作一套为公众服务的电视节目，以减少青少年自杀。你通过研究得知，基于社会认同原理，从前拍摄的此类节目有可能反倒在无意中增加了青少年自杀的概率。那么，你要怎么做才能利用同一原理，减少节目观众中存在的自杀问题呢？你要在摄像机面前采访什么人？是那些陷入困境的青少年吗？你会问他们哪些问题呢？
4. 你过去可能碰到过有人捏造社会证据，骗你顺从其要求的事情，描述一下当时的情况。现在，要是再碰到类似的情形，你会如何处理呢？
5. 本章的主题是怎样反映在这一章开头的照片里的呢？

Influence

第 5 章

喜好

友好的窃贼

辩护律师的主要任务就是让陪审团喜欢他的客户。

——克拉伦斯·达罗

章首案例

当心信用卡陷阱

消费者行为研究人员理查德·范伯格（Richard Feinberg）想搞清信用卡及其相关因素对我们的消费倾向有什么样的影响。他在印第安纳州的西拉斐特做了一系列研究，获得了一些有趣又令人不安的结果。

第一项研究发现，在用信用卡付款时，饭店就餐者给的小费更多。第二项研究是让大学生在附有万事达信用卡徽记的房间里翻阅邮购目录，结果这些学生花在邮购商品上的钱平均多出了29%。当然，他们并没有意识到信用卡徽记也是实验的一部分。最后一项研究是要大学生向一家慈善机构（国际联合劝募协会）捐款，倘若他们所在的房间里附有万事达信用卡的徽记，跟在没有徽记的房间里比起来，他们会更乐意捐款。前者捐款的人数比例是87%，后者仅为33%。从关联原理带来顺从的角度来看，最后这一项发现最令人不安，也最具启示作用。尽管信用卡本身跟慈善捐款并无关系，但信用卡徽记以及伴随而来的积极关联的存在却促使人们花了更多的钱。研究人员又在餐厅里重复了这一做法，结果也是类似的。餐馆服务员用小费盘把账单递给顾客，有一些小费盘上有信用卡徽记，有一些没有。面对有徽记的小费盘，顾客给小费明显要慷慨许多，哪怕他们是用现金结账的。

我们大多数人总是更容易答应自己认识和喜欢的人所提出的要求。对于这一点，恐怕不会有什么人感到吃惊。令人吃惊的地方在于，有些我们完全不认识的人，却想出了上百种方法利用这条简单的原理，让我们顺从他们的要求。

据我所知，“特百惠聚会”就是一个专门利用喜好原理的很明显的例子，我认为它属于典型的顺从环境。凡是熟悉特百惠聚会那套手段的人都认得出我们先前讨论过的几种顺从武器：

- **互惠。**一开始，去参加聚会的人玩游戏、赢奖品。没中奖的人可以从一个袋子里摸奖，这样所有人还没买东西就得到了一份礼物。
- **承诺。**聚会上，参与者要当众介绍自己发现了特百惠塑料器皿有怎样的用途，带来了哪些好处。
- **社会认同。**买卖拉开序幕之后，每一笔做成的生意都在强化、巩固以下观点：其他类似的人都想要这种产品，因此它一定很不错。

所有的影响力武器全都上场了，为的是让事情进行得顺顺利利。但特百惠聚会最厉害的一招还在于，它根据喜好原理做了一种特殊的安排。虽说特百惠的推销员讨人喜欢，说服能力也很强，但这个陌生人并不会向潜在买家提出真正的购买请求，负责做这件事的是房间里所有人的一位共同朋友。也就是说，特百惠的销售代表可以要求参加聚会的人下订单，可真正给大伙儿造成更大心理压力的却是坐在一边说说笑笑、端茶送水的那位。她就是主办聚会的女主人，是她叫朋友们到家里来看特百惠的产品展示的，而且人人都知道这次聚会上每卖出一件产品，她都能从中抽成。

通过让女主人分成的做法，特百惠家庭聚会公司让客户看在朋友的面子上从朋友手里买东西。这样一来，友谊的吸引力、温情感、安全感和义务感全都被带到了销售环境当中。事实上，消费研究人员曾检验过家庭聚会销售环境下女主人和参加者之间的社会纽带，肯定了该公司策略的有效性。**在决定是否购买该产品时，社会纽带的影响比对产品本身的好恶强两倍**（见图 5-1）。这一招的确效果惊人。根据最新的估计，特百惠的日销售额已经超过了 250 万美元！特百惠还把这套做法搬到了欧洲、拉丁美洲和亚洲，同样取得了巨大的成功。在这些地方，人们在朋友和家庭关系网里的地位要比在美国重要得多。所以，如今特百惠在北美的销售量还不到其总销售量的四分之一。

有趣的是，客户们似乎完全明白特百惠聚会中喜欢和友谊所造成的压力。对此有些人似乎并不介意，有些人虽然介意，但似乎并不知道如何避免这样的压力。我曾跟一位女士聊过，她用一种相当沮丧的声音描述了自己的反应：

> 现在我已经到了痛恨受邀去参加特百惠聚会的地步。我早就有了我所需要的各类容器。要是我真的想要，我也会到商店里选其他更便宜的品牌。可当朋友打电话来时，我却觉得必须得去。等我到了那儿，又觉得必须买点什么才好。我能怎么做呢？那可是我朋友！

图 5-1　家庭聚会

特百惠在类似这样的家庭聚会上展示一系列的环保清洁产品。参加聚会的人和女主人之间的情感纽带，往往能让交易顺利进行下去。

由于找到了友谊这个无比强大的盟友，特百惠公司放弃了零售网点，转而大力推动家庭聚会的概念。2003 年，特百惠公司做了一件大事，挑战了几乎所有的商业逻辑，它断绝了跟零售商塔吉特（Target）的关系。因为他们的产品在塔吉特卖得太疯狂了，这样一来，塔吉特的零售就对举办家庭聚会的次数造成了威胁，所以，特百惠不得不中止双方的合作。统计显示，特百惠聚会每 2.7 秒就会举办一次。当然，其他各类权威顺从者也意识到了友谊给人带来的压力。比方说，越来越多的慈善组织开始让志愿者到自家附近的地区拉票、募捐。他们完全知晓，我们有多难拒绝来自邻居或朋友提出的慈善请求。

其他权威顺从者还发现，朋友哪怕不在场也能发挥作用，很多时候，稍微提一下朋友的名字就够了。专攻上门推销各类家居产品的嘉康利公司（Shaklee）就建议销售人员采用“**无穷链**”方式寻找新客户。只要客户承认自己喜欢某件产品，就可以向他施加压力，问他还有哪些朋友可能会喜欢这种产品。之后销售人员就去找他的朋友们，他的朋友们又推荐其他朋友，其他朋友再推荐更多的潜在客户，如此形成一条“无穷链”。

这套方法成功的关键是，销售员每次上门拜访新的潜在客户，总会报出此人一位朋友的名字说：“是他建议我来找您的。”人们很难在这种情况下把销售员拒之门外，因为这简直就像是在拒绝自己的朋友（见图 5-2）。嘉康利公司的销售手册主张，员工们务必要使用这种方法：“它的价值说得再高也不为过。打电话或拜访潜在客户时，要是你能说是他的一位朋友建议你来找他的，那简直相当于进门之前就成功了一半。”

“露易丝，这儿有位先生说，你和他在1962年的时候相爱过，但后来你们分开了，现在他回来是想问问我们要不要订购一套百科全书。”

图 5-2　喜好原理

爱情和销售百科全书都是永恒的。

交朋友来影响人

权威顺从者对朋友间喜好纽带的普遍利用，说明喜好原理在促人答应请求时的力量是多么强大。事实上，我们发现，哪怕是在根本没有现成的友谊可供利用的时候，这些专业人士也能靠这条原理获得好处。在这类情况下，他们会采用一条相当直接的顺从策略来利用喜好纽带：**先让我们喜欢他们**。

底特律有个叫乔·吉拉德（Joe Girard）的人，专门利用喜好原理销售雪佛兰轿车。他凭这个发家致富，每年能赚上好几十万美元。听到这么高的薪资，我们大概会猜他是通用汽车的高层主管，或是雪佛兰经销店的老板。事实并非如此，他就是一个基层推销员，但他的业绩惊人。整整 12 年里，他连续夺得“头号汽车销售员”的称号，他平均每天能卖掉 5 辆汽车和皮卡，“吉尼斯世界纪录”称他是世界上“最伟大的汽车推销员”。

乔取得了这么大的成功，采用的办法却出奇的简单。无非是向顾客提供两样东西：一个公道的价格，一个人们乐意从他那儿买东西的经营者。“就是这样，”乔在接受采访时说，“找个你喜欢的推销员，再加上优惠的价格。要是你两者皆有，那生意就成了。”

乔·吉拉德的策略告诉我们喜好原理对他的业务有多重要，但他说得还不够清楚。至少，他并没有告诉我们，较之其他报出了公道价格的销售员，他为什么更受顾客喜欢。这里有一个关键、迷人的概括性问题，乔的策略未做解答，是什么因素让人喜欢上某个人的？要是能够知道这个问题的答案，我们也就朝前迈出了一大步，就有希望搞懂乔这样的人是怎么让人喜欢上他们的了。同样地，我们也会明白该怎样做好安排，才能令别人喜欢上我们。幸运的是，社会学家们几十年来一直在研究这个问题。他们收集了很多证据，确认了一系列能使人喜欢上某人的可靠因素。从中我们可以看到，为了让我们走上答应他们请求的道路，每一个因素都被顺从专业人士巧妙地利用上了。

读者报告 5-1 来自芝加哥的一位先生

尽管我从没参加过特百惠聚会，可最近我受到了一种与之类似的友谊压力。当时，我接到一个长途电话公司的推销员打来的电话。她告诉我，我的一位好朋友把我的名字列入了“MCI 朋友和家人通话圈”。

我这位朋友布拉德，跟我一起长大，去年为了工作搬到了新泽西。他经常跟我通电话，打听老朋友们的新消息。推销员说，他给“通话圈”名单上的人打电话，能省下 20% 的电话费，但前提是这些人都得是 MCI 电话公司的用户。她问我想不想换用 MCI 电话公司的服务，享受各种服务的好处，这样布拉德给我打电话时也可以省 20% 的钱。

呃，我才不在乎 MCI 服务能带来的好处呢！我对现在用的这家长途电话公司非常满意，但“布拉德给我打电话能省钱”这部分真的打动了我。要是我说我不想加入布拉德的“通话圈”，不希望布拉德省点钱，那么布拉德听到了肯定会觉得很受侮辱。所以，为了不让布拉德受伤害，我告诉电话推销员，我愿意换用 MCI。

我以前很好奇，为什么妇女们去了特百惠聚会，会只因为主办者是自己的朋友就买下一大堆并不想要的东西，这下我算是明白了。

作者点评：

能够证明“MCI 通话圈”概念里蕴含着强大友谊压力的不光只有这位读者，《消费者报告》杂志曾调查过这一做法，他们采访的 MCI 公司销售人员简洁明了地给出了回答：“这样做十次有九次都能成功。”

我喜欢你的理由

外表魅力

虽然人们普遍承认长得好看的人在社会交往中占有优势，可最近的调查结果显示，对这种优势到底达到了何种程度，我们恐怕低估得太厉害了。碰到漂亮的人，我们似乎同样会报之以“按一下就播放”的反应，而且这种反应同样是不假思索地自动做出来的。这种反应属于社会学家口中的“光环效应”。光环效应指的是，**一个人的某个正面特征就能主导其他人看待此人的眼光**。现有证据清楚地表明了，大多数时候外表魅力就是这样的一个特征。

研究表明，我们会自动给长得好看的人添加一些正面特点，比如有才华、善良、诚实和聪明等。此外，我们在做出这些判断的时候并没有意识到外表魅力在其中发挥的作用。“‘好看’就等于‘好’”这种无意识假设造成的部分后果把我吓了一跳。

影响力研究 针对 1974 年加拿大联邦选举的研究发现，外表富有魅力的候选人得到的选票比缺乏吸引力的候选人要多 2.5 倍。除了这些英俊政治家受偏爱的证据，后续研究还表明，选民们并没有意识到自己的偏爱。事实上，在受访的加拿大选民中，73% 的人都措辞强硬地否认了自己投票会受到候选人外表吸引力的影响，只有 14% 的人认为有可能存在这种影响。选民们尽管可以否认外表魅力对选举结果的影响，但越来越多的证据证明，这种烦人的倾向的确存在。

招聘的时候也存在类似的效应。一项研究模拟了招聘面试，发现应聘者能否获得聘用，打扮是否得体比工作资历占的比重更大，但面试官承认外表对他们的选择只有小小的影响。外貌优势不仅表现在招聘决定上，还表现在薪水上。经济学家检验了美国和加拿大的样本后发现，长得好看的人的薪水平均比没什么魅力的同事的薪水高 12% ～ 14%。

还有一项研究同样令人不安：我们的司法程序也很容易受身体尺寸和骨头结构的影响。目前看来，长得好看的人在法律制度里获得有利处理的可能性更大。

影响力研究 在宾夕法尼亚州，曾有研究人员趁官司开庭之前，先给 74 位不同男被告的外表魅力打了分。一段时间之后，研究人员核对了法庭记录和审判结果，发现英俊男人所得的刑罚明显要轻得多。具体来说，有魅力的被告没入狱的概率比长得不好看的被告要高两倍。[①] 另一项研究考察了模拟过失审判中的损失赔偿费，在被告长得比受害的原告好看的情况下，法庭评定的平均赔偿额是 5 623 美元；可在受害的原告长得比被告好看的情况下，平均赔偿额则为 10 051 美元。而且，男女陪审员都表现出了同样的外貌偏袒。

宾夕法尼亚州实验数据的意义在于，它暗示，把整容手术当成让犯人重返社会的手段这种观点兴许存在缺陷。把丑陋的罪犯变得更好看，并没有降低他们犯下另一起罪案的概率，而只是减少了他们因为犯罪再次被送进监狱的概率。

---

① 这一发现——长得好看的被告就算被判有罪，其入狱的可能性也较低，有助于解释犯罪学上的一次有趣实验。纽约市一些面部有缺陷的犯人在入狱期间做了整容手术；另一些面部同样有缺陷的人却没做。两个小组的部分成员接受了旨在帮助他们重归社会的服务，如咨询、训练等。经核查，犯人释放一年后，做了整容手术的罪犯重新入狱的概率明显要低得多，海洛因瘾君子例外。这一发现最有趣的一点是，不管犯人是否接受了传统的训导服务，情况都是这样。有些犯罪学家认为，很明显，对相貌丑陋的犯人来说，监狱最好是放弃昂贵的回归社会服务，转而提供整容手术。整容手术至少效果差不多，而且又不那么昂贵。

其他实验还证明，**长相好看的人更容易在需要的时候获得帮助，在改变听众意见时也更具说服力**。这里，男女两性的反应仍然是一样的。在一项有关帮助的研究中，好看的男女被帮助的次数更多，连同性成员也会不吝施以援手。当然，要是外貌好看的人被视为直接的竞争对手，尤其是被当成情敌，这个规则也会有例外。不过，除了上述情况，在我们的文化里，长得好看的人明显占有极大的社会优势。他们更招人喜欢，更有说服力，更频繁地得到帮助。在他人眼里，他们还具备更理想的人格特质，更高的知识能力。此外，好看的社会效益从很早就开始积累了，对小学儿童的研究表明，长得好看的孩子即使做出好斗的行为，成年人也不会觉得他太淘气。另外，教师还相信长得好看的孩子比不好看的孩子更聪明。

这也就难怪外表魅力的光环会为顺从专业人士利用了。销售培训课程里总会包含教人打扮的环节，时尚服装商会挑选好看的人充当基层销售员，男女骗子大都长得比较好看。[①] 因为我们喜欢漂亮的人，也因为我们容易顺从自己喜欢的人，所以这一切就不足为奇了。

① 你是否注意过，虽说很多人外貌出众，但他们似乎并不像旁观者那样对自己的个性和能力持有正面印象？研究不仅证明魅力和自信心的关系不成正比，还提供了一种站得住脚的解释。一些研究人员提出的证据认为，好看的人意识到他人对自己的正面评价并非来自他们的实际个性和能力，而往往源自他们的个人魅力，因此接触到这种混乱的信息后，不少长得好看的人反而更不自信了。

相似性

如果外表占的分数不多呢？毕竟，大多数人的长相都挺普通的。还有其他因素能让人产生好感吗？没错。正如研究人员和顺从专业人士所知，这样的因素有好几个，相似性就是其中影响力最大的一个。

我们喜欢与自己相似的人，不管相似之处是在观点、个性、背景还是生活方式上，我们总有这样的倾向。故此，一些别有用心的人可以假装在若干方面跟我们相似，有意识地讨我们喜欢、要我们顺从。

穿着打扮是个很好的例子。很多研究都表明，**我们更喜欢帮助那些衣着跟我们类似的人**。

影响力研究

有一项研究是在20世纪70年代初做的，当时的年轻人要么做“嬉皮”打扮，要么做“传统”打扮。实验人员便分别穿成这两种样子，在校园里找大学生要一毛钱打电话。倘若实验者跟学生的打扮一样，这个要求得以满足的概率为三分之二；而当两者穿着风格不同的时候，学生掏钱的概率还不到一半。

另一项实验则表明，我们会下意识地向跟自己相似的人做出正面反应。参加反战示威游行的人更愿意签署跟自己穿着类似的人递过来的请愿书，而且他们签名的时候往往连请愿书的内容都懒得读一下。好一个“按一下就播放”啊！

请求者还有另一种利用相似点提高好感、增加顺从概率的办法，他们假装跟我们有着相似的背景和兴趣。例如，训练汽车销售员的时候，公司会要他们注意观察客户旧车上的蛛丝马迹。要是货箱里有野营器材，过一会儿，销售人员或许就该说起自己总是一有空就到远离城市的地方去；要是车子后椅上放着高尔夫球，那就不妨说但愿今天别下雨，因为自己下班还安排了打 18 洞的球呢；要是他们注意到汽车是在其他州买的，就可以问客户是打哪儿来的，并装作惊讶地说其实自己或自己的配偶也是在那地方出生的。

这些相似之处看起来微不足道，却很管用。一位研究员核对了保险公司的销售记录，发现要是销售员在年龄、宗教、政治立场、吸烟习惯等方面跟顾客相似，顾客购买保险的可能性会更大。另一位研究员在进行问卷调查时，对问卷稍微做了一项小小的更改，他把信封上调查员的名字改得跟接受调查者的名字相仿，而这极大地提高了人们回复调查问卷的概率。也就是说，罗伯特·格里尔收到的问卷来自调查员罗伯特·格瑞格，辛西娅·约翰斯顿接到的问卷来自调查员辛迪·约翰逊。此次研究分别独立进行了两次，结果光是加上了这么一点点的相似之处，回复调查问卷的概率就增加了几乎一倍。这些看似微小的共同点，其实能影响到人们方方面面的选择。决定从谁那里买保险、完成谁的调查，甚至连选谁做婚姻伴侣，救谁的命这样重大的问题，也会受到影响。有个实验要器官捐赠人给一群肾功能失调患者的名单排序，决定谁最先接受治疗，结果，捐赠人选的是跟自己政见相同的患者。

由于很小的相似之处也能有效地带来他人积极的回应，又因为编造一个相似之处很容易，所以我建议要特别当心那些声称“跟你一样”又对你有所求的人。[①] 老实说，提防跟你看起来相似的推销员是很明智的。好多销售培训项目现在都敦促学员“模仿和迎合”顾客的身体姿态、语气和口头表达风格（见图 5-3），因为这些方面的相似之处全都能带来积极的结果。

恭维

演员麦克莱恩·史蒂文森（McLean Stevenson）曾描述他妻子是怎么“骗”他结婚的：“她说她喜欢我。”虽然这只是句玩笑话，但这种幽默却颇有启发性。利用“喜欢我们”这微不足道的信息，人们就能有效地诱使我们还以好感、答应请求。所以，很多时候，别人恭维我们、亲近我们，其实是有求于我们。

① 另一些研究认为，在应对跟我们相似的权威顺从者时，之所以要当心他们，还有一点原因就是，我们通常都容易低估相似性对好感的影响程度。

图 5-3 叽喳房地产公司

顺从专业人士早就摸清了相似性对销售的潜在影响。

还记得世界上“最伟大的汽车推销员”乔·吉拉德说他成功的秘诀就是让客户喜欢他吗？他会做一些表面上看起来愚蠢又麻烦的事情。每个月，他都会给自己 13 000 多位老客户寄送印了字的节日贺卡。节日贺卡的名目每个月都不一样，新年快乐、情人节快乐、感恩节快乐，等等，但印在封面上的信息却从未改变，上面写着“我喜欢你”。乔·吉拉德解释说：“贺卡上什么也没有，除了我的名字。我只不过是告诉他们，我喜欢他们。”

“我喜欢你”这句话被印在贺卡上，每年向 13 000 多人寄出

12 次，次次不落，像钟表一样精准。这么一句话，说得丝毫没有人情味，显然是专门用来卖车的。它真的有用吗？乔·吉拉德认为的确有用。既然一个像他这么成功的人都这么想，那么我们恐怕有必要重视起来。乔·吉拉德搞懂了人性中的一个重要事实：**我们特别喜欢被人恭维奉承**。尽管有时候我们也没那么好骗，尤其是当我们很清楚恭维者是在利用我们的时候。可一般来说，我们总会相信别人的赞美之词，喜欢上那些擅长说好听话的人。

北卡罗来纳州对一群男士所做的实验就能说明我们面对赞美的时候是多么容易丢盔弃甲、溃不成军。

影响力研究 参加实验的人会听到另外一个人对自己的评价，而后者需要前者给予帮助。一些受试者只听到了积极的评论，另一些只听到了消极的评论，还有一些好坏评论都听到了。实验发现了三件有趣的事情。首先，只给了称赞的评估者最为受试者所喜欢；其次，哪怕受试者完全明白那人拍马屁只是为了讨好他们，也还是最喜欢那个人；最后，和其他两种情况不同，单纯的赞美无须准确。积极的评价，不管是真是假，都能让人产生对恭维者同等程度的喜欢。

既然我们面对恭维会做出这样无意识的正面反应，难怪会被靠恭维交换好感的人利用。从这个角度来看，每年打印、邮寄

13 000 多份“我喜欢你”的贺卡，似乎就显得不像先前我们认为的那么蠢、那么无用了。

读者报告 5-2 来自亚利桑那州的一位 MBA

我还在波士顿工作的时候，有个叫克里斯的同事总是给我忙里添乱。我一般还挺善于推脱这类要求的，但克里斯在要我帮忙之前，总会先说上一大堆恭维话。开始他会说：“我听说你做过一个这样的项目，干得特别好，我有个类似的项目，希望能得到你的帮助。”要不就是：“你是 XX 行家，能帮我解决这件事情吗？”其实我根本不怎么喜欢克里斯，可就在这短短的几秒钟里，我总是会改变主意，觉得他或许是个好人，所以一般都会答应他的请求，帮他的忙。

作者点评：

克里斯可不光是个马屁精。他对自己的赞美之词做了安排，给了听者一顶愿意戴着的高帽子，这样一来，他就把喜好原理和一致性原理的力量结合到了一起。

接触与合作

大多数时候，我们都喜欢自己熟悉的东西。不妨做个小实验来证明这一点。找一张拍下了你正脸的照片底片，然后一正一反冲出两张照片。一张是你实际的样子，一张是你的脸反过来的样子，也就是左右脸换了个位置。现在选出一张你更喜欢的照片，再让你的好朋友选一下。研究人员曾对密尔沃基的一群女性做了这个实验，要是你跟她们一样，你应该会注意到一件怪事，你的朋友更喜欢你正脸的那张照片，而你却喜欢左右脸反过来的那张。为什么会这样呢？因为你们俩都是在积极回应自己更熟悉的面孔，你的朋友平常看到的都是你的正脸，而你每天从镜子里看到的是左右脸反过来的自己。

因为熟悉会影响人的喜好，所以它对我们的各种决定都会发挥一定的作用，包括我们选举哪一位政客。很多时候，选民在投票站往往只是因为候选人的名字看着眼熟，于是就做出了选择。几年前，俄亥俄州发生了一次有争议的选举。有个人竞选该州的检察长，本来他获胜的希望极为渺茫，可选举前夕，他把自己的名字改成了布朗——俄亥俄州的政治望族大多姓这个，结果居然赢了。

怎么会发生这样的事情呢？一部分答案藏在熟悉对喜好的潜意识影响上。通常，我们根本意识不到自己对某种东西的态度是受了先前接触它次数多少的影响。曾有人做了如下实验：

影响力研究

屏幕上飞快地闪过几个人的面孔，因为速度太快，看到这些面孔的受试者根本不记得自己见过。然而，一张面孔在屏幕上闪现的次数越多，受试者在随后的互动交流中真正遇到这个人时，就越是喜欢他。又因为越是喜欢，社会影响力也就越强。所以，一个人的面孔在屏幕上闪现的次数越多，他的意见观点也就越是容易说服受试者。

对在线广告的研究也揭示了类似效应。实验参与者阅读一篇文章，文章的顶端会闪出一款摄像头的横幅广告，闪现次数分别是 0 次、5 次和 20 次。广告出现得越是频繁，参与者就越是喜欢这款摄像头，哪怕他们根本不曾意识到自己看过这段广告。

既然我们对自己接触过的东西会更有好感，基于这样的证据，有人建议用“接触”法来改善种族关系。他们认为，只要让不同种族背景的人多跟其他族群平等接触，大家就会很自然地逐渐喜欢上彼此。然而，当科学家对学校的融合教育（这是检验“接触”法的最佳场合）进行考察的时候，却发现了完全相反的模式。黑人白人同校就读，并未减少两个族群之间的偏见，反而起到了反作用。

让我们多谈谈学校种族融合这个问题吧。不管那些倡导用单纯的接触来实现种族和谐的人用心是多么良苦，这个方法都不会收到良好的成效，因为它的论点建立在错误的基础上。首先，研究表明，学校环境并不是一个孩子们乐意和其他种族成员交流互动的大熔炉。学校正式取消种族隔离制度之后，社会融合并没什么进展。学生们还是只跟同一种族的孩子玩耍嬉戏，基本上不跟其他种族待在一起。其次，研究表明，即便种族交流的机会更多了，通过反复接触熟悉某样东西，也并不一定会带来更多的好感。事实上，在不愉快的条件下（如挫折、冲突和竞争）持续接触某人或某物，反而会减少好感。典型的美国课堂恰恰孕育了这些不愉快的条件。

心理学家艾略特·阿伦森应得克萨斯州奥斯汀学校管理部门之邀，就当地学校存在的问题写了一篇发人深省的报告。他所描述的课堂教育方式，几乎可见于美国的每一所公立学校：

> 一般而言，事情是这样运作的：老师站在教室前面，提出一个问题；6 ～ 10 个孩子伸直了背，迫切地朝老师挥手，渴望老师点他们的名，借此显示自己有多聪明；其他的孩子则安安静静地坐着，垂着眼睛，竭力想变成隐形人。老师叫一个孩子起来回答问题的时候，你能看到其他举手学生脸上失望和沮丧的神情，因为他们又错过了一个获得老师表扬的机会；你也能看到其他不知道答案的孩子一脸如释重负的表情……这场比赛竞争激烈，风险极大，因为孩子们的世界里无非只有两三个最重要的人，而他们正在争夺其中之一的爱和赞许。
>
> 更何况，孩子们保准无法从这样的教学过程里学会如何彼此喜欢和理解。回想一下你自己的经历吧！如果你知道正确的答案，老师却叫了别人，你或许指望起来回答的这个孩子出错，好让你有机会展示自己的知识。如果老师叫了你，你却没回答正确，或是你

> 根本没有举手参与这轮竞争，你恐怕会嫉恨知道答案的同学。在这套体制里，失败的孩子会嫉妒、怨恨成功的同学，说他们是老师的跟屁虫，甚至在操场上用暴力欺负他们。反过来，成功的学生也大多对不成功的学生怀有蔑视态度，说他们是“呆瓜”或“猪脑子”。

这样看来，学校严格地执行种族融合政策，不管是靠校车跨区运送学生、重新划分学区，还是关闭部分学校，总是会恶化而非改善种族偏见，也就不是什么奇怪的事情了。既然孩子们在各自的族群里享受着愉快的社会交往、与他人建立起友谊，却只在竞争激烈的课堂里反复接触到其他种族的孩子，那么我们也实在不能指望得到什么更好的结果。

那要怎样才能解决这个问题呢？途径之一是结束学校种族融合的进程，但这很难行得通。就算我们不考虑取消种族融合会给法律带来多大的挑战，会在社会上引发多大的争议，至少也要看到推进这一实践本身站得住脚的理由。举例来说，学校融合之后，尽管白人学生的成绩保持在稳定水平，但对少数族裔学生而言，90% 的人的成绩都出现了大幅提高。

在处理学校种族融合问题时，我们必须采取极为谨慎的态度，这样才不会在倒洗澡水的时候把孩子也一起倒出去。这里的关键当然是光倒出脏水，而把宝宝漂漂亮亮地留在澡盆里，尽管此刻我们的宝宝正泡在种族敌视日渐增长的工业废水里。幸运的是，根据教育专家对“合作学习”概念的研究，真正有望消除敌意的方法正一点点浮现。课堂种族融合之所以会加剧种群偏见，大多是因为学生把其他族群的成员当成了竞争对手。于是这些教育工作者开始尝试一些新的教学形式，让孩子们通过合作而非竞争来学习。

露营去

要理解合作法的逻辑，不妨来重温一下土耳其出生的社会学家穆扎费尔·谢里夫（Muzafer Sherif）及其同事在40年前完成的一个有趣的研究项目。出于对群体冲突的好奇，研究小组决定到男生夏令营去做一番调查。男孩们本身并未意识到自己参与了一场实验，谢里夫和同事们不断以巧妙的手法操纵着夏令营里的社会环境，并观察各种变化给群体关系造成的影响。

影响力研究

研究人员发现，要让男孩们对彼此产生某种敌意很容易。只要把男孩们分到两个宿舍，就足以激发一种“我们对他们”的感觉；再让男孩们给两间宿舍起个名字（“老鹰”和“响尾蛇”），竞争意识便进一步加剧，他们很快就开始贬低对方一组人的素质和成绩。不过，这一阶段的敌意还算不了什么。等实验人员有意识地引入一些竞争性活动后，两组人之间的敌意就更深了。宿舍之间的寻宝、拔河、体育比赛，造成了孩子之间的谩骂和对抗。在竞争的过程中，男孩们称对方宿舍的成员为“骗子”“小偷”和“讨厌鬼”。之后，男孩们又频频翻抄对方的宿舍，偷走、烧毁对方的旗帜，张贴威胁性的字条，午餐时打架斗殴。

此时，谢里夫明显看出了问题的症结所在。想引发不和简单得很，只要把参与者分组，让他们自发形成小圈子意识；之后，再把他们混在一起，用竞争的火焰烤上一烤。这样不同群体之间的恨意就会像烧开了的水一样沸腾起来。

接着，一个更具挑战性的问题摆到了实验者面前，如何消除眼下双方根深蒂固的敌意呢？他们先试着让两组人加深接触。可即便是进行令人愉快的联谊活动，如看电影、社交等，最终结果也不尽如人意。去野餐，男孩们为争夺食物打起了架；娱乐活动变成了吵闹竞赛；午餐排队时推推搡搡。谢里夫和研究小组开始担心自己是不是创造出了一种没法控制的“科学怪物”。不过，在争斗进入白热化阶段的时候，他们尝试了一种简单而又有效的策略。他们设计了一系列的环境，在这种环境下，两组人要是继续竞争，每个人的利益都会受损，只有相互合作才对大家都有好处。

在一次郊游中，唯一能载人进城买食品的卡车“坏掉”了。男孩们集合起来，又是拉又是推，直到卡车上了路。还有一次，研究人员切断了夏令营的供水管道。夏令营的水来自远处的蓄水池，要靠管道把水输送过来。面对这场共同的危机，男孩们意识到了团结行动的必要性，于是融洽地组织起来，在夜幕降临之前修好了管道。另一次要求合作的情况则是营地方面告诉男孩们，有一部很好看的电影拷贝正在出租，可费用太高，组织者负担不起。男孩们意识到唯一的解决办法就是整合资源，于是凑钱把电影租下来，共同度过了一个美好的夜晚。

这些合作活动的效果虽说过了一段时间才显现出来，可却相当惊人。为了成功实现共同的目标而齐心协力，这样的体验慢慢地弥合了两组人之间的裂痕。没过多久，男孩们的口头叫骂就消停了，排队时也不再推推搡搡了，就餐时也开始混着坐了。研究人员此时又要男孩们列出自己最好朋友的名单，好多人的单子上都出现了另一组成员的名字；而最初，所有人列的名单上都只有自己这组人的名字。一些孩子甚至为有机会重新评价朋友而向研究人员表示感谢，因为现在他们的想法有所改变，跟第一次列名单的时候不一样了。还有一个小插曲很能说明问题。篝火晚会之后，男孩们是搭乘同一辆公车回的宿营地。搁在过去，他们肯定会吵成一团，但这一次是孩子们主动要求的。公车停在一处饮料摊时，一组男孩还拿出仅剩的 5 块钱公费，买来冰激凌奶昔款待另一组人。就在不久之前，他们还是互相恨得牙痒痒的仇敌呢！

我们可以找出这种惊人转折的根源，那就是男孩们“不再把彼此视为敌人，而是盟友”的关键转变。其中的奥妙又在于实验人员为两个群体设定了共同的目标，而实现这些目标需要合作，于是这些竞争群体的成员便不得不把彼此视为理性的同伴、重要的帮手、朋友或是朋友的朋友。等大家通过共同的努力成功达成目标之后，任何一个人都很难再以敌意对待这些曾跟自己一同战斗的队友了。①

回到学校

学校废除种族隔离制度之后反而导致种族局势更为紧张，一些教育心理学家开始注意到课堂教学和谢里夫等人研究的关系。倘若通过修正学习体验，让全班同学至少可以偶尔通过跨种族合作实现共同的成功，那么跨种族友谊兴许能找到生长的土壤。好些州都开展了类似的项目，其中以艾略特·阿伦森及其同事在得克萨斯州和加利福尼亚州采用的方法最为有趣，这种方法叫作“拼图教室”。

拼图学习法的本质是要求学生们一起合作，掌握考试里将会出现的问题。为此，老师先把学生们分成合作的小组，每个学生只获得信息的一部分，即“拼图”的一块，而要通过考试，学生必须掌握全部的信息才行。这样一来，每个学生都必须互相帮助，互相指导。要想考得好分数，人人彼此需要。跟谢里夫实验里的夏令营成员们必须联手合作才能取得成功一样，学生们也变成了盟友而非敌人。

① 不要以为成功的合作只能用来减少学龄儿童的种群敌意。后续研究发现，大学生和商业组织里也有类似现象。事实上，对几乎所有的群体来说，合作不仅能带来更强烈的好感，还能让群体实现更大的成功。

研究人员在新的种族混编课堂上采用这种新方法后，效果相当明显（见图 5-4）。研究表明，与同一学校使用传统竞争教学法的其他班级相比，拼图学习让不同种族的同学结下了更深的友谊，减少了种族偏见。除了敌意的明显减少，少数族裔学生的自尊心、对学校的好感和考试成绩也都提高了。白人学生同样受益，他们的自尊心、对学校的好感亦有提高，他们的考试成绩至少跟传统班级里白人学生的一样好了。

图 5-4 拼图教室

研究显示，拼图教室不仅有效地培养起了各种族学生之间的友谊和合作精神，还提高了少数族裔学生的自尊心、对学校的好感和考试分数。

看到拼图教室取得了这么积极的成效，人们很容易对这种方法怀有过高的热情，以为光靠它就能解决一个大难题。但经验告诉我们，要解决这样的难题光靠一个简单的补救办法是远远不够的。毫无疑问，种族融合也是如此。就连合作学习法本身也还存在着不少复杂的问题有待探讨。在我们真正适应拼图法或类似改善学习、加强好感的方法之前，我们还需要做很多研究，以确定合作策略的适用范围。它的适用频率是多高？适用规模有多大？适合哪个年龄段的孩子？适合哪些群体？如果教师们都愿意采用新方法，我们还需要了解他们采用新方法的最佳途径。毕竟，合作学习法跟大多数教师更熟悉的传统教学方法不一样。它把大部分传道授业的指导工作交给了学生，这有可能对教师在课堂里扮演的主导角色造成威胁。最后，我们还要认识到，竞争也有其积极的一面。它可以激发学生做出恰当的行为，培养学生树立自我意识。因此，我们的任务不是要消除学业竞争，而是要打破它在课堂上的垄断地位，定期采用合作学习法，让各族群的学生都参与进来，并取得成效。

尽管还有以上种种限制条件，我仍然为迄今为止所找到的证据感到欢欣鼓舞。每当我跟自己的学生、邻居和朋友谈起合作学习法的前景时，心底总会浮起一种乐观情绪。长久以来，公立学校总是传出各种沮丧的消息，如考试成绩越来越差、教师精疲力尽、犯罪日益增多，当然种族冲突更是少不了。现在，至少这一片黑暗里总算透出了些许光芒，我真的很兴奋。

我们跑题跑了这么远，大谈学校种族融合及种族关系问题，有什么特别的用意呢？用意有两点。

第一，虽然接触带来的熟悉往往能导致更大的好感，可要是接触本身蕴含了让人反感的体验，就会适得其反。因此，当不同种族的儿童被投入标准美国课堂里那种连续不断的严酷竞争时，我们肯定会看到敌意的加深，事实也正是如此。

第二，有证据表明，以团队为导向的学习能缓解这种混乱状态。通过这一点，我们可以看出合作对喜好过程有着强大的影响力。

在我们认定合作是导致好感的强力因素之前，不妨用一个我眼中的严峻考验来测试一下。顺从专业人士是否系统化地使用了合作以令我们喜欢他们，答应他们的请求呢？要是环境中自然地存在着合作关系，他们是否会向我们指出来呢？他们是否会竭力放大原本甚为薄弱的合作关系呢？最重要的一点是，要是不存在合作关系，他们会不会硬生生地蓄意制造呢？

事实证明，“合作”顺利地通过了这场考验。**顺从专业人士从来都在努力建立一种“我们和他们在为了同一目标而奋斗”的氛围，这样，我们就必须为了共同的利益“团结一致”，同时也让我们明白，他们其实是我们的“战友”。**这里可以举出很多很常见的例子，比如新车销售员会站在我们这一边，向老板力争给我们一个优惠的价格。[①] 还有一个例子，能一眼看出的人就比较少了，因为本例中的顺从专业人士是警方的审问员，他们的任务是让犯罪嫌疑人如实招供罪行。

近年来，法院对警察接触犯罪嫌疑人的方式方法做出了诸多限制，对获取口供的要求尤其严格。过去可以让嫌疑人招供的许多做法现在都不能用了，因为警察们担心整个案件都会被法院驳回。然而，对于警察在审问过程中使用微妙的心理学方法，法院并不觉得有什么不合法。基于这个原因，所谓的“好警察—坏警察”这套手法在刑事审讯中用得越来越多。

“好警察—坏警察”的工作原理如下。假设有个年轻的抢劫犯在听过自己的权利之后一直说自己是清白无辜的，那么他在被带入一个房间里后，房里会有两名警官负责审问他。一位警官扮演“坏警察”的角色，姑且不管是这角色适合他，还是仅仅因为这回轮到了他。犯罪嫌疑人还没坐下来，“坏警察”就对着他来上一大堆“你这个狗娘养的”之类的咆哮。在接下来的审讯里，

① 事实上，销售员进了经理的办公室后，根本不会有什么“力争”的举动。通常，销售员很清楚他能给出的价格底线，所以他跟上司甚至话都用不着说。在为本书做调查时，我曾打入一家汽车经销店。在这家店里，情况大多是这样，销售员跑到经理办公室静静地喝上一杯饮料，或者抽上一支烟，而上司照常工作。过上一段合适的时间之后，销售员会松开领带，回到客户身边，露出一脸疲惫的样子，拿出他刚刚“力争”来的好价钱。其实，这个价钱在他走进老板的办公室时就想好了。

这个警官叫骂不断；狠踢嫌犯的椅子，加强语气吓唬嫌犯；看嫌犯的时候，用的是看“社会垃圾”的眼神。要是嫌犯反驳他的指责，或是拒绝回答，“坏警察”就会满脸铁青、怒火中烧。他赌咒发誓，说要想尽办法让嫌犯获判最高刑期。他还会说，他在地方检察官办公室有朋友，而那朋友要是知道嫌犯这么不合作，一定会按重罪提起诉讼。

在“坏警察”开始表演的时候，他的伙伴，“好警察”坐在后面，并不怎么说话。但接下来，“好警察”就要逐渐开始插嘴了。他先是试着宽慰“坏警察”，平息后者的怒火：“冷静，弗兰克，冷静。”但“坏警察”吼着说：“这小子当着我的面撒谎，别跟我说什么冷静！我痛恨这些说谎的混蛋！”过了一会儿，“好警察”开始帮犯罪嫌疑人说话了：“轻松些，弗兰克，他只是个孩子。”尽管和支持还差得远，但跟“坏警察”的咆哮相比，“好警察”的这些话在嫌犯听来简直像是动听的音乐。可“坏警察”一点也不给他面子：“孩子？他才不是什么孩子。他是个无赖！他根本就是个无赖！我还要说，他已经满了18岁了。就凭这个，我就能一脚把他踢进监狱里去，叫他们打着灯笼也找不着这小子！”

现在“好警察”开始直接跟嫌犯说话了，叫他的名字，并指出案件里对嫌犯有利的细节：“我要告诉你，肯尼，你的运气不错，没人受伤，而且你没有携带武器。这样上法庭的时候，你会显得挺不错。”如果犯罪嫌疑人还是坚持自己无罪，“坏警察”就会开始另一轮的咒骂和威胁。这一次，“好警察”阻止了他。“好啦，弗兰克，”他塞给“坏警察”一些钱，“去给我们弄点咖啡来，一人一杯，买三杯怎么样？”

等“坏警察”走了，就轮到“好警察”演大戏了：“你看，老兄，我也搞不懂为什么我的同事这么不喜欢你。他会想方设法地针对你的。他做得到这一点，因为现在我们手里掌握了足够的证据。而且，他说检察官会对不合作的家伙提起最严厉的起诉，那可不是假的。你恐怕会被判上 5 年，伙计，整整 5 年哪！我并不想你落个这么惨的下场。所以，要是你趁他还没回来，承认在案发地点抢劫了，我会负责你的案子，给地方检察官说些好话。要是我们合作的话，5 年说不定能减成 2 年，甚至 1 年。肯尼，帮咱俩一个忙吧。只要告诉我你是怎么抢的，我们就一起想法渡过难关。”这之后，嫌犯大多会一五一十地全部交代。

“好警察—坏警察”的做法之所以管用，有若干原因。靠着“坏警察”的威胁，嫌犯的心里很快就注满了对长期监禁的恐惧情绪；知觉对比原理（见第 1 章）也发挥了作用，相较于满嘴胡言乱语的“坏警察”，“好警察”显得像是个特别讲道理的好人；又因为“好警察”屡次帮嫌犯说话，甚至还自己掏钱为嫌犯买咖啡喝，互惠原理使嫌犯感到了压力，让他想要回报“好警察”的好意。然而，这种刑讯手法见效的主要原因还是在于它让嫌犯感觉有人站在自己这一边，有人为自己着想，有人愿意跟自己合作。就算在正常的环境下，这样的人也会显得特别好心肠。更何况此时他已经陷入了大麻烦，这样的人简直就是人救星了。用不了多久，在嫌犯眼里，“好警察”就会从大救星变成值得信赖的神父，连所做的坏事都可以向他忏悔了。

条件反射和关联

“为什么他们要怪我呢，博士？”本地电视台的一位气象播报员声音颤抖着给我打来了电话。他对这个问题已经疑惑很久了，近来更是为了它感到困扰和沮丧。他打电话向我所在的大学心理系求助，想知道谁能解开这个谜，人们便把我的号码给了他。

“我的意思是，这太疯狂了，对不对？人人都知道，我不过是在预报天气，又不是在吩咐天气，对吧？所以，天气糟糕的时候怎么会有那么多人怪罪我呢？去年发洪水的时候，我收到了满怀恨意的邮件！有个家伙还威胁我说，要是我不让雨停下来，就要开枪打死我。老天爷，就为了这个，我现在还提心吊胆呢！连我在电视台的同事们也这样！有时候，就在我做现场直播的时候，他们也会因为热浪来袭一类的事儿嘘我。他们显然知道这跟我无关，可他们还是这么做。你能让我搞懂这一点吗，博士？我真的很沮丧。”

我们约好在我的办公室聊聊。我试着向他解释说，人们很容易觉得事物之间只存在单一的联系，这是一种古老的“按一下就播放”式反应，他则不幸成了这种反应的受害者。这类例子在现代生活里不胜枚举。为了宽慰这位沮丧的天气预报员，我想起了历史上的一个例子。我要他想想古波斯帝国信使的悲惨命运。倘若信使的任务是传递军事信息，那他一定怀着私心，希望波斯王这一方取得胜利。因为要是他带来的是捷报，到了宫殿后便能享受英雄一般的待遇，美食美酒都任他选。可要是他带来的是失利的消息，结局就完全不同了，他会立刻被杀掉。

我希望天气预报员别误解这个故事的中心思想，也希望他明白一个不管是在如今还是在古波斯都存在的事实。**糟糕的消息会让报信人也染上不祥。人们总是自然而然地讨厌带来坏消息的人，哪怕报信人跟坏消息一点关系也没有。**光是两者之间存在联系，就足以引发我们的厌恶了（见图 5-5）。

我还希望天气预报员能从这段历史故事中了解一点别的东西。他的困境不仅几百年来的“报信人”都遇到过，而且跟其他一些人比起来，比如古波斯的信使，他算是很幸运的了。在我们会面结束时，他说了一句话，我知道他已经完全明白了这一点。“博士，”他一边说一边往门外走，“我对自己的工作感觉好多了。我是说，幸好我待的地方是凤凰城，每年有 300 天都艳阳高照。谢天谢地，我不是在水牛城播报天气。”

天气预报员临别的一席话说明他彻底搞懂了影响观众对他的感觉的原理。跟坏天气联系在一起会带来负面影响，跟好天气联系在一起却能提高他的声望和人气。没错。关联原理是一条普遍性的概念，好坏联系都归它管。**不管是好事还是坏事，只要跟我们偶然地联系在了一起，就都会影响人们对我们的感觉。**

天气预报员成了气候变幻莫测的替罪羊

大卫·兰福德

美联社

电视气象预报员靠着谈论天气能过上蛮不错的生活，可当大自然母亲投出变幻莫测的曲线球时，他们也会成为替罪羊。

这个星期，我跟美国各地几个老资格的天气预报员聊了聊，听他们说了好些有趣的故事：天气不好的时候，会有老妇人用雨伞打他们；他们在酒吧里会遭到酒鬼的挑衅；会莫名地挨雪球和雨靴的“空袭”；收到死亡威胁；被人控诉“假扮上帝”。

“我接到过一个人打来的电话，他对我说，要是圣诞节敢下雪，我就活不过新年。”鲍勃·格雷戈里说。他在印第安纳波利斯的 WTHR 电视台做了 9 年的天气预报工作。

大部分天气预报员说，当天的天气预报能有 80%～90% 的准确率，但长期预报就难说了。大多数人承认，他们只是照本宣科罢了，真正的信息源头，是电脑、国家气象局或者其他私营机构某个不具名的气象学家。

可上电视抛头露面的，毕竟是这些天气预报员。

汤姆·博纳，35 岁，在阿肯色州的小石城做了 11 年的天气预报工作。他记得有一回，在酒吧里，一个从洛诺克来的魁梧农民，喝得醉醺醺地走向他，用指头戳着他的胸口说：

“你就是那个派龙卷风卷走我房子的家伙……我要把你的脑袋拧下来。”

博纳说，他当时到处找酒吧的保安，可一时没见着人影，只好急中生智地回答说：“你说得没错，而且我还要告诉你点别的消息。要是你不退后，我就再派一场龙卷风来。”

几年前，一场大洪水把圣地亚哥的使命谷给淹了，城里的水足有 3 米深。一位妇女走到 KGTV 的麦克·安布罗斯的汽车前边，用雨伞猛砸他的挡风玻璃，说：“这场大雨都怪你。”

印第安纳州南本德 WSBT 电视台的查克·惠特克说：“有位小个子老太太打电话报警，要他们把我逮起来，因为是我这个天气预报员引来了这么大的雪。”

有个妇女对女儿婚礼碰到下雨感到很不愉快，打电话给纽约州水牛城 WKBW 电视台的汤姆·乔尔斯，把他狠狠地骂了一顿。“她觉得我应该为这事儿负责，要是她碰到我，很可能会揍我呢！”乔尔斯说。

WJBK 电视台的桑尼·艾略特在底特律地区播报了 30 年的天气。他记得几年前，自己播报了城里要下 5～10 厘米厚大雪的消息，结果雪下了整整 20 厘米厚。为了报复，电视台的同事们设计了一套机关，趁他正要播报第二天天气的工夫，往他头上“淋”了两百多只雨靴。

“我说的句句是真，不信你瞧，现在，我脑袋上的肿包都还没消呢！”艾略特说。

图 5-5　饱经风霜

请注意到我办公室来的气象预报员和其他同行的共同遭遇。

我们对负面联系留下的最初印象，似乎主要是父母教的。还记得他们总是警告我们别跟街上的坏孩子玩吗？还记得他们是怎么说的吗？我们做没做坏事无关紧要，可在邻居眼里，我们只要跟坏孩子玩，就跟坏孩子是一伙的。父母把关联原理带来的负面效应教给了我们，他们说得没错，人们的确有“物以类聚，人以群分”“近朱者赤，近墨者黑”的想法。

正面的关联则是顺从专业人士教会我们的。他们不断尝试把自己或自己代理的产品跟我们喜欢的东西联系在一起。你有没有想过，为什么汽车广告里总站着一堆漂亮的女模特？广告商希望她们把自己漂亮、性感的积极特性投射到汽车身上。广告商认为，只要漂亮模特跟自己的汽车联系在了一起，我们对汽车的反应就会变得跟对女模特的反应一样。果不其然，我们的反应正中他们下怀。

有这样一项研究：同一款汽车打广告，一个广告里有性感的女模特，另一个广告里没有性感的女模特。男性普遍觉得前一种广告里的车速度更快、更讨人喜欢、显得更名贵、设计更精致。可事后问起的时候，男人们拒不相信漂亮的姑娘影响了他们的判断力。

类似的例子还有不少，但这方面最有趣的一个证据，大概要数一系列来自信用卡及消费的调查。调查结果证明：**关联原理能潜移默化地影响我们花钱的方式**。在现代生活中，信用卡具有一种突出的心理特征，它们能让我们立刻享受到商品和服务带来的好处，而几个星期以后才需要付钱。因此，我们很容易把信用卡及其徽记、符号和标志跟消费的积极方面联系起来，而不去想它的负面因素。

消费者行为研究人员理查德·范伯格（Richard Feinberg）想搞清楚信用卡及其相关因素对我们的消费倾向有什么样的影响。他在印第安纳州的西拉斐特做了一系列研究，获得了一些有趣又令人不安的结果。

影响力研究

第一项研究发现，在用信用卡付款时，饭店就餐者给的小费更多。第二项研究是让大学生在附有万事达信用卡徽记的房间里翻阅邮购目录，结果这些学生花在邮购商品上的钱平均多出了29%，当然，他们并没有意识到信用卡徽记也是实验的一部分。最后一项研究是要大学生向一家慈善机构（国际联合劝募协会）捐款，倘若他们所在的房间里附有万事达信用卡的徽记，跟在没有徽记的房间里比起来，他们会更乐意捐款。前者捐款的比例是87%，后者仅为33%。从关联原理带来顺从的角度来看，最后这一项发现最令人不安，也最具启示作用。尽管信用卡本身跟慈善捐款并无关系，但信用卡徽记以及伴随而来的积极关联的存在却促使人们花了更多的钱。研究人员又在餐厅里重复了这一做法，结果也是类似的。餐厅服务员用小费盘把账单递给顾客，有一些小费盘上有信用卡徽记，有一些没有。面对有徽记的小费盘，顾客给小费明显要慷慨许多，哪怕他们是用现金结账的。[①]

由于关联原理的效果如此之好，又如此神不知鬼不觉，**制造商们总是急着把自己的产品跟当前的文化热潮联系起来**。美国第一次登月期间，从早餐饮料到除臭剂，所有商品都忙不迭地跟太空项目攀亲戚。每逢开奥运会的年份，美国体育代表团指定用什么发胶和纸巾我们都会知道。[②] 20 世纪 70 年代，最流行的文化概念是“自然”，所以“自然”的大部队也是浩浩荡荡。有时候，跟自然的联系根本就不靠谱，如一个大受欢迎的电视广告上说“自然地改变你的发色”。与此类似，1997 年美国“拓荒者”号火箭在火星放出探测器后，火星探测器玩具销量猛增，其实这倒没什么好奇怪的，可连“火星”棒棒糖这种跟太空项目根本毫无关系的东西（它的名字来自棒棒糖公司的创始人，富兰克林·马

---

① 范伯格所做的后继研究进一步证明，用关联原理来解释上述结果是很有道理的。他发现，房间里的信用卡徽记只会刺激那些过去对信用卡有正面印象的人多花钱；而那些对信用卡有过负面体验的人，比如他们去年支付的利息高出了平均水平，则并未表现出这一倾向。事实上，当后一种人在看到信用卡徽记时，他们的消费反而更趋保守。

② 想获得进行这类关联的权利，代价可不菲啊！企业会花上数百万美元竞夺奥运会赞助权。而说到宣传自家产品使其跟奥运赛事联系所需的费用，几百万美元最多只算得上个零头。这些企业赞助商卖东西所得的利润比上述数字要大得多。《广告时代》的一项调查发现，三分之一受访的消费者都说自己更愿意购买一种跟奥运会联系在一起的产品。

尔斯[①]），其销量也来了个大跃进，这就让人感到不可思议了。最近，研究人员发现，打着“特卖”的促销标语之所以能增加购买量（哪怕价格并没有降多少），不仅是因为购物者有意识地想到“我买这个可以省钱”，还因为这类标语跟购物者过去所得的便宜价格产生了关联。因此，凡是跟“特卖”标语联系起来的产品，购物者都会下意识地觉得更划算。

把产品跟名人联系在一起，是广告商利用关联原理赚钱的另一种办法。他们付钱给职业运动员，把他们跟运动员角色直接相关（如运动鞋、网球拍、高尔夫球等）或不相关（如饮料、爆米花、连裤袜等）的东西联系起来。对广告商来说，重要的是把联系建立起来，合不合逻辑无关紧要，只要是正面、积极的关联就行了。毕竟，老虎伍兹对别克汽车真能说得上有什么了解吗？

当然，**制造商还乐意花大价钱让自己的产品跟流行艺人联系起来。**最近，政治家们也意识到，跟名人拉好关系更方便拉选票（见图 5-6）。总统候选人总是会找来一大堆跟政治无关的知名人物，这些人有些是该政客竞选活动的积极参与者，有些则只是借出自己的名号罢了。就算是州和地方一级的政治造势活动，也要玩这类把戏。这里有个好玩的证据，洛杉矶的一位妇女曾向我表达了她对加利福尼亚州限制在公共场所抽烟政策的公投的矛盾心情：“真难决定啊！有些大明星支持这么做，有些却又反对它。简直不知道该怎么投票了。”

① “马尔斯”的英文 Mars 的意思就是“火星”。——译者注

图 5-6 强强联手

奥普拉·温弗瑞加入总统候选人巴拉克·奥巴马的竞选阵营之后，奥巴马在民意测验中的支持率直线飙升。

巴甫洛夫摇铃铛

尽管政治家们素来不遗余力地让自己跟母亲、祖国、苹果派等东西靠拢，但最后一种联系，即跟食物的联系，恐怕才是他们最擅长设计的。举例来说，白宫一直有个传统，靠一顿美餐来拉到摇摆不定的议员的选票，它可以是一顿室外午餐、一顿丰盛的早宴或是一场优雅的晚宴。总之，每当重要的法案需要拉选票的时候，精致的银质餐具就会摆出来。近来政治筹款活动也照例要吃吃喝喝。还要注意，在典型的筹款晚宴上，呼吁人们进一步捐款、再接再厉的演说从来不会在餐点还没上桌前开始，而只会出现在宴会当中或众人吃喝完毕的时候。这么做大有好处：一来节省时间，二来利用了互惠原理。但这其中还有最不为人知的一点好处。来看看 20 世纪 30 年代杰出心理学家格雷戈里·拉茨兰（Gregory Razran）在研究中的发现。

拉茨兰把这套手法叫作**“午宴术”**，他发现，**受试者对就餐期间接触到的人或事物会更为喜爱**。跟我们的论述最相关的一个例子是这样的：

影响力研究

研究人员给受试者看一些他们从前批评过的政治声明。在实验结束的时候，所有的声明都罗列完毕，拉茨兰发现，受试者只对很少的一部分声明改变了看法，也就是那些他们吃饭时过目的声明。受试者似乎是在无意识中改变态度的，因为他们根本不记得自己在就餐期间看过哪些声明。为了说明关联原理也适用于不愉快的体验，拉茨兰还在实验里加入了一项条件：在给一部分受试者看政治口号时，他会往房间里喷腐烂的气味。此时，这些口号的支持率下降了。新近的研究发现，就算气味轻微得不足以引起人们的注意，但它还是能发挥影响。当看照片上的面孔时，人们要是闻到潜意识里觉得愉快的味道，那么对这些面孔就更容易产生好感；要是闻到潜意识里觉得不快的味道，好感也会随之下降。

拉茨兰是怎么想出午宴术这一招的呢？是什么让他觉得这一套能管用呢？答案可能跟他在职业生涯里扮演的双重学者角色有关。他不仅是一位受人尊敬的独立研究员，还是最早把俄国开创性心理学文献带入英语世界的翻译之一。这部分文献恰好跟关联原理的研究有关，并主要来自杰出的学者伊万·巴甫洛夫。

巴甫洛夫是一位兴趣广泛的天才科学家，还曾因研究消化系统得过诺贝尔奖，但他最重要的贡献还在于通过一些极为简单的实验一目了然地论证了其理论。巴甫洛夫证明，他能让动物冲着一些跟食物完全无关的东西（铃铛）产生对食物的典型反应（分泌唾液），只要把这两样东西在动物的体验中关联起来就行了。倘若端食物给狗的时候总是伴随着铃铛的响声，过不了多久，狗一听到铃铛响就会分泌唾液，哪怕根本没见着食物。

从巴甫洛夫的经典示范转到拉茨兰的午宴术，用不着花多大的工夫。显然，对食物的正常反应可以通过原始的关联过程转换到其他东西上。拉茨兰认为，除了分泌唾液，对食物的正常反应还有许多，其中之一就是赞许、舒服的感觉。故此，把这种愉快的感受、这种积极的态度转向跟美食紧密相连的东西（政治声明只是其中之一）上是有可能的。

从午宴术过渡到顺从专业人士的一点认识也并非难事。那就是，**各种美好的东西都可以拿来替换食物的角色，把它们讨人喜欢的特质“出借”给人为地跟它们联系在一起的东西，如观念、产品和人民**。总而言之，这就是为什么杂志广告里总站着漂亮的模特，电台播音编排师总会在播放热门歌曲前插入本电台的主题音乐。这也就是为什么在特百惠家庭聚会上，妇女们玩“疯狂农场”游戏冲到房间中央拿奖品时，嘴里会不喊“中奖啦”，而喊“特百惠啦”！其实玩家喊的是“特百惠啦”，可公司却“中奖啦”。

我们经常在无意识里成为顺从专业人士和关联原理的“受害者”，但我们并非不懂它是怎么回事，事实上，我们自己也经常利用这个原理。有充分的证据表明，我们完全明白古波斯帝国信使或当今气象预报员传来坏消息时面对的尴尬处境。事实上，我们甚至会采取措施，避免自己碰到类似的麻烦。佐治亚大学做过一项研究，看人们碰到传递好坏消息的任务时会如何操作。

影响力研究

实验一开始，等候的学生会接到一项指派的任务，去通知一名同学，说有一通重要的电话。电话有一半的可能带来的是好消息，一半的可能带来的是坏消息。研究人员发现，根据消息的好坏，学生传达信息的方式会很不一样。倘若碰到的是好消息，传话的学生保准会提到这一点：“快去接电话，你有好消息啦，快去找实验负责人打听详情吧！”倘若消息不好，传话的学生就闭口不提了：“有电话找你。详细情况你最好是去找实验负责人问问。”显然，学生们早就明白，要想得到他人的好感，必须把自己跟好消息联系起来，而躲开坏消息。

从新闻、天气到体育

人们深明关联原理的奥妙，并会努力把自己跟积极的事情联系起来，跟消极的事情保持距离，哪怕他们跟这些事毫无关联。好多奇怪的行为都可以用这一点来解释。这类行为里最怪异的一部分，发生在竞技体育的大世界。不过，这里要说的不是运动员们的行动。毕竟，在激烈的比赛交手当中，偶尔做出些古怪举动无可厚非。更多的时候，暴躁狂怒、失去理性又热情无限的体育迷们才显得怪不可言。欧洲爆发的体育骚乱，南美疯狂的足球迷杀死了球员和裁判，还有本地球迷在特殊日子给本来就很有钱的球员赠送奢侈的礼品。这些事情要怎么理解呢？用理性的眼光来看，这一切毫无道理。只是一场比赛而已，对不对？

非也非也。体育和狂热粉丝之间的关系，远远不止一场比赛那么简单，这种关系严肃、紧张、高度个人化。我很喜欢的一段逸事，就是很恰当的例证。

影响力研究

第二次世界大战结束后，一名老兵退伍回到巴尔干的家乡，没过多久就不说话了。医生给他做了健康检查，却找不出毛病来。没有伤口，没有脑损伤，声带也没有受损。他能读、能写、能理解对话、能服从命令，但就是不说话。不跟医生说，不跟朋友说，也不跟苦苦哀求的家人说。

医生困惑又生气，于是把他转移到了另一座城市，安置到一家退伍军人医院。在那里，老兵待了整整30年，从来不曾张口说话，过着与世隔绝的生活。后来有一天，他病房里的收音机刚好调在了一个转播足球比赛的波段，当时那场比赛又正好是他家乡的球队跟老对头打。在比赛的关键时刻，裁判判沉默老兵家乡球队的球员犯规，老兵气得从椅子上跳起来，瞪着收音机，30年来头一回开了口。“你这个蠢蛋！”他大叫道，“你是想让他们赢比赛吗？”说罢，他又坐回了椅子，重新回到了一贯的沉默当中，再也没开口。

从这个真实的故事里，我们可以了解到两件重要的事情。一是体育运动蕴含着惊人的力量。老兵希望家乡球队获胜的欲望是如此强烈，光是这一点冲动，就让他打破了自己多年来顽固坚持的生活方式。二是体育运动和粉丝之间的关系是非常个人化的。不管沉默老兵的个人认同残缺到了什么程度，足球比赛仍能让他感同身受。经过病号房里30年的无声自我放逐，不管他的自我已经虚弱到何等程度，比赛结果仍然牵动着他的心弦。为什么会这样呢？因为要是家乡队输了，他的自我会更加消沉；要是家乡队赢了，他的自我则会提升。何以如此呢？关联原理在搞鬼。他与故乡的关系，把他跟一场球赛的胜利或失败捆在了一起、包在了一块儿、系在了一处。

著名作家艾萨克·阿西莫夫（Isaac Asimov）描述过我们观看比赛时的反应：

> 倘若其他的条件全都一样，你铁定会支持跟自己同样性别、来自同一文化、同一地区的队伍……你想要证明自己比另一个人更优秀。你支持的一方就代表了你，他（她）赢了，你就赢了。

从这个角度来看，体育迷的狂热就变得有意义起来。**我们观看比赛，并不是因为它固有的表现形式或艺术意义，而是我们把自我投入了进去。**这就是为什么球队主场获胜以后，粉丝们会报以那么强烈的崇拜和感激之情。这也是为什么球队主场失利之后，同一批粉丝会马上翻脸不认人，简直恨不得把球员、教练和官员生吞活剥了。①

如前面所说，我们想要自己支持的运动队赢得胜利，是为了证明自己的优越性，但是我们是想向谁证明呢？当然是向我们自己，也是向其他所有人。**根据关联原理，倘若我们能用一些哪怕是非常表面的方式，比如我们的居住地，让自己跟成功联系到一起，我们的公共形象也会显得光辉起来。**

---

① 以安德烈斯·埃斯科巴（Andres Escobar）一案为例。埃斯科巴是哥伦比亚国家足球队的一员，1994 年足球世界杯比赛期间，他误将一球送入己方大门。因为这个乌龙球，对手美国队获胜了，本来很被人看好的哥伦比亚队断送了晋级前程。回到家的两个星期之后，埃斯科巴在一家餐馆里被两名枪手打死。一记乌龙球让他付出了生命的代价，而且挨了整整 12 颗子弹。

这一切说明，我们会有意识地操纵自己跟输赢双方的联系，这样，在目睹这些关联的人眼里，我们会显得更好看些。我们展示积极的联系，隐藏消极的联系，努力让旁观者觉得我们更高大、更喜欢我们。我们这样做的方式方法多种多样，但最简单也最常用的一种就是巧妙地选择代名词。举个例子，你有没有注意过，主队胜利后，总有狂热的球迷冲进摄像机镜头，高高地伸出食指，大声叫道："我们是第一！我们是第一！"请注意，球迷喊的不是"他们是第一"，也不是"我们队是第一"。这里用的代名词是"我们"，意在尽可能地拉近跟得胜球队的距离和认同（见图 5-7）。

图 5-7 体育狂热

团队精神可不光是穿着相同的校队队服，亚拉巴马大学的学生们在自己球队获胜后，直接把学校名字写在了身上。

我们还要注意，碰到输球的时候，可不会出现类似的事情。没有哪位电视观众听到球迷大叫："我们是倒数第一！我们是倒数第一！"要是主队失利，我们最好是跟它保持距离。这时，代名词"我们"就不如疏远的"他们"好了。为了证明这一点，我曾在亚利桑那州立大学的学生中做过一个小实验。

影响力研究 我给他们打电话，要他们描述一下几周前校队打橄榄球赛的结果。有些学生被问到的是一场校队输了的比赛；有些学生被问到的则是赢了的比赛。我和同事阿夫里尔·索恩（Avril Thorne）把他们说的话录音，记录学生使用代词"我们"的比例。统计出来的结果很明显，学生会在自己校队获胜的时候使用代词"我们"，把自己跟成功联系起来，"我们打败了休斯敦，17：14"，或是"我们赢了"。可输球的时候，学生就很少用"我们"了。相反，他们会有意识地让自己跟输掉比赛的校队保持距离，"他们输给了密苏里队，30：20"，或是"我不知道具体的比分，但亚利桑那队输了"。有个学生的评论绝妙地把亲近赢家、疏远失败者的双重愿望暴露无遗。他先是冷冰冰地报出了主队失利的分数："亚利桑那输了，30：20。"接着他分外痛苦地脱口说道："他们断送了我们夺取全国冠军的机会！"

不仅体育赛场上存在这种吹嘘自己跟胜利者联系的倾向。比利时大选后，研究人员想看看居民要过多久才会取下插在自己门口的支持这方或那方政党的标示牌。调查结果显示，要是标示牌上写的是获胜一方的政党，沉浸在积极关联中的户主保留它的时间会更长。

虽说所有人都或多或少想沾染一点荣耀的光彩，但有些人似乎走得太远了些。是什么样的人呢？倘若我猜得没错，这些人不仅是热情的体育迷，也是一些有着隐性人格缺陷——自我意识太差的人。他们内心深处的个人价值感过低，没办法靠推动或实现自身成就来追求荣誉，而只能靠着吹嘘自己与他人成就的关系找回尊严。我们的文化中有好几类这样的群体。爱跟名人套近乎，每次说起名人总是假装很熟的样子，这是典型的一类。此外还有摇滚明星的“无脑粉丝”，她们不惜花费巨资，只为能在朋友面前炫耀自己跟某某明星关系匪浅。不管采取什么样的形式，这类人的行为都具有一个共同的特征：他们的成就并不来自本身。这可真是可悲啊！

这类人里有些还会以一种略有不同的方式来运用关联原理。他们并不会尽力抬高他人成功与自己之间的可见联系，而是会尽力抬高与自己有着明显联系的人的成功。最明显的例子大概要数那些一心想让自家孩子变成大明星的“星妈”了。当然，这么做的也不光是女性。几年前，在艾奥瓦州的达文波特，一位妇产科医生中止了对三名学校官员妻子的服务，据说是因为他的儿子在学校篮球比赛里没有获得足够多的上场时间。

读者报告 5-3　来自洛杉矶某电影工作室的一名员工

我是个超级电影迷，又在这一行工作。对我来说，每年最重要的日子就是奥斯卡颁奖之夜。我甚至会把颁奖仪式录下来，重放我喜欢的演员的得奖感言。我最喜欢的一段感言是 1991 年凯文·科斯特纳在《与狼共舞》夺下最佳影片之后说的话。我喜欢这段感言，是因为科斯特纳回应了那些说电影没什么重要性的批评家。确切地说，我真是太喜欢它了，干脆把整段致辞抄了下来，但致辞里有一段话我以前一直搞不懂。科斯特纳对于获得最佳影片奖是这么说的：

“尽管这项奖或许不像世界上的其他事情那么重要，但它对我们来说却始终是最为重要的。我的家人永远不会忘记此刻发生的这一幕；我的美洲原住民兄弟姐妹们，尤其是我的苏族同胞们，永远不会忘记；还有，当年跟我一起上高中的同学们，也永远不会忘记。”

好吧，我明白为什么凯文·科斯特纳永远不会忘记这巨大的荣誉，而且我也知道为什么他的家人永远不会忘记，我甚至知道为什么美洲原住民会记得它，因为这部电影就是讲他们的，但我怎么也搞不懂为什么他会提到他的高中同学们。后来，当我读到体育迷们怎样觉得自己“分沾”了主队球星、球队获胜带来的荣耀时，才明白是怎么一回事。所有跟凯文·科斯特纳一起上过高中的人，在他得奖之后都会马不停蹄地告诉自己认识的每一个人：我跟凯文·科斯特纳是同学！他们觉得自己也分享了这至上的荣耀，哪怕他们没为电影出过一分力。而且，他们这么想也是对的，因为事情就是这样的。要想得到荣耀，你用不着非得当个大明星，有时候，你只需跟某个明星有点联系就成了。这多么有趣啊！

作者点评：

这类事情，在我自己的生活里也有不少。我曾经告诉我的建筑师朋友，我跟了不起的弗兰克·劳埃德·赖特（Frank Lloyd Wright），就是那位设计“流水别墅”的建筑师，是在同一个地方出生的。实际上，我本人连条线都画不直，可我总能从朋友眼里看到我想要的那种赞许的反应。“哇，”他们似乎是在说，“你和弗兰克·劳埃德·赖特是老乡？”

如何防范

用很多手段都可以增加好感，而要对付采用喜好原则的顺从专业人士，方法反倒十分简单，短短一条就够了。影响好感的途径多种多样，逐一设计反击策略是毫无必要的，指望这种一对一的策略把每条路都堵死简直不现实。此外，一些导致好感的因素，如外表魅力、熟悉感和关联，都是在潜意识中影响我们的，我们不太可能找出一种合适的防御措施。

我们需要的是一种通用的方法，所有借助好感因素来影响我们做出顺从决策的手腕，都能靠它挡在门外。这种方法的奥妙在于**使用的时机**。我们不需要识别出所有导致好感的因素，严防死守地不让它们对我们发挥作用。恰恰相反，我建议你听之任之，顺其自然。顺从专业人士用来诱使我们产生好感的东西，我们不必提防，只要当心它们带来的过度好感就行。**一旦我们觉得自己对顺从专业人士的好感超出了该场合下的正常程度，那就到了唤出防御机制的时机了。**

把注意力放在效果而非成因上，我们就用不着去辨别、转移针对好感的多种心理影响力了，这本来也是一个近乎不可能完成的烦琐任务。在跟顺从专业人士接触的时候，我们只需关注跟好感有关的一件事就行，即我们是不是觉得自己超乎寻常地迅速、热烈地喜欢上了对方。只要发现这种感觉，我们就该警惕了，因为对方可能采用了某种手法，而这时我们就可以采取必要的反击对策。请注意，我建议使用的策略其实就是顺从专业人士自己最青睐的社交柔道术：**不去压抑好感因素产生的影响力，听凭这些因素发挥力量，然后用这股力量反过来对付那些想从中获利的人**。这股力量越大，其反作用也就越明显，对我们的戒备防御也就越有帮助。

假设我们正跟交易员丹商谈一辆新车的价格。丹是继乔·吉拉德之后有望夺取“最伟大的汽车推销员”称号的谈判高手。谈了一会儿，磋商了一阵，丹想要结束交易了，他希望我们打定买车的主意。在做出这类决定之前，我们首先要问自己一个关键的问题：“认识这家伙才不过 25 分钟，我是不是有点超乎预期地喜欢他了呢？”如果答案是肯定的，我们兴许还会回想一下丹在这期间的表现。我们大概会想起他给我们递了吃的（咖啡、甜甜圈），恭维我们选择的配件和颜色，逗我们笑，帮我们一起对付销售经理，给我们争取更优惠的价格。

这样把事情从头到尾地回顾一番，或许能给你提供不少信息，但这并不是保护自己不为喜好原理所动的必要步骤。一旦我们发现自己对丹产生了超乎预期的好感，我们并不见得非得知道为什么。知道这种好感来历可疑，就足够我们做出反应了。反应之一是逆转这一进程，主动地讨厌丹，但这对他或许不大公平，也不符合我们的利益。毕竟，总有些人天生就讨人喜欢，丹说不定就是其中之一。非要讨厌那些碰巧很招人喜欢的顺从专业人士，好像不大对头。再说，为了自己考虑，我们并不想断绝了跟这些好人的商业关系，尤其是他们能给我们最划算的生意的时候。

我推荐采用另一种反应。倘若我们对关键问题的回答是："没错，在当前这种情况下，我挺喜欢这家伙的。"那么这应该是一个迅速采取还击策略的信号，是时候在心智上把丹和他销售的丰田或雪佛兰区分开来了。这时你务必记住，要是我们选择了丹的车，把这辆车从经销商店里开出去的人可是我们，而不是丹。不管出于什么原因，我们喜欢上了丹。他长得好看，他好玩，他对我们的个人爱好感兴趣，他有亲戚住在我们的老家，凡此种种，跟我们是否做出了明智的购车决策完全不相干。

因此我们恰当的反应，就是有意识地把注意力放在这笔生意的好处上，放在丹推荐给我们的这辆车的优点上。**在我们做出顺从决定时，把提出请求的人和请求本身从感性上分开，这是很明**

智的。可一旦我们跟提出请求的人有过亲身的社交接触，哪怕时间十分短暂，也会很容易使我们忽视这其中的区别。在我们对请求者还没什么感觉的情况下，忘掉两者的区别不会造成什么太大的偏差。可要是我们喜欢那个提要求的人，分不清两者的界限，那就有可能酿成大错了。

这就是为什么有必要当心对顺从专业人士的过度好感。意识到这种好感，能提醒我们把交易者和交易分开，只根据生意本身的好坏做决定。如果我们都能遵循这样的做法，我敢保证，我们会对与顺从专业人士的交易结果更为满意，当然，我猜交易员丹就不那么满意了。

Influence

本章小结

- 人们倾向于答应自己认识和喜欢的人提的要求。顺从专业人士已经意识到这条原理的威力，他们会通过强调几个能提升个人全面吸引力和好感的因素，来增加他人顺从自己的效力。

- 影响好感和顺从的第一点因素是外表魅力。虽说人们早就意识到外表漂亮能带来社交优势，但研究表明，这种优势恐怕比我们想得要大得多。外表魅力似乎能造成一种光环效应，把好印象延伸到诸如天赋、善意、智力等其他特点上去。因此，长得好看的人在提请求和改变他人态度方面说服力更强。

- 影响好感和顺从的第二点因素是相似性。我们喜欢跟我们相似的人，更愿意轻率地答应他们的请求。还有一个能带来好感的因素是赞美。恭维他人固然有时也会过火，但一般而言，它有助于我们获得他人的好感和顺从。

- 通过与他人反复接触增强熟悉感，在正常情况下，这也是一种增加好感的方式。尤其是当双方在积极而非消极的氛围下进行接触时，事情更是如此。互助和成功的合作是最为有效的一种积极氛围。

- 跟好感有关的还有一个因素是关联。广告商、政治家和厂商靠着把自己或自己的产品跟积极的东西联系起来，力求通过关联的过程分享他人积极的观感。其他一些人，如体育迷，也似乎认识到了这种简单的联系带来的效果，努力在他人眼中把自己跟有利的事情关联起来，疏远不利的事情。

- 要想在做出顺从决定时消除好感带来的不必要影响，有效策略之一是警惕对提要求者的过度好感。只要发现自己在当前情况下对请求者产生了不相称的好感，我们就应该从社会互动中退后一步，在心智上把请求者和他所提的请求分开，而只根据这个请求是否对自己有好处来做出决定。

习　题

这些你掌握了

1. 光环效应指的是什么？在他人眼中，一个人的外表魅力和整体魅力有什么样的关系？怎样用光环效应来解释这种关系？
2. 我们往往会喜欢自称喜欢我们的人，即恭维我们的人，我们还容易喜欢自称跟我们相像的人，其效果和恭维一样。对后者而言，有什么证据能说明我们容易下意识地答应跟自己相似的人的请求呢？
3. 有人曾在男孩夏令营里做了一系列有关引发和消除群体敌意的研究。敌意产生之后，哪些做法有效地减少了敌意呢？又有哪些做法不成功呢？
4. “沾别人荣耀的光”指的是怎样的一种倾向？这种倾向最容易出现在什么条件下，最容易出现在哪一类人的身上？

思考一下吧

1. 简・奥斯汀在写给姐姐的一封信里说：“我并不认为别人很可爱，这样我就用不着因为喜欢他们而惹上麻烦了。”这里，她所指的是什么样的麻烦？
2. 威尔・罗杰斯曾吹嘘说：“我从来没见过有哪个人是我不喜欢的。”显然，对于他人所带来的好处，他的感受跟奥斯汀不同。在人际交往中，罗杰斯更为豪爽外向的倾向有可能带来什么样的结果呢？思考你自己的人际交往风格，你是更接近罗杰斯，还是更接近奥斯汀？为什么？
3. 男孩夏令营研究所得到的结果和如下两项研究的结果有哪些共同之

处？（1）学校种族融合；（2）课堂合作学习。

4. 假设你想要同桌更喜欢你一些，利用本章讨论的各点因素，描述一下你会在你们下一次相遇时做什么样的安排，以便达成你的目标。

5. 本章的主题是怎样反映在这一章开头的照片里的呢？

Influence

第 6 章

权威

教化下的敬重

跟着权威走。

——维吉尔

章首案例 怎样才能让番茄酱受欢迎

我在宾夕法尼亚州沃伦的一个意大利聚居区长大。长大后，我偶尔会回家探访亲戚朋友。跟如今的大多数地方一样，小型的意大利商店消失了，取而代之的是较大的超级市场。

有一回，我妈妈派我去超市买番茄罐头，我发现，几乎所有的“法玛诺”意大利切块番茄罐头都卖光了。我在货架上翻拣了一番，很快就在空货架的最下一层找到了整整一排（还摆得满满当当的）“法玛”切块番茄罐头。我仔细看了看标签，意识到“法玛诺”和“法玛”是同一家公司。这家公司在经销部分产品的时候，会给自己的名字后面加个“诺”。

我猜，这肯定是因为在销售意大利风格的食物时，名字里带个“诺”或者“奥”的厂商会让人觉得更权威。

假设你在翻看本地报纸的时候，留意到一则招募志愿者到附近大学的心理系参加“记忆研究”的广告。又假设你觉得这个实验会很有趣，于是你联系到了研究负责人斯坦利·米尔格拉姆教授（Stanley Milgram），安排好去参加一小时的实验。你刚到实验室，就碰到了两个男人。一个是负责实验的研究员，他身上穿着的灰色实验室大褂和带着的记录板都清楚地表明了这一点；另一个则是跟你一样普普通通的志愿者。

你们稍稍做了一番问候和寒暄，研究员开始解释要遵照的程序。他说，该实验的目的是研究惩罚对学习和记忆有什么样的影响。一位参与者要完成的任务是学习一张超长清单上的成对单词，直到能把每对单词完美地记住，这个人是“学生”。另一位参与者的任务则是检验学习者的记忆进度，每当“学生”犯错，就加大惩罚（电击）力度，这个人是“老师”。

听到这个消息，你有点紧张。跟你的搭档抽签之后，你更恐慌了，因为你抽到了“学生”的角色。你从没想过参加这个实验还要挨电击，所以有那么一瞬间你想到了离开。但你又转念一想，真有必要的话，你随时都能走，再说，一道电击能有多强呢？

等你学了一阵单词之后，研究员用皮带把你绑到了一张椅子上，让“老师”看着，将电极插入了你的胳膊。这下子你当真担心起电击的强度了，你提出了严厉的质询。研究者的态度更令你恐慌了，他说，电击确实有可能让你非常疼痛，但不会给你“造成永久性的组织损伤”。说完，他就和“老师”离开了，只剩你一个人在房间里。他们在隔壁，“老师”通过对讲装置向你提问，每当你回答错误，就电击你，算是惩罚。

随着实验的进行，你很快认识到“老师”使用的模式。他提出问题，并等你回答，一旦你出了错，他就会宣布你要接受的电击强度，并拉下电闸惩罚你。最叫人紧张的是，你每多犯一次错，电击强度就会增加 15 伏。

测试的第一部分进行得还算顺利。电击有点烦人，但还可以容忍。但过了没多久，你犯的错误越来越多，电击强度也随之攀升，此刻的惩罚强得足以扰乱你的注意力，令你犯下更多错误，承受越来越痛苦的电击。等电击强度到了 75 伏、90 伏和 105 伏时，你已经痛苦地呻吟起来。到了 120 伏，你冲着对讲系统痛苦地大叫，电击真的很痛了。你又呻吟着接受了一轮惩罚，你拿定主意不再忍受下去了。等“老师”设置好 150 伏的电压后，你向对讲机叫喊道：“够了！让我离开这里，请让我离开这里！让我出去！”

“老师”并没有如你预期的那样宽慰你，说他和研究员马上就来放你出去，相反，他只是提出了下一个问题，要你回答。你在惊讶和困惑中念叨出最先冲进脑子的答案。当然，它是错的。“老师”放出了165伏的电击。你尖叫着要他住手，放你出去。他却只用下一道试题来回应你，你疯狂的答案当然是不正确的，于是他就又给了一轮电击。

你再也压抑不住恐慌，此刻的电击已经强得让你全身扭曲并厉声尖叫。你踢墙，你要人来放你，你求“老师”帮帮忙。但测试却照常进行下去。可怕的电击强度也在继续攀升，195伏，210伏，225伏，240伏，255伏，270伏，300伏。你意识到自己绝无可能正确地回答问题，于是你向“老师”大吼，你不再回答他的问题了，可一切还是照旧。“老师”把你的默不作声视为回答错误，又放出了一道电击。

酷刑就这样持续着，直到电击的强度令你几乎昏迷过去。你再也叫不出声了，也不再挣扎了，你只能感觉到每一轮可怕的电蛇撕咬。也许，你会想，“老师”看到你都不动弹了，总该停止了，没有理由再把实验进行下去了吧！可他却毫不留情地照章办事，提出问题，报出可怕的电击强度，并拉下电闸，这时已经在400伏以上了。你在混乱中想，这个人到底是什么样的魔鬼啊？他为什么不帮我？他为什么不停下来？

权威高压的力量

对于我们大多数人来说，以上的场景听起来十足是一场噩梦。可要说到它到底有多可怕，我们只要明白一点就行了：大体而言，这一切是千真万确的。名叫米尔格拉姆的心理学教授的确做过这么一个实验，确切地说，是整整一个系列的实验（见图6-1）。实验里扮演“老师”一角的参与者真的会向尖叫、挣扎、哀求的“学生”施加连续不断的强烈电击，电击强度足以致人死亡。实验只有一个地方跟前面的描述不同，“学生”并不是真的挨了电击，那个痛苦呼喊、哀求怜悯的人不是真正的受试者，而是假装挨了电的演员。米尔格拉姆研究的真正目的，并不是惩罚对学习与记忆的影响，相反，它涉及一个完全不同的问题：一个普普通通的人在履行职责的时候，会愿意向完全无辜的其他人施加多大的痛苦？

答案极其令人不安。处在跟前面那场“噩梦”一模一样的情形下，大部分“老师”都会把折磨施加到可用的最大限度。米尔格拉姆实验里三分之二的受试者都没有听从“学生”的请求，而是把面前整整30挡强度的电闸全部按了个遍，直到按下最后一挡450伏、研究员结束实验为止。更可怕的是，从“学生”最开始要求放了自己，到稍后的苦苦哀求，再到每一次电击都令“学生”“发出绝对的厉声惨叫”（这是米尔格拉姆的原话），该研究中的40名受试者都几乎无动于衷，不曾主动放弃“老师”之职。

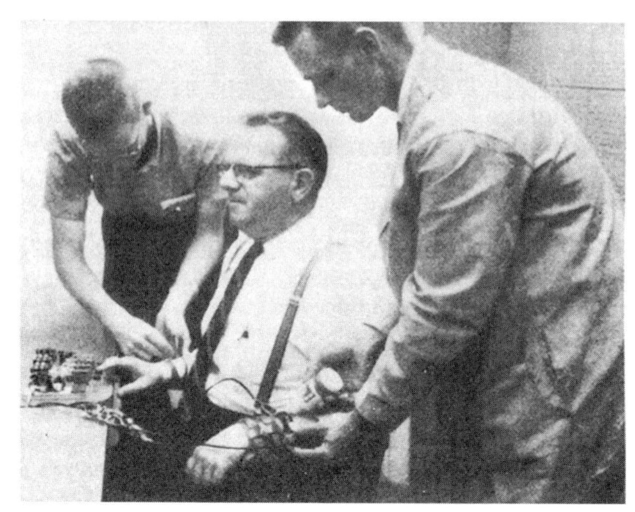

图 6-1　米尔格拉姆实验

图为“学生”被绑在一张椅子上，身着实验室大褂的研究人员和真正的受试者正把电极安装到他身上。

这样的结果把参与该项目的每个人都吓坏了，米尔格拉姆本人也不例外。事实上，研究开始之前，他分别让同事、研究生和耶鲁大学（实验就是在这里进行的）主修心理学的学生看该实验的程序说明，并估算有多少受试者会按下最后一挡电击强度为450伏的电闸。人们给出的答案基本上都在1%～2%之间。米尔格拉姆甚至找了39名精神科医生，根据他们独立做出的预测，1 000个人里也只会有一个人愿意把电闸按到底。也就是说，受试者在实验中真正表现出来的行为模式是谁也没有预料到的。

我们该如何解释这种惊人的行为模式呢？有些人认为原因可能跟几种因素有关。所有受试者都是男性，而众所周知，男性全都有侵略倾向；又或者，受试者们没有意识到那么高的电压会带来什么样的潜在伤害；再不然就是，受试者是一群变态的疯子，很享受折磨人的过程。但证据充分驳斥了这几种可能性。首先，后继实验表明，受试者是否愿意一次次地电击“受害者”，跟性别无关，女性“老师”采取相同做法的可能性跟米尔格拉姆实验中的男性“老师”们一样高。

另一项实验针对“受试者没有意识到电击对‘受害者’的危险性”这一看法做了研究。在本轮实验中，“受害者”会说自己有心脏病，他的心脏承受不了这么强的电击：“够了！快让我出去。我告诉过你，我有心脏病。我的心脏开始难受了，我拒绝继续进行实验。快放我出去。”可结果还是一样，65% 的受试者忠实地履行了自己的职责，依次按到了电闸的最大挡。

最后，认为米格尔拉姆找来的受试者全是心理扭曲的虐待狂，不能代表普通公民，这个借口也是不成立的。看了米尔格拉姆广告来报名参加“记忆”实验的人涵盖了各个年龄、职业和教育程度。而且，实验之后他们还做了一系列的人格测试，测试显示，这些人心理十分正常，并不是一群疯子。事实上，他们就跟你我一样。套用米尔格拉姆的说法，他们就是你和我。倘若他的看法没错，那么，我们每个人都有可能做出实验中那样可怕的事情来。这就引出了一个更加令人感到不舒服的问题：“什么能让我们做出这样的事情来呢？”

米尔格拉姆确信自己知道答案。他说，这必然跟我们对权威根深蒂固的责任心有关。据米尔格拉姆的观点，实验的真正罪魁祸首是：受试者没办法公然违抗自己的上级，也就是那些穿实验室大褂的研究员。研究员竭力吩咐受试者履行职责，完全不管这么做是否会给他人造成情绪和身体上的伤害。

米尔格拉姆的这套"服从权威"解释，得到了强有力的证据支持。首先，事情很清楚，若没有研究员的指示，受试者们很快就会中止实验。他们痛恨自己的所作所为，并为"受害者"遭受的折磨感到痛苦。他们恳求研究员让自己停下来。研究员拒绝之后，他们继续照吩咐做，可在此期间，他们会颤抖着，汗流不止，并结结巴巴地提出抗议，还请求把"受害者"放掉。他们的指甲挖进了自己的肉里；他们的牙齿紧紧咬着嘴唇，都咬出血来了；他们用手托着脑袋；还有些人克制不住地紧张大笑起来。在米尔格拉姆最初进行的实验里，一名旁观者对有一名受试者做了以下描述：

> 我看到一个成熟稳重的商人面带微笑，自信满满地走进了实验室。短短20分钟，他完全成了另一副模样。他颤抖不停，说话结结巴巴，似乎马上就要精神崩溃了。他一会儿一个劲儿地扯耳垂，一会儿握紧双手。有一回，他甚至用拳头砸自己的脑袋，并喃喃自语："哦，天哪，让我们停下来吧！"可实验者所说的每一句话，他都照着做了，而且一路服从到底。

除了上述观察，米尔格拉姆还提供了更确凿的证据，证明受试者的行为是顺从权威的结果。例如，在稍后的一轮实验中，他要研究员和“受害者”交换台词，也就是研究员告诉“老师”，停止电击“受害者”，而“受害者”却勇敢地让“老师”继续。结果再清楚不过了，面对另一名受试者提出的要求，100% 的人都拒绝再按下电闸。另一个版本的实验也出现了同样的结果，研究员和扮演“学生”的受试者互换角色，研究员被绑在椅子上，“学生”让“老师”不听研究员的抗议，继续电击。这一回，仍然没有任何一个受试者按下更高一挡的电闸。

还有一轮改编版的实验，记录下了米尔格拉姆研究中的受试者顺从权威到了何等极端的程度。这一回，有两名研究员向“老师”下达互相矛盾的命令：一人要“老师”在“受害者”大叫“放我出去”的时候中止电击，另一人却认为实验应该继续进行。这些矛盾的指示成了整个研究项目唯一可笑的地方，受试者悲喜交加，眼光困惑不解地从这个研究员身上转到那个研究员身上，不知道该服从谁才好。“等一下，等一下。这是怎么回事？一个说停，一个说继续。到底该怎么办？”趁着研究员争执不休的时候，受试者拼命想要判断谁的级别更高。最后，由于没法找出到底该服从哪一个权威，所有的受试者都听从了直觉，放弃了电击。和其他改编版实验一样，倘若受试者本身就是虐待狂，或者具有神经质的攻击性，这样的结果是不可能出现的。①

① 基本版实验，以及上述改编版实验，都收录在了米尔格拉姆所著的《对权威的服从》一书中，这本书可读性极高。布拉斯（Blass）对相关主题的大部分后继研究做了总结和回顾。

在米尔格拉姆看来，一个令人心寒的现象反复在他积累的数据中出现。“我们的研究发现，在权威的命令下，成年人几乎愿意干任何事。”早有一些人担心另一种形式的权威，也就是政府，有能力从普通公民身上压榨出可怕的百依百顺，对他们而言，这样的结果显然具有更为严肃的引申意义。[①] 更何况，这个结果还告诉我们，权威的压力能够全然控制我们的行为。看到米尔格拉姆实验中的受试者因为良知而汗如雨下、备受折磨，但还是不折不扣地执行任务时，还有谁会怀疑这一点呢？

要是还有人表示怀疑，布莱恩·威尔逊（Brian Willson）的故事大概会有些启发意义。

① 事实上，米尔格拉姆最初进行这个实验，是想弄明白为什么在纳粹统治期间，德国公民竟然会参与到害死了上百万无辜者的集中营大屠杀中去。在美国测试了实验程序之后，米尔格拉姆曾打算去德国进行实验，他认为，这个国家的民众肯定会表现出十足的顺从，好让他对整个概念进行完整的科学分析。然而，在康涅狄格纽黑文进行的第一轮实验便让米尔格拉姆大开眼界，他一下子明白了：到德国去的经费可以省下了，在家乡做实验已经足够了。“顺从的受试者太多了，”他说，“完全没必要到德国去做实验。”

可顺从权威也不是美国人的专利。后来，米尔格拉姆的基本实验程序曾在荷兰、德国、西班牙、意大利、澳大利亚和约旦等地反复进行，结果相差无几。而且，哪怕时间过去了几十年，米尔格拉姆所得的结论仍然成立。最近进行过一项效仿了米尔格拉姆实验几点特征的研究，发现米尔格拉姆的受试者和当今样本之间并无明显差异。

1987 年 9 月 1 日，为抗议美国向尼加拉瓜运输军事装备，威尔逊先生和另外两名男子跑到加利福尼亚州康科德的海军兵站，躺到了铁轨上面。示威者满心以为这么做能让当天开出的列车取消，因为他们在三天前就向海军和铁路官员说明了自己的用意。可驾驶火车的非军方工作人员却接到命令，说不能停车。所以，哪怕他们在不到 200 米的地方就看到了抗议者，他们也并未减慢速度。另外两名抗议者及时爬出了铁轨，没有受伤，可威尔逊先生却慢了一步，两条腿从膝盖以下都被火车硬生生地压断了。由于现场的海军医护员拒绝治疗他，也不用军方的救护车把他送到医院去，围观者们，包括威尔逊先生的妻儿，只好自行给他止血，直到 45 分钟之后，私立医院的救护车才赶到。

出人意料的是，曾在越南当过 4 年兵的威尔逊先生却并不怪罪火车司乘人员，也没有责怪海军医护兵。相反，他谴责的是施加压力、让人盲目顺从的制度。“他们做的事情，跟我在越南做的没什么不同。他们只是在服从一项疯狂政策下达的命令罢了。他们也是牺牲品。”尽管火车司乘班组也同意威尔逊先生的看法，觉得自己是牺牲品，却并不像他那么有雅量。事实上，整个事件里最令人瞠目结舌的地方也出在他们身上，司乘班组对威尔逊先生提出了控诉，要求他赔偿他们的损失，因为他们“不压断他的腿就没法执行命令”，故此承受了“羞辱、精神上的痛苦和肉体上的压力”。

盲目服从的诱惑和危险

每当面对人类行为背后的一种强力推动因素时，我们便会很自然地想到，这种推动因素的存在是有充分理由的。就顺从权威一例而言，稍微思考一下人类社会的组织方式，我们就能找出许多说得过去的解释。被人类普遍接受的多层次权威体制能赋予社会巨大的优势，有了它，适于资源生产、贸易、国防、扩张和社会控制的成熟社会结构才得以建立并巩固。倘若没有它，就会导致无政府状态。无政府状态对文化群体是没什么好处的，社会哲学家托马斯·霍布斯（Thomas Hobbes）就言之凿凿地说，它必然会让生活变得“孤独、贫乏、污秽、粗野和短暂”。因此，自出生之日起，社会就教导我们，顺从权威是正确的，违抗权威是不对的。父母的教诲、校舍里风传的小曲、故事和儿歌，甚至我们成年后碰到的法律、军事和政治制度，都无不充斥着这条信息。所有这些“教化”，无不将服从和忠于正当规则摆到了极高的地位。

宗教教义也是一样。比方说，《圣经》开篇就提到，因为不服从至上的权威，亚当、夏娃还有整个人类失去了乐园。如果说这个隐喻太微妙了，那么让我们再来看看《旧约》。《旧约》用充满恭敬的行文讲述了一个跟米尔格拉姆实验最为接近的故事，只因为上帝有了吩咐（哪怕没有半点儿解释），亚拉伯罕就愿意把利剑插入自己小儿子的心脏。通过这个故事，我们知道判断一个行为是否正确，跟它有没有意义、有没有危害、公不公正、符不符合通常的道德标准没有关系，只要它来自更高权威的命令，那就是对的。亚伯拉罕遭受的痛苦折磨，是考验他是否服从上帝，他则像米尔格拉姆实验里的受试者们一样通过了这场考验，说不定，受试者们就是从这个《旧约》故事里学会服从权威的。

从亚拉伯罕和米尔格拉姆实验受试者的故事里，我们可以看出顺从的能量和它在文化中的价值。然而，在另一种意义上，这样的故事又有可能造成误导。现实当中，我们其实很少对权威的要求痛苦地举棋不定。确切地说，我们往往没怎么思考，就下意识地顺从了，颇有“按一下就播放”的势头。来自公认权威的信息能为我们判断如何行动提供宝贵的捷径。

毕竟，正如米尔格拉姆所说，**服从权威人士的命令，总是能给我们一些实际的好处**。从小开始，这些人（家长、老师）就比我们懂得更多，我们发现，采纳他们的建议是有益的，部分是因为他们更有智慧，部分是因为他们手里攥着对我们奖惩的权力。成年之后的情况也是一样，只不过此时的权威人士变成了老板、法官、政府领袖。他们因为所处地位更高的缘故，得以接触到更多的信息并掌握更多权力，故此按照正当权威的愿望去做是有道理的。正是因为它太有道理了，很多时候，哪怕权威人士说的完全没道理，我们也会照着去做。

当然，这种矛盾，正好也是影响力武器要借助的东西。一旦我们意识到服从权威在大多数情况下是有好处的，就会很容易不假思索地去服从。盲目服从这种机械做法，既有好的一面，也有糟的一面。盲目服从，我们就用不着思考了，省心又省力。可尽管它大部分时候都能让我们做出适当行为，例外的情况也有不少。

就从生活里找个权威压力强大又明显的方面吧：医疗领域。健康对我们极为重要，因此在医疗领域里掌握了丰富知识、具备强大影响力的医生，往往拥有着受人尊重的权威地位。此外，医疗机构本身也有着等级分明的权力和威望结构。各类医疗工作者很明白自己的工作处在这个结构里的什么位置，也很明白“医生”处在这个结构的最高层。没人能驳回医生对病例的判断，除非是另一个级别更高的医生。因此，医务工作人员素来有一套历史悠久的传统——自动服从医生的指示。

这么一来，就有可能出现这样的情况：医生犯下了明显的错误，层级较低的人却没想过要提出质疑。这是因为一旦正统的权威下达了命令，下属就用不着再思考，只管照着做就是了。这种“按一下就播放”的下意识反应跟医院这样复杂的环境结合到一起，出错简直不可避免。事实上，据为美国国会提供医疗政策咨询的“医学研究会”所说，就诊的病患每天至少会碰到一次用药失当。

患者拿到错误的药物，原因有很多。不过，坦普尔大学药学教授迈克尔·科恩（Michael Cohen）和内尔·戴维斯（Neil Davis）却在《用药失误：成因和预防》中把大部分问题归结到患者对主治医师的盲目服从。据科恩所说：“在一起又一起的案例中，（多是因为）患者、护士、药剂师和其他医护人员没有对处方提出怀疑。”科恩和戴维斯报告了一起“肛门耳痛”的奇怪病例。一名患者右耳感染发炎，医生给他开了滴剂，让他点入右耳。但他在处方上并未把“右耳”（right ear）这个词写完整，而是来了个缩写“Rear”（“rear”在英文中有“屁股”的意思）。看到处方，值班护士立刻把规定的药水剂量点入了患者的肛门。

显然，耳朵痛却对肛门猛下药，实在不合情理，但不管是患者还是护士，都没有丝毫的怀疑。这个故事给我们上的重要一课是：**很多情况下，只要有正统的权威说了话，其他本来该考虑的事情就变得不相关了**。这种时候，我们并不会从整体上来审视局面，而只会对其中的一个方面给予关注，做出反应（见图 6-2）。

图 6-2 “谁是真正的王者”

研究传媒通信的学者发现：在谈话中，人们会不自觉地朝着有权力、有威信的那一方，改变自己的声音和说话方式。有一项研究分析了拉里·金的电视采访节目，探索了这一现象。拉里·金在采访有社会地位和声望的对象时，如比尔·克林顿、乔治·布什和芭芭拉·布什等，他会改变自己的说话风格，配合嘉宾；可要是他采访的对象地位较低，如丹·奎尔、斯派克·李和朱丽·安德鲁斯，他的声音就保持不变了，反倒是嘉宾们要改变语言风格来配合他。

每当我们的行为受这种不假思索的态度控制时，有一点保准没错：顺从专业人士会跑来利用它。说回医药领域。在我们的文化中，广告商经常利用我们对医生的尊重，找演员来假扮医生，宣传他们的产品。

我最喜欢的例子是罗伯特·扬（Robert Young）[①] 出演的一段广告。片中，罗伯特告诫大家要当心咖啡因的危险，并推荐不含咖啡因的桑卡牌咖啡。这段广告非常成功，让桑卡咖啡一举成为畅销产品。于是，厂商把这段广告剪辑出了多个版本，反复播放了好几年。为什么这段广告会有这么好的效果呢？为什么我们会这么相信罗伯特·扬推荐的无咖啡因咖啡呢？因为请罗伯特·扬出演的广告商很清楚，在美国公众的心目中，罗伯特·扬是跟他扮演的马库斯医生一角联系在一起的。从客观上看，我们明明知道这个人只不过是个扮过医生的演员罢了，没道理受他的意见左右，但实际上，正是这位先生让桑卡咖啡卖得热火朝天。

不久前，万事达信用卡的发行商出于同样的目的，举办了一次“家庭假日传统”的推广活动。他们让妇女们跟权威人士聊天，咨询身为母亲该如何为节日装点自己的家，确立家庭传统，购买完美的节日礼物，当然，用的是万事达信用卡。那么谁被选中来充当专家，提供这方面的咨询呢？是演员佛罗伦萨·亨德森（Florence Henderson）和简·卡兹玛瑞克（Jane Kaczmarek）。她

① 美国资深演员，曾在 20 世纪 70 年代出演过系列剧《仁心仁术》，在其中扮演马库斯医生。

们有权威资格，只不过是因为她们在电视剧《脱线家族》和《马尔柯姆一家》里扮演过妈妈的角色。[①]

读者报告 6-1 来自得克萨斯州的一位大学教授

我在宾夕法尼亚州沃伦的一个意大利聚居区长大。长大后，我偶尔会回家探访亲戚朋友。跟如今的大多数地方一样，小型的意大利商店消失了，取而代之的是较大的超级市场。有一回，我妈妈派我去超市买番茄罐头，我发现，几乎所有的“法玛诺”意大利切块番茄罐头都卖光了。我在货架上翻拣了一番，很快就在空货架的最下一层找到了整整一排（还摆得满满当当的）“法玛”切块番茄罐头。我仔细看了看标签，意识到“法玛诺”和“法玛”是同一家公司。这家公司在经销部分产品的时候，会在自己的名字后面加个“诺”。我猜，这肯定是因为在销售意大利风格的食物时，名字里带个“诺”或者“奥”的厂商会让人觉得更权威。

① 说到权威原理的适用范围，有证据表明，冒牌专家不只是在医药和家政领域轻易夺取了人们的信任。2001 年 1 月 24 日，主持人布赖恩·威廉斯（Brian Williams）在采访时向演员马丁·希恩（Martin Sheen）提出了一连串的问题，问他总统在离任之前接受礼物、大赦罪犯等做法是否恰当。西恩先生也恪尽职守地做了回答，可惜，他在这方面的经验，也仅限于在电视剧《白宫风云》（*The West Wing*）里扮演过总统一角。

作者点评：

写这篇报告的先生还评论说，从影响力触发器的角度来看，新加的“诺”完成了双份任务。它不仅让厂商在“意大利聚居区”显得更有权威，也让这家公司在消费者的心目中更有权威了。

内涵不是内容

打从第一次看到罗伯特·扬的桑卡咖啡广告，我就觉得最有趣的一点在于，它利用了权威原理带来的影响力，却根本不曾推出一个真正的权威，光是看起来像权威就足够了。这说明，我们对权威人士的下意识反应有一点很重要的特性：**一旦处在“按一下就播放”的模式，只要摆出权威的象征，就能将我们降服**。

在没有真正权威的情况下，有几种象征权威的符号也能十分有效地触发我们的顺从态度，因此，并非只有权威的顺从专业人士对这几种符号爱不释手。比如说，骗子大多喜欢给自己冠上各种头衔，把自己打扮成有相关身份标识的权威人士，衣冠楚楚地从高档汽车里钻出来，自我介绍说是某某医生、法官或专员，这是他们最常用的把戏了。他们明白，一旦如此包装了自己，对方顺从的概率便会立刻大大增加。让我们分别来探讨以上三种象征符号——头衔、衣着和身份标识——它们各自都有一大堆故事可讲。

头衔

头衔是最难却又是最容易得到的权威象征。正常来说，要得到真正的头衔必须付出多年的艰苦努力。然而，也有人毫不费力地就给自己贴上了标签，轻松得到了他人的自动顺从。正如我们所见，电视广告里的演员和骗子们全是这么做的，而且做得都很成功。

最近，我跟一位朋友聊天时，从他那儿听到了一个很有说服力的故事，这个故事说明：**头衔比当事人本人更能影响他人的行为**。

影响力研究

我的这位朋友是东部一所著名大学的教授，他出行频繁，经常在酒吧、餐馆和机场跟陌生人闲聊。他说，从他这么多年的经验来看，最好别在谈话里透露“教授”的头衔。每当他一说自己是教授，人际交流的气氛马上就变了。前半个小时里风趣自然的“话友”就像是换了个人似的，开始对他毕恭毕敬，言听计从，让他觉得乏味透顶。他的看法，先前可能会引出一场热烈的讨论，现在却只能带来一连串文绉绉的附和。这个现象让他感到有些懊恼和不解，因为他说：“我不还是同一个人嘛？我都跟他们聊了 30 分钟了，对吗？”总之，如今他再碰到类似的情况，他对自己的职业就守口如瓶了。

像他这种情况其实挺罕见的，更常见的模式是，某些顺从专业人士谎称自己具有某某头衔，但事实上根本就没有。不管怎么说，上述两种做法都表明，权威的象征照样能影响人的行为。

头衔除了能让陌生人表现得更恭顺，还能让有头衔的那个人在旁人眼里显得更高大。要是我的朋友知道这一点，不晓得他还会不会那么热衷于隐瞒自己的头衔——他个头可有点矮。有人研究过权威地位会怎样影响他人对当事者身材的判断。调查表明，头衔越是显赫，别人就越觉得有头衔的这个人高大威猛。以下是在澳大利亚一所大学进行的实验。

影响力研究　英国剑桥大学的一名访客来到 5 个不同的班级。在不同的班上，研究人员对这个人的身份做了不同的介绍。在第一个班，这名访客是剑桥的学生；在第二个班，他是剑桥的助教；在第三个班，他是讲师；在第四个班，他是高级讲师；在第五个班，他是教授。当此人离开教室之后，研究人员要班上的学生评估他的身高。结果发现，他的地位每往上提升一级，他在同学们眼中的身高也平均会提高 1 厘米多，他是“教授”的时候足足比是“学生”的时候高出了 6 厘米多。另一项研究发现，政治家选举获胜之后，在公众的眼中也会显得更高大。

既然我们觉得身材体格与地位是挂钩的，那么肯定有人会靠偷天换日来获利。在一些动物群落，动物的地位来自它是否有能力控制其他动物。此时，动物的体格就成了决定它能否获得地位的重要因素了（见图 6–3）。[①] 通常，跟对手打斗时，块头更大、力量更强的动物会赢。然而，为了避免这类肢体冲突给整个群体带来有害影响，许多物种都会采用一些打斗之外的办法来分出高下。两个对手相遇，必定会做出一些炫耀性的攻击姿态，这其中便包括一些增大块头的小伎俩。有些哺乳动物会拱起背，把毛根根竖起来；鱼会张开鳍，用水把自己胀得鼓鼓的；鸟则会打开翅膀，并使劲拍动。很多时候，光是这么虚张声势一番，就能把对手吓跑，于是大家都觊觎的地位就落到了那个看起来个头更大、更强壮的“战士”手里。

皮毛、鳍和羽翼，这些最脆弱的部位却能用来给人留下强壮、有分量的印象，难道不是挺有趣的吗？从这里面，我们可以吸取两点教训。

第一，**体格和地位之间存在联系**：肯定会有人通过伪造前一种特征，营造具备后者的假象，从中渔利。这就是为什么

① 不光动物是这样，人也差不多，甚至在当代也如此。例如，自 1900 年以来的美国总统选举，90% 都是长得更高的候选人胜出。研究表明，身高优势或许还有助于赢得爱人的心。要是征婚者在广告里说自己长得高，妇女们回信的概率明显大得多，不过，对征婚的女性来说，身材的作用恰好相反，说自己个头娇小、轻盈可人的女性，更容易得到男士的回信，或更容易让男士采取行动。——译者注

哪怕骗子本来的身材在中等或中等偏上，也往往穿着增高鞋的原因。

图 6-3　高度期望

漫画家斯科特·亚当斯（Scott Adams）的描述并不见得有多夸张。研究表明，高个子男性比矮个子男性的收入更高，也更有可能晋升到领导岗位。此外，虽说没有数据能直接证实，但我认为亚当斯对银色头发的看法也没错。

第二点教训更具概括性：**权力和权威的外部象征，说不定是靠假冒伪劣的材料编造出来的**。让我们再举一个例子，回到“头衔”这个话题上。据我所知，从若干角度来看，这个例子都相当可怕。有一群由医生和护士组成的研究人员，跟美国中西部三家医院有些联系。对于护士机械刻板地服从医生的现象，他们十分关注。他们发现，即便是高度训练有素的护士，也不曾充分地应用自己的经验和技能核对医生的判断。相反，每当医生给出指示，他们便一概照做。

正因为这样，才出现了前文谈到的往肛门里点耳用药水的案例。不过，这群中西部的研究人员把事情更深入地推进了几步。首先，他们想知道这种情况是孤立的个案，还是代表了一种普遍现象；其次，他们想看看在后果更为严重，比如说，对住院病人开出过量的未批准药物的时候，会不会出现这种问题；最后，他们还想试试，要是权威人士根本不在现场，而只是电话里一个自称是“医生”的陌生声音（这种时候，能表明对方是权威的证据是最为薄弱的），情况会怎样。

影响力研究

研究人员之一给外科、内科、儿科和精神科等 22 个不同的护士站打去电话，内容都一样。他说自己是医院的医生，并要接电话的护士对指定病房的某个患者用 20 毫克的药。面对这样的吩咐，护士有 4 个很好的理由保持谨慎：（1）通过电话传达处方，直接违反了医院的规定；（2）这种药本身是没通过批准的，不得大范围使用，而且也不在病房用药的清单上；（3）处方的剂量明显超标，药品的容器上清楚地写着，“每日最大剂量”仅为 10 毫克，医生说的剂量却是它的 1 倍；（4）护士从来没见过下命令的人，甚至从未在电话里跟他交谈过。然而，在 95% 的例子里，护士都径直奔到药房，按吩咐拿出了相应剂量的药物，准备去病房里给药。直到这个时候，在一旁不动声色的观察员才出手阻止，并说出实验的真正目的。

这样的结果真够吓人的。95% 的正规护士毫不犹豫地服从了一道漏洞百出的指示，我们实在很有理由关注一下。毕竟，人人都可能住院看病啊！这项研究表明，用药失误并不仅限于往屁股里点耳用滴剂一类的琐碎事情，还可能造成更严重、更危险的后果。

在阐释上述令人不安的调查结果时，研究人员得出了如下振聋发聩的结论：

> 在实验对应的现实环境中，从理论上讲，应该是两种专业知识（医生的和护士的）结合到一起，确保采取的治疗措施对患者有好处，或至少不会有害。可实验却清楚地表明，护士的专业知识实际上不起作用。

看起来，面对医生的指示，护士们放下了自己的“专业知识”，进入了“按一下就播放”的响应模式。工作的时候该做些什么，他们接受的医学训练和所学的知识完全没派上用场。由于在他们的工作环境中，顺从正统权威总是最有效率、最受青睐的做法，因此他们宁愿自动顺从，不惜犯错。更发人深省的是，他们朝这个方向走得太远了，连一个最容易假冒的头衔（根本不是什么真正的权威），也能诱使他们做出错误的响应。[①]

---

① 研究人员收集的其他数据表明，护士们本身并没有充分意识到，自己的判断和行为会受到“医生”头衔多大的摆布。研究人员另外采访了 33 名正式护士和实习护士，问他们在相同的条件下会怎么做，他们的回答和实际调查结果相去甚远，只有 2% 的人认为自己会按电话里的吩咐去给药。

读者报告 6-2 来自佛罗里达州的一位医生

有了“医生”这个头衔，如果再穿上一件白大褂，就显得更加权威了。起初，我讨厌穿白大褂，但后来我在职业生涯中逐渐意识到了这件衣服蕴含的力量。有很多次，我到新的医院轮岗，总会穿上白大褂，交接班无一例外进行得顺顺当当。有趣的是，医生们也很明白这一点，甚至还创造出了一套等级排序。医学院的学生穿的白大褂最短，在实习期的住院医生的白大褂为中等长度，主任医师的白大褂最长。医院里的护士也察觉到了这种高低等级，很少质疑“长大褂”医生下的命令，而在跟“短大褂”医生交流互动时，医护人员会公开做出不同的医疗诊断，提出不同的治疗建议，有时甚至很粗暴。

作者点评：

这份读者报告提出了一个重要观点：**在等级制组织中，享有权威地位的人会得到尊重对待，没有权威地位的人则会得到无礼对待**。我们在本文和下一部分中都会看到，人的衣着能发送信号，告知他人该用什么态度对待他们。

衣着

第二种可以触发我们机械顺从的权威象征是衣着。虽说相较于头衔，这种权威的外套更实在，可要伪造起来也很容易。警方的诈骗犯罪档案里，通过换装行骗的例子比比皆是。这些骗子像变色龙一样，一会儿穿上医院的白大褂，一会儿穿上神职人员的黑长袍，一会儿穿上军人的国防绿，一会儿又穿上警察的蓝制服。他们根据形势，穿上对自己最有利的服装。等受害人意识到衣着打扮只是使人看起来像个权威但并没有实质意义时，往往为时已晚。

社会心理学家伦纳德·比克曼（Leonard Bickman）进行的一系列研究表明了抵挡身着权威装束的人物提出的要求是有多困难。比克曼实验的基本流程是请街上的行人照着一些古怪的要求做，比如，拾起一个废弃的纸袋，或是站在公交站牌的背面。一半的时候，请求方是个穿着普通的年轻男性；剩下的时候，他都穿着警卫制服。不管请求方提出的是哪一类请求，穿着警卫制服时，顺从他要求的人更多。倘若把提要求的人换成女性，同样是穿制服，效果会更好。有一个版本的实验最能说明问题。

影响力研究

请求方拦下路人，指着站在 15 米开外一处停车计费器前的男人。请求方不管是穿着便服还是警卫制服，向行人说的话都是一样的：“你看到站在计费器前的那个人了吗？他停车超时了，可没有零钱。给他一毛钱吧！”之后，请求方便转过街角走开了，这样等行人走到计费器那里的时候，他已经从行人的视线里消失了，不过，哪怕他的人早就没影了，制服蕴含的力量却延续了下来。在请求方穿警卫制服时，几乎所有的行人都照着他的请求做了，而当他穿便服时，照做的行人还不到一半。[1] 有趣的是，后来，比克曼要大学生评估实验中路人顺从的百分比。请求方穿便服时，大学生们的判断相当准确，他们猜测路人顺从的概率是 50%，实际概率为 42%；可大学生们却大大低估了请求方穿制服时的成功率，他们猜测的概率为 63%，而实际概率为 92%。

在我们的文化中，还有一种衣着打扮，尽管内涵不如制服那么一目了然，但照样也能暗示出权威的地位，那就是剪裁合体的西装，它也能唤起陌生人的顺从与尊重。例如，在得克萨斯州曾进行过一项研究，研究人员安排一名 31 岁的男人在好几处地方违反交通法规，横穿马路闯红灯。有一半时间他身着笔挺的西装，打着领带；另一半时间他穿的是工装衬衫和长裤。研究人员在远处观察，并记下有多少站在路边等候的人跟着这个人横穿了马路。结果他穿西装时跟着他横穿马路的人是他穿便装时的 3.5 倍。

值得注意的是，诈骗犯在一种叫“银行核查员方案”的骗局中，将这两类经研究证明的具有强大影响力的权威装束天衣无缝地结合在了一起。诈骗的目标可以是任何人，但最受骗子偏爱的是独居老人。

---

① 莫罗（Mauro）进行的研究或许能解释为什么穿制服的人提请求会更有效，即便他已经离开了现场。在旁观者眼里，身着传统制服的警察比穿着便服的警察（运动上衣和休闲裤）显得更公正、更乐于助人、更聪明、更诚实、更优秀。

骗局是这样开始的：一名穿着保守得体的三件套西服的男子出现在受害者的门口，骗子衣着的方方面面都表明他是个有地位、受敬重的人，白衬衫是上了浆的，皮鞋尖闪闪发亮。他的西装并不时髦，却是经典款。翻领不宽不窄正好；料子沉甸甸的有分量（哪怕当时是盛夏）；色调是蓝色、灰色或黑色等深色。

骗子向受害者（兴许是他一两天前在银行盯上，之后尾随其回家的丧夫妇女）解释说，他是银行的专业核查员，正在审计她银行的账目，并发现了一些异常。他认为自己已经找出了幕后黑手，有个银行工作人员经常篡改某些账户的交易报告。他说，这名妇女的账户兴许就是其中之一，但除非找到确凿的证据，否则他也拿不准，因此来寻求她的合作，希望她能帮忙把账户里的存款都取出来。这样等嫌疑人经手交易时，核查员和银行的负责人员就能顺着线索追查了。

通常情况下，“银行核查员”的外貌和言谈都给受害者留下了深刻的印象。她根本没想过打一通电话问问真假，就立刻开车前往银行，把所有的钱都取了出来，然后回到家跟核查员一起，静待陷阱捕到猎物。最后，一名穿着制服的“银行警卫”在银行关门之后带着消息回来了，他说，账户没问题。显然，她的账户并没有被“坏人”篡改。“核查员”大大松了一口气，他亲切地道谢，并吩咐警卫把妇女的钱送回金库去（因为现在银行已经关门了），免得人家第二天麻烦。警卫面带微笑，跟众人一一握手，离开了。“核查员”又道了几分钟的谢，之后也消失了。

自然，受害者最后终于发现，“警卫”并不是真的警卫，“核查员”也不是真的核查员，他们只是一对骗子。他们意识到了精心穿着的制服所具有的魔力，能用“权威”的姿态轻松开启我们的顺从大门。

身份标识

衣着除了可以发挥制服的作用，还可以作为装饰，表现更广义上的权威。精致、昂贵的服装承载着地位和身份的光环，珠宝和汽车等类似的身份标识也一样。在美国，汽车作为地位象征尤其有趣，因为“美国人对汽车的爱恋”赋予了它非同寻常的意义。

旧金山湾地区的一项研究显示，名车车主能得到他人的特殊尊重。

影响力研究

实验者发现，当碰到一辆崭新的豪车堵在绿灯亮起的路口时，后面的驾驶员会等更长时间才按响喇叭；而如果是一辆旧款的经济型轿车，人们按喇叭可就按得此起彼伏了，驾驶员对经济型轿车的车主没什么耐心。几乎所有人都按响了喇叭，而且大多数按了不止一次；有两次后面的车干脆顶上了它的后保险杠。而名车带来的光环就吓人了，50% 的驾驶员会恭敬地等在它后面，直到它终于开动，也没人按过喇叭。

后来，研究人员又询问大学生碰到这种情况会怎么做。相对于实验所得出的实际结果，学生们同样低估了自己碰到豪车按喇叭的等待时间。男学生们的估计尤其不准，他们觉得自己碰到豪车会比碰到经济车更快地按响喇叭，当然，研究结果恰恰相反。请注意，在其他许多关于权威压力的研究中，这种模式也同样存在。在米尔格拉姆的研究里、美国中西部医院护士的研究里、警卫制服的实验里，人们都无法正确预测自己或他人面对权威的影响力会做出什么样的反应。每一次，人们都严重低估了权威的影响后果。权威地位的这种性质或许可以说明把它当成顺从策略为什么会如此成功。它不仅对我们很管用，而且还超出了我们的预料。

如何防范

为免受权威地位的误导，防御策略之一是提前做好心理准备。因为我们一般都会低估权威及其象征对自己行为的影响，一旦它出现在要求顺从的场合，我们往往会来不及提防。故此，解决这一问题的基本方法，就是提高对权威力量的警惕性。有了这种警惕性，再认识到权威符号伪造起来很容易这一点，当碰到有人试图用权威的影响力左右我们的时候，我们就会更为谨慎。

听起来很简单，对吧？在某种程度上的确就这么简单。对权威影响力的运作有了更清晰的认识，理应能帮我们抵御它。可随之而来可能会有一种并发症，这是对付所有的影响力武器时都会碰到的，就是我们并不想彻底拒绝权威的影响，或者说，大多数时候都不想。一般来说，权威人士说的话都是很有道理的。医生、法官、企业主管、立法领袖等，这些人绝大部分都是通过丰富的知识和卓越的判断力获得当前地位的。故此，他们的意见确实具有极佳的指导作用。

这也就是说，权威大多是专家。事实上，“权威”一词，在字典里也真的有“专家”的意思。在大多数场合，用我们自己欠缺知识和信息的判断来替代专家、权威的判断，未免太过自不量力。与此同时，我们又看到，不管是在街头巷尾还是在医院，随时都依赖权威的指点也很不明智。所以这里的关键就是**要用不太费劲的方式判断什么时候该遵循权威指示，什么时候该保持独立的见解**。

真正的权威

为了帮助我们判断什么时候应该遵循权威指示，什么时候不应该，不妨向自己提两个问题。碰到貌似权威的人物试图发挥影响力的时候，我们要问的第一个问题是：“这个权威是真正的专家吗？”这个问题能让我们把焦点放在两点关键信息上：权威的资格，以及这些资格是否跟眼前的主题有关。通过这种简单的办法，着眼于权威地位的证据，我们就能避免自动顺从带来的大部分问题。

让我们从这个角度审视一下罗伯特·扬超成功的桑卡咖啡广告。倘若人们不是看到他就想起“哦，这是马库斯医生”，而是好好看看他的真实身份，我相信，这则广告不会播放这么长时间，效果又这么好。显然，罗伯特·扬并没接受过医生的培训，也不具备相关的知识。他拥有的只不过是个“医生”的头衔，而且还是个空头衔，是通过他在电视中扮演的角色得来的。我们完全明白这一点，可一旦按下我们的播放键，显而易见的事实就变得不重要了，非得特别注意才能意识到。这一点挺有趣的，不是吗？

“这个权威是真正的专家吗？”这一问题的宝贵之处便在这里。它让我们把注意力放在该放的地方上。它轻轻松松地让我们从可能毫无意义的权威符号上挪开视线，转到真正的权威资格上。而且，这个问题还逼得我们去搞清楚权威跟事情到底相不相关。在繁忙的现代生活里，碰到权威的压力，我们很容易忽视这一点。得克萨斯州的行人跟在衣冠楚楚的绅士后面乱穿马路就是个典型的例子，事实上就算这个人像他的穿着打扮暗示的那样，的确是个生意场上的权威，他也无权乱穿马路。在这件事上，他跟身后的行人没什么区别。

尽管如此，行人还是跟了上去，就好像绅士身上那套权威的标签抹杀了相关和不相关的权威之间的区别似的。要是他们稍微费心问问自己，他是不是当时情形下真正的专家，他的行动是否暗示他掌握了丰富的知识，我想答案会完全不同。罗伯特·扬的例子也是一样。他并非不具备专业知识，他长期在一个艰辛的行业讨生活，取得了许多成就，可他掌握的是演员的技能和知识，而不是医生的。在看他那段出名的咖啡广告时，倘若我们把焦点放在罗伯特·扬真正的资格上，我们很快就会意识到，他对桑卡咖啡有益健康的赞许是靠不住的，他不过是一个有名的演员罢了。

油滑的真诚

接下来，假设我们碰到了一个权威，而且他的确是相关的专家。在屈从他权威的影响力之前，我们应该问出第二个简单的问题：**“这个专家说的是真话吗？”**哪怕是知识最丰富的权威，也不见得会诚实地把信息告知我们。因此，我们必须考虑一下他们在当前情形下的真实可信度。大多数时候我们都会这么做。我们一般更愿意听从那些看似公正的专家，而对那些能通过说服我们得利的专家保持戒心。研究表明，全世界的人都是这样，哪怕小学二年级的孩子也是这么做的。**多想一想专家会不会因为我们的顺从而得到好处，我们就为自己又设立了一道安全网，防御权威不必要的影响。**即便是某个领域的资深权威也无法说服我们，除非我们确信他们阐述的信息如实反映了真相。

在评估权威可信度的时候，我们应当牢牢记住，顺从专业人士经常使用一种小策略，他们会偶尔说些有违自己利益的话来让我们相信他们真诚可靠。如果运用得当的话，这种方法可以微妙而有效地“证明”当事人的诚实。他们或许会提到其立场或产品存在某个小小的不足，但这一不足必定是次要的，其他更突出的优点轻松地就能将它抵消（见图 6-4）。看看这些广告词吧。阿维斯（汽车租赁公司）：我们是第二，但我们更努力；欧莱雅：我们价格高，但你值得拥有。顺从专业人士靠着暴露自己的一些小缺点来建立基本的诚实感，这样等之后强调更重要方面的时候，他们就显得更可信了。

图 6-4　药苦糖更甜

在很多场合，缺点都能变成优点。例如，各科成绩全是 A，这很容易让人觉得分数掺了水。可是若有几个“C”，反倒把其他的“A”映衬得更地道了。有研究发现，送到大企业人事处的推荐信里要是除了夸奖，还能有一两句稍带负面的评价，那便能给求职者带来最有利的结果。

绝大多数人恐怕都不觉得餐厅也属于顺从环境吧。可就在这里，我见识到了上述方法取得的辉煌战果。餐厅的服务员因为底薪太低，要靠客人给的小费补足收入，这早就不是什么秘密了。除了提供良好的服务之外，大部分成功的服务员都有一些多收小费的诀窍。他们知道，顾客的账单金额越高，自己得到的小费就可能越多。于是为了提高顾客的总消费额，并提高他们给小费的比例，服务员也会定期使用顺从专业人士的手段。

因为想搞明白他们是怎么操作的，于是我到几家相当高档的餐厅应征当服务员。可惜我没有经验，只能当杂役。结果这份工作反而给了我一个很有利的位置观察和分析服务员的做法。没过多久，我就了解了其他员工都知道的一件事，这里最厉害的服务员是文森特，经他手点的菜单总是价目较高，他收到的小费也总是很丰厚，其他服务员的周薪都比不过他。

所以我开始在干活的时候溜到文森特负责的桌子边观察他采用的手法。我很快发现，他的手法的确不拘一格。

影响力研究

文森特有一大堆方法，他会根据不同的情况有针对性地使用。如果顾客来的是一家人，他会表现得分外活泼，甚至稍带滑稽。他招呼大人，也不忘孩子。如果来的是一对在约会的年轻男女，他会变得很讲礼仪，甚至有点专横地要挟男方点大餐，多给小费。这种时候，他只跟男方说话。如果来的是一对年纪较长的夫妇，他仍然是彬彬有礼，但姿态会放得较低，并尊重地对待夫妇双方。要是顾客是单独一人来就餐，文森特则会选用一种友好的态度，诚恳、健谈、热情。

面对 8 ～ 12 个人的大聚餐，文森特的保留曲目来了，他会说些看似有违自己利益的话。具体手法精彩至极。在第一个人，通常是女性点餐的时候，他就开始行动了。不管她选什么，文森特都会做出同样的反应：眉头紧锁，手在点餐单上打转，之后飞快地扭过头去瞅一眼经理在哪儿。这一番表演之后，他会稍稍朝餐桌倾过身子，用不高但整桌人都能听见的声音说："今晚这道菜恐怕不怎么好。我可以向您推荐这个或者那个吗（此时，文森特推荐了菜单上两道比顾客最初点的那个稍微便宜些的菜品）？它们今晚都不错。"

这套把戏调用了几条重要的影响原理。就算是没采纳他建议的人也会觉得文森特帮了自己的忙，提供了有助于点餐的宝贵信息。人人都很感激，因此，等到了顾客决定给多少小费的时候，互惠原理就会有利于文森特。除了能提高小费的百分比，他的态度还可能增加这桌人点菜的总金额。他把自己打扮得像是这家店里的权威人士，清楚今晚哪样菜好，哪样菜不好。而且，他看似违背自己利益的做法在这里发挥了作用，它向顾客证明文森特是个值得信赖的内线，因为他推荐的菜比原本点的菜要稍微便宜些。看起来，文森特并非只顾着往自己兜里揣钱，而是把顾客的最大利益放在了心上。

综合以上几方面，文森特立刻显得见多识广又诚实起来，这就给他带来了很高的可信度。文森特很快就利用起这个新形象，等聚餐的众人点完菜，他会说："很好，你们愿意让我帮你们选些红酒来搭配吗？"这一幕差不多每天都要来上一回，顾客们的反应也几乎一模一样，他们微笑着点头，基本上都表示了赞同。

就算站在我的位置，我也可以从顾客们脸上读出他们的想法。"当然，"他们好像是在说，"你知道这里有什么好东西，显然你是站在我们这一边的。那就告诉我们该点些什么吧！"文森特看起来很高兴，他的确知道哪些东西好，便推荐了几种出色的红酒（当然也很贵）。到了饭后甜点的阶段，他也同样很有说服力。有些顾客本来并不想点甜点，或是打算跟朋友共吃一份的，此刻也被文森特打动了，他对火焰冰激凌和巧克力慕斯的描述真是叫人垂涎欲滴。毕竟，有谁能比一位确凿诚实的权威更可信呢？

文森特通过优雅的态度把互惠原理和可信权威原理结合到一起，既提高了顾客的消费总额，又提高了自己的小费在其中所占的比例。他靠这一手赚到的钱相当可观。请注意，他表面上虽做出一副不在乎自己利益的样子，其实却收获了大大的好处。看似有违他经济利益的说辞，也给他带来了极佳的收益。

读者报告 6-3 来自某《财富》500 强公司的前首席执行官

我在一个商学院为雄心勃勃的 CEO 们上课，我教他们如何通过承认失败，来促进自己的职业生涯。一名学生把这个教训牢牢记在了心底，他把自己从前在一家网络公司失败的经历详尽地写进了自己的简历，并说明自己从这次经历中学到了什么。在此之前，他总想着把失败藏到没人知晓的地方，但这并没有给他带来真正的事业成功。可这么做了以后，好几个名声很大的岗位都选中了他。

作者点评：

主动承担失败的责任，这种策略不仅适用于组织中的人，也适用于组织本身。研究表明，在年报中自愿为业绩不佳负责的公司，来年的股价会比不这么做的公司更高。

本章小结

- 在我们的社会里存在着顺从权威要求的强大压力。在米尔格拉姆所做的顺从研究中，我们看到了证据。很多正常、心理健康的人宁肯违背自己的意志，也要向他人施以危险又残忍的痛苦折磨，只因为旁边有权威人士要他们这么做。这种顺从正统权威的强烈倾向，来自一种系统化的社会实践，它的目的是向社会成员灌输“这么做是正确的”印象。一般来说，按照真正权威的指示去做，大多数时候都是合适的，因为这些人往往拥有更多的知识、智慧和权力。基于这些原因，人们在做决定的时候往往会盲目地选用这一思考捷径。

- 自动响应权威的时候，人们容易对权威的表面象征（而非实质）做出反应。研究发现，头衔、衣着和汽车这三种象征能有效地起作用。研究人员针对这些象征符号的影响力做了独立研究，证明拥有其中之一（无须正规的资质）的人，会得到他人更多的顺从和尊重。此外，在所有案例中，服从的人都低估了权威压力对其行为的影响。

- 要保护自己免受权威影响力的负面影响，不妨问自己两个问题：这个权威是真正的专家吗？这个专家说的是真话吗？第一个问题把我们的注意力从权威的象征转到证明他资历的真正证据上；第二个问题建议我们不要光着眼于权威的知识，还要从当时的环境出发，考虑他的可信度。想过后一点的话，我们应该会对以下用于提高他们自身可信度的手段提高警觉：有些别有所图的人会先透露一点有关自己的负面消息，这样一来，他们就能给人留下一种诚实的印象，好让随后的信息显得更可信。

习　题

这些你掌握了吗

1. 米尔格拉姆认为，自己实验中的受试者愿意去伤害他人，完全是因为他们顺从权威的强烈倾向。你认为他最有说服力的证据在哪里？
2. 研究表明，我们对权威压力影响自身行动的认识是怎样的？列举证据来支持你的看法。
3. 根据本章所讨论的研究，哪三种权威的象征影响力最大？根据你自己的经验，举出两个它们发挥作用的例子。

思考一下吧

1. 在第1章里，我们遇到过一种叫“机长症”的恼人现象，即机组里的初级工作人员注意不到机长的失误，或即使注意到也不愿意提及。如果你是飞机机长，你会怎么做来削减这种危害性极大的倾向呢？
2. 你认为个头和地位之间的关系在人类社会里是怎样发展起来的呢？未来这一趋势可能会出现变化吗？变化的原因在哪里？变化的过程又会是怎样的？
3. 假设你在一家广告公司工作，你的任务是为某产品拍一段广告。这种产品有几种很好的功能，但也有一个缺点。如果你希望观众们信任它的优点，你会提到它的缺点吗？如果你会提，你是在广告的开头、中间还是末尾提呢？你做出这种选择的原因是什么？
4. 本章的主题是怎样反映在这一章开头的照片里的呢？

Influence

第 7 章

稀缺

数量少的说了算

不管是什么东西，只要你晓得会失去它，自然也就会爱上它了。

——G. K. 切斯特顿

章首案例

优惠券，你用了多少

我最近在《华尔街日报》上读到了一则报道，很好地阐释了稀缺原理以及人们对得不到的东西的渴望。文章里说，宝洁公司在纽约北部做了一个实验，取消了各类产品的优惠券，直接降低了产品的价格。

此举招来了消费者的极大反感：他们抵制，抗议，写了无数的投诉。尽管宝洁公司的数据表明，发出去的优惠券只有 2% 得到了使用；而且在取消优惠券期间，消费者为宝洁产品支付的价格跟之前大体是相当的。更何况，无须使用优惠券，对消费者来说其实更方便快捷。

按文章的说法，消费者反感是因为宝洁公司没有意识到一点："对很多人来说，优惠券其实是一项不可剥夺的权利。"令人吃惊的是，一旦你想把东西拿走，哪怕人们从来不用它，人们的反应也会异常强烈。

亚利桑那州的梅萨市，属于我所住的凤凰城地区。梅萨最引人注意的地方，大概要数当地数量可观的摩门教徒了。这里摩门教徒的人数仅次于摩门教定居点盐湖城。此外，市中心环境优美的地方，还耸立着一座宏伟的摩门教堂。虽说我从远处欣赏过那儿的风景和建筑，但我从没想过要走进教堂看一看，因为我对那儿不怎么感兴趣。可有一天，我从报上读到了一篇文章，说凡是摩门教堂，都设有一处特别的暗室，只有虔诚的教徒方可入内。不过，这个规矩也有例外。教堂新修好之后的那几天，整座建筑都允许人参观，连那处暗室也不例外。

报道上还说，梅萨教堂刚刚翻新，按教会的标准，"翻修"也属"新建"之列。故此，未来几天里，不是摩门教徒的游客也可以看到平常禁止入内的暗室。这篇文章对我产生的影响至今让我记忆犹新，最初读到文章时，我立刻决定去看一看，可等打电话约朋友一起去的时候，我才逐渐醒悟，明白了这是怎么一回事，随即放弃了这个念头。

朋友拒绝了我的邀请，他还很好奇我为什么会这么急切地想去参观教堂。我不得不承认，我从前从没想过要去教堂参观，我对摩门教没什么渴望解答的问题，对宗教建筑也丝毫不感兴趣，我也不指望在梅萨教堂看到比本地区其他教堂更精彩、更具刺激性的东西。我一边说，一边回过了神，那儿吸引我的唯一原因是，要是我不赶快去看一眼禁区，以后就不会有机会了。一样本来对我毫无吸引力的东西，仅仅因为以后恐怕看不到了，就立刻变得迷人起来。

物以稀为贵

有这个弱点的人，我想远远不止我一个，几乎人人都会受到稀缺原理这样那样的影响。

影响力研究

研究人员让佛罗里达州立大学的学生们对学校食堂饭菜的质量打分，跟普通的大学生一样，他们给的评分都偏低，说那儿不怎么让人满意。可在 9 天之后进行的第二次调查中，他们却改变了看法，明显比之前更喜欢食堂的伙食了。这是怎么一回事呢？其实学生态度的转变跟伙食的质量毫无关系，因为它一点儿也没有变，关键在于想去食堂吃饭也吃不成了。就在进行第二次调查的当天，学生们得知食堂发生了火灾，未来两个星期都没法在那儿吃饭了。

各类收藏家，不管是收藏棒球卡的，还是收藏古董的，他们都很清楚稀缺原理在决定物品价值上的影响力。如果一样东西少见，或越来越少见，那它就更贵重，规律就是这样。最能说明稀缺性在收藏市场重要地位的是一种叫“珍贵的错误”的现象。有时候，瑕疵品（模糊的邮票、冲压过重的硬币）的价值最高。故此，倘若一张邮票上的乔治·华盛顿是三只眼——虽然这在解剖学上不正确，在美学上也缺乏吸引力——但它一定备受收藏家的追捧。让人感到讽刺的地方就在这儿，**倘若瑕疵把一样东西变得稀缺，垃圾也能化身值钱的宝贝**。

亲身经历了**机会越少见价值似乎就越高**这一稀缺原理之后，我开始注意到它对我行为方方面面的影响。举例来说，我经常会中断有趣的面对面交谈，接听一通未知来电。此时，来电者拥有一种坐在我对面的客人所不具备的重要特点：如果我不接电话，我可能跟它（及其携带的信息）失之交臂。哪怕眼下的交谈是多么热烈、多么重要，又哪怕我通常接到的电话讲的都是些没什么大不了的事，可电话铃每多响一声，我接起它的机会就少一分。出于这个原因，在那一刻，我总是会优先拿起电话。

对失去某种东西的恐惧，似乎要比对获得同一物品的渴望，更能激发人们的行动力。比如，大学生们在想象恋爱关系或考试中所失去东西的时候，情绪波动会比想象所得到东西的时候更强。特别是处在风险和不确定的条件下，遭受潜在损失的威胁能强有力地影响人们的决定。

健康研究人员亚历山大·罗斯曼（Alexander Rothman）和彼得·沙洛维（Peter Salovey）把这点发现应用到了医疗领域。医生常常鼓励人们进行身体检查，如早期胸部肿瘤X光透视、艾滋病毒筛选、癌症自检等，以便及时查出疾病。由于这类检查有可能查出疾病，而查出来的病又不一定能治得好，所以宣传时着重强调潜在损失最合适不过了。例如，建议年轻妇女自检乳房癌症的小册子，站在不这么做就有可能损失什么的立场上宣传，效果明显要比强调这么做能带来什么要好得多。商业世界的研究发现，管理者对潜在损失比潜在收益看得更重。就连我们的大脑似乎也是为保护我们免遭损失而进化的，阻挠避免损失的决定，要比阻挠以获取收益为目标的决定难得多。

数量有限

由于稀缺原理在我们确定事物价值时有着强大的影响力，很自然地，顺从专业人士就会搞些类似的小把戏（见图7-1）。最直截了当的做法是所谓的“数量有限”策略，即告诉顾客，某种商品供不应求，不见得随时都有。在打入各类组织研究顺从策略期间，我曾亲眼见识过它在多种环境下的应用：“使用这种发动机的敞篷汽车，我们州只有不到5辆。而且等它们卖完了就真正没货了，因为这种车型已经停产了。”“整个楼盘里，只剩两个角落还没卖掉，这就是其中之一。另一个角落你肯定不想要，因为它是东西朝向的。”“你大概得认真考虑一下今天要不要多买一箱，因为工厂那边已经忙不过来了，我们不知道什么时候才能再进货。”

图 7-1 应聘者的价值

有些时候，数量有限的信息是真的，可有时完全是假的。不过，不管信息是真是假，卖家的用意都一样：让顾客相信一样东西很紧俏，从而提高它们在顾客眼中的价值。顺从专业人士能把这种简单的手法耍出各种式样和风格来，我不得不承认，他们很叫人佩服。不过，我印象最深的还要数基本方法的一个加强版，它把这种逻辑延伸到了极端的程度，把商品在它最稀缺的点（即卖掉之后就没有了）上卖出去。我曾暗访过一家把这一手法应用得出神入化的家电商场，那儿 30% ～ 50% 的存货都打着降价出售的旗号。

影响力研究　假设从远处看，商店有对夫妇似乎对某样待售的物品有一定的兴趣。有很多线索能说明他们感兴趣，如近距离地检查电器，翻看与该产品相关的说明书，在它前面展开讨论，但他们并不打算找销售员进一步了解情况。观察到该夫妇的兴致颇高之后，销售员可能会走过去说：“我看到你们对这台机器很感兴趣，我大概猜得出是为什么，它质量好，价格又很优惠。但很遗憾，20分钟之前，我已经把它卖给另一对夫妇了，而且要是我没记错的话，这是最后一台了。”

顾客听后一脸失望。因为买不到了，这台电器突然变得更具吸引力了。一般来讲，夫妇中有一个会问，店里的库房或其他分店是否还有这一型号的机器。“嗯，”销售人员会说，“有可能。我去查查吧！但我不敢确定你们真的很想要它，如果我帮你按这个价格找到多余的一台，你愿意买下来吗？”

这套手法最漂亮的地方就在这儿。根据稀缺原理，务必要在一件商品最不可得、故此也显得吸引力最大的时候要顾客承诺购买。在这个奇妙的脆弱时刻，许多顾客也当真会答应购买。

故此，销售员通常会带着好消息回来（从无例外），说找到了额外的库存，同时他们手里还握着笔和销售合同。得知想要的机器货源还很充足时，实际上有可能再次让一些顾客觉得它没那么大的魅力，可这时，双方的交易已经达到大多数人都没法食言的程度了。在先前的关键点，他们已经下定了购买的决心，又当众做了承诺，所以他们不买也不行了。

读者报告 7-1　来自住在纽约上城区的一位妇女

有一年，在采购圣诞礼物时，我看到一条自己挺喜欢的黑裙子，但我没钱买，因为那时我是在帮别人买礼物。我问商店店员能不能把它先放到一边，等星期一放学之后，我带着妈妈一起来看看。店方说，他们不能这么做。

我回家就对妈妈说了这件事。她告诉我，要是我真的喜欢那条裙子，她可以借钱给我，等我有了钱再还给她。

星期一放学之后，我去了那家商店，却发现裙子没了，别人已经买走了。直到圣诞节我才知道，当星期一我还在学校的时候，妈妈就跑去了商店，把我对她描述的那条裙子给买了。

尽管那年的圣诞节已经过去很久了，可我仍然觉得那条裙子是我的最爱，因为我曾一度以为自己失去了它，这种失而复得的感觉让它变成了我的一件宝贝。

作者点评：

我们有必要想一想，为什么损失能如此有力地影响人类的行为。从进化的角度来看，“避免损失”优先于“获得收益”。有个理论可以解释这一点：如果人本来有足够的资源可以生存下去，这时，资源增加只不过是锦上添花罢了，但资源减少却可能致命。因此，在适应性进化中，人变得对损失极其敏感。

时间有限

和“数量有限”技巧相对应的是“时间有限”战术，也就是对顾客从顺从专业人士手中获得产品的机会做出时间上的限定。就跟我想去摩门教堂密室的情形差不多，人们经常发现，仅仅因为剩下的时间不多了，自己就会跑去做本来并不太喜欢做的事情。熟练的商家会利用这一倾向，对顾客设置最后期限并广而告之，激起顾客本来没有的兴趣。这种方法主要集中在电影宣传上。最近我看到一家电影院在只有短短一句话的传单上就运用了整整三次稀缺原理（这么做是什么目的，我们当然都知道）：“专场放映，座位有限，欲订从速，过时不候！”

一些面对面施加高压推销的卖家十分青睐“时间有限”的各式手法，因为它规定了拿主意的最后时限——现在。他们经常告诉顾客，要赶紧下决心买，要不然之后的购买价会更高，甚至根本买不到了（见图 7-2）。

销售员兴许会对有意参加健康俱乐部或购买汽车的主顾说，眼下他报出的交易价格很优惠，而且机会仅此一次，如果顾客放弃这个机会，交易就结束了。一家儿童肖像摄影公司力劝家长，对孩子拍下的各种姿势的照片要尽量多买，因为“我们的存储空间有限，你家孩子没卖出去的照片，24 小时内就会销毁”。上门卖杂志的推销员可能会说，他们只在顾客所处的地区待一天，之后他们就走了，顾客买这份杂志的机会也就没了。

骗局

作者：彼得·克尔

《纽约时报》

纽约：丹尼尔·居尔班已经记不得自己一辈子的储蓄是怎么消失的了。

他只记得电话里传来一个温柔可人的声音，他只记得自己关于石油和白银期货的发财梦。但时至今日，这位81岁的电力局退休工人还没搞明白骗子是怎么说服他花掉将近18 000美元的。

“我只是想在我余下的日子里过得更好些，”家住加利福尼亚州霍尔德的居尔班说，“可等我知道真相后，我吃不下，睡不着，瘦了整整13公斤。我还是不相信我竟然会做出这样的事情来。”

居尔班是执法官所谓的“锅炉房行动”的受害者。这种骗局通常会找上几十个电话推销员，挤在一间小小的办公室，每天给上千个客户打电话。美国参议院下属的一支调查委员会在去年就此事发表过报告。据报告说，这种公司每年能从上当的客户那里捞到数亿美元。

“他们会使用一个令人印象深刻的华尔街地址，说一番天花乱坠的好听的话，骗人把钱投到各种冠冕堂皇的迷人计划里去。”纽约州总检察长罗伯特·艾布拉姆斯说。过去4年里，他经手了10多宗“锅炉房”案件，“有些受害者被他们灌了迷魂汤，把一辈子的积蓄都投丢了”。

据投资者保护和安全局负责人、纽约助理总检察长奥列斯特斯·米哈伊说，这类公司的操作大多分为3个阶段。首先是“开场白”，推销员说自己代表一家名字和地址听起来就很气派的公司，他只简单地询问一下潜在客户是否愿意接收自己公司的宣传资料。

第二通电话里就包含有推销的手法了。推销员先把能赚多少多少钱吹嘘一番，接着就告诉客户，可惜这个项目已经不再接受投资了。第三通打给客户的电话说，现在还有机会参加这笔交易，但时间极为紧迫。

“他们的用意是在买家眼前挂上一根胡萝卜，然后又把它拿走，”米哈伊说，“目的是让人不假思索地赶紧投资。”有时，第三通电话里的推销员会一副上气不接下气的样子，告诉客户自己“刚刚才从交易大厅回来”。

就是这种策略说服了居尔班，让他把毕生的积蓄交了出去。居尔班说，一个陌生人反复打电话来，让他电汇1 756美元到纽约买白银。之后，销售员又打了好几轮电话，哄骗居尔班再电汇6 000美元买原油。他最终又汇出了9 740美元，可到头来一分钱利润也没看到。

“我的心都碎了，”居尔班回忆说，“我并不是贪心，只是希望能过上更好的日子。”他的损失再也没能找回来。

图7-2 稀缺骗局

请注意，第二通和第三通电话里应用到了稀缺原理，销售员要居尔班先生“别想太多尽快买”。

我曾打入一家卖家用吸尘器的公司，他们要销售学员说："我还有很多别的客户要去拜访，每一家我只来一次，这是公司的规定。就算你之后决定要买这台机器，我也不能再回来卖给你了。"这当然是无稽之谈，既然这家公司和它的销售代表是做买卖的，那么只要客户肯请他们再来，他们定会很乐意。正如销售经理对受训学员所说，说自己不能再来，实际上真正目的跟日程安排太紧毫无关系。这是"为了防止潜在顾客思前想后而吓唬他们，要他们相信现在不买，以后就买不到了"。

逆反心理

至此，证据已经很确凿了。顺从专业人士经常把稀缺性当成影响力武器，其方式和用途多种多样，而且自成体系。一种原理会成为影响力武器，那么可以肯定它左右人行为的力量不容小觑。就稀缺原理而言，它的力量主要来自两个方面。

第一点我们应该很熟悉了，和其他影响力武器一样，稀缺原理钻了我们思维捷径上的漏洞。这个漏洞本来也自有道理。我们都知道，难于得到的东西，一般都比能轻松得到的东西好。故此，**我们基本可以根据获得一样东西的难易程度，迅速准确地判断它的质量**。这也就是说，稀缺原理成立的一个原因在于，根据它来做出判断，大部分时候是正确的。[①]

此外，稀缺原理的力量，还有第二种独特的来源：**机会越来越少的话，我们的自由也会随之减少，而我们又痛恨失去本来拥有的自由。保住既得利益的愿望，是心理逆反理论的核心。**心理学家杰克·布雷姆（Jack Brehm）提出了心理逆反理论，以此解释人类在丧失个人控制权时做出的反应。根据这个理论，只要选择自由的行为受到限制或威胁，保护自由的需求就会使我们想要它们（以及与其相关的商品和服务）的愿望愈发强烈。因此，一旦短缺或其他因素妨碍了我们获取某物，我们就会比从前更想要得到它，更努力地想要占有它，跟这种妨碍对着干（见图 7-3）。

图 7-3 “别再等啦”

这可是翻页之前读到这篇广告的最后机会。

① “稀缺的东西更珍贵”的观念越发根深蒂固，而我们也会逐渐认为它反过来也成立，也就是说，珍贵的东西就稀缺。

心理逆反理论的核心看似简单，却盘根错节地交织在各种社会环境当中。不管是年轻人在花园里谈情说爱，武装革命在丛林里爆发，还是市场里的水果交易，人类的大量行为都可以用逆反心理来解释。不过，在讨论开始之前，我们最好来看看人最初是从什么时候表现出跟自由限制对着干的欲望的。

儿童心理学家把这种倾向追溯到了两岁，家长们早就知道有这个问题，还给它起了个名字“可怕的两岁”。大多数家长都可以证明，自己的孩子在这一时期会有更多的逆反行为。两岁的孩子似乎掌握了抵挡外界压力，尤其是父母的技术。告诉孩子这样做，他们却偏要那样做；给孩子一样玩具，他们却偏想要另一样；把孩子抱起来，他们却拼命挣扎着要你放下；把他们放下来，他们又声嘶力竭地要你抱。

弗吉尼亚州进行的一项研究巧妙地捕捉到了一群男孩在“可怕的两岁”时的行事风格。

影响力研究 男孩们在妈妈的陪同下进入了一个房间。房间里摆着两件同样好玩的玩具，但一件玩具放在透明有机玻璃屏障旁边，另一件则放在屏障后面。实验里的有机玻璃板有一部分只有 30 厘米高，算不上真正的屏障，因为孩子们能很容易地翻过它拿到后面的玩具；另一部分却有 60 厘米高，足够拦着孩子不让他们拿到玩具，除非他们绕过屏障。研究人员希望看一看，置身如此条件之下，小宝宝们要多快才能接触到玩具。研究结果很清楚，在屏障矮得拦不住后面的玩具时，男孩们对两件玩具并未表现出特别的偏好，平均而言，接触屏障旁边玩具的速度跟接触屏障后面玩具的速度差不多；可一旦屏障高得成了真正的障碍，孩子们便会立刻奔向被拦着的玩具，接触它的速度比接触没拦着的玩具时要快上3倍。总之，在这项研究中，面对限制了自己自由的东西，男孩们表现出了典型的“可怕的两岁”做法：直接挑衅。[①]

为什么逆反心理会出现在两岁的时候呢？或许答案跟这一时期大多数孩子经历的一种关键变化有关。到了这个年纪，他们才首次意识到自己是个体。他们不再把自己仅仅视为社会环境的延伸，而是把自己视为有自我意识的、独立的个体。伴随着这种自主意识的发展，自由的概念也形成了。独立的个体应当有选择的余地，一个刚刚发现这一点的孩子，迫切想要探索这种选择余地的深度和广度。故此，看到两岁的小孩总是跟我们对着干，我们其实没必要惊讶，也不必烦恼。他们正在体验一件最令人兴奋的事情：他们是独立的人类个体。在他们小小的心灵里，有那么多有关选择、权利和控制的关键问题要去问，要去答。将他们力争自由、反抗限制的倾向理解成对信息的求索，恐怕是最合适的。

---

① 本次研究中，面对更大的障碍物，两岁的女孩并未像男孩那样表现出逆反心理。另一项研究表明，女孩们不这么做，并不是因为不爱跟自由限制对着干。相反，女孩们主要是对来自他人的限制产生逆反心理，而对物理障碍的反应稍逊。

测试过自由的极限在哪里，顺便也测试了父母有多大的耐心，孩子们就能弄明白，在他们的世界里，自己能控制多大的地方，又有哪些地方必须受制于人。稍后我们就会看到，明智的父母总会尽力提供前后高度一致的信息。

成年人的逆反：爱情、枪械和肥皂水

尽管两岁可能是逆反心理最明显的时期，但面对限制行动自由的举措，我们一辈子都会表现出强烈的反抗倾向。另一个反抗倾向最为突出的年纪是青春期。一个深明此理的邻居曾经给我建议："要是你很想做什么事情，那么有三种选择：自己做；出大价钱找人做；要不就故意禁止你家十几岁的孩子做。"和两岁一样，个性意识萌芽也是青春期的特点。对青少年而言，这种萌芽意味着走出儿童的角色，摆脱与此角色相伴的家长控制，迈向成人一角，获得随之而来的一切权利和义务。青少年对义务想得比较少，他们更关注的是身为一个年轻成年人应有的权利，这没什么出奇。更不奇怪的是，在这些时候对其施加父母的权威，往往会适得其反。要是家长企图控制他们，那么青少年不是会阳奉阴违，就是会公然对抗（见图 7-4）。

最能说明家长施压造成青少年反抗的例子，大概要数所谓的"罗密欧与朱丽叶效应"了。大家都知道，罗密欧·蒙特鸠与朱丽叶·凯普莱特是莎士比亚笔下的悲剧人物，两人相爱，但两个家族却是世仇。为了反抗父母拆散他们的企图，他们双双自杀殉情，用这种最极端的悲剧方式来伸张自由意志。

图 7-4　预期未来对针头的需求

这对年轻人感情和行为的强烈程度，一直为该剧的观众迷惑不解。他们这么年轻，怎么会在如此短的时间里发展出如此非同一般的浓烈感情呢？浪漫的人或许会说他们之间是一种少有的理想爱情，可社会学家大概会说，这是父母的干涉及其带来的逆反心理所致。兴许罗密欧和朱丽叶最初的感情也没有强到能超越家人设置的巨大障碍的地步。相反，正是因为这些障碍的存在，它才发展到了如此白热化的程度。要是听凭这对青年男女自由恋爱，他们的浓情蜜意最后说不定只是初恋时短暂的冲动罢了。

因为罗密欧和朱丽叶的故事是虚构的，这类问题当然纯属假设，所谓的回答也只是妄加揣测。不过，对当代的“罗密欧”与“朱丽叶”们，提出并解答类似的问题倒是有可能的。少年男女碰到父母干涉，是不是会发展出更坚定的恋爱关系，彼此爱得更深呢？有人对科罗拉多州 140 对少年情侣做了研究，发现他们确实如此。研究人员发现，尽管家长干涉会令感情关系出现某些问题——如一方以更挑剔的眼光看待另一方，更多地报告另一方的负面行为——但干涉同时也让情侣双方觉得彼此更加相爱、更想结婚了。在研究过程中，随着父母的干涉越来越多，爱的体验也越来越强；而当干涉减少的时候，浪漫的感觉也会慢慢冷却。①

对两岁的孩子和十几岁的青少年而言，逆反心理贯穿多种体验和经历，而且总是狂躁有力的。而对我们其余大多数人来说，逆反的能量池是平平静静、隐藏起来的，只是偶尔才像火山一样爆发一次。尽管如此，这些爆发仍然以各种各样有趣的方式表现出来，不仅研究人类行为的学者感到好奇，制定法律和政策的人也能从中得到些启示。佐治亚州的肯内索就发生过一个古怪的例子。

① 出现“罗密欧与朱丽叶效应”，并不意味着父母必须接受、包容自家处在青春期的孩子谈恋爱。爱情是一种微妙的游戏，新入场的玩家很可能频频犯错，故此，让更有经验、更有眼光的成年人指点一二是有好处的。在提供这类指导时，家长应该意识到，青少年认为自己已经成年了，面对典型的家长—孩子式控制关系，他们不会做出很好的回应。尤其是在择偶这种显而易见的成人舞台上，用成年人的影响力武器（偏好和劝说）要比传统的家长控制（禁止和惩罚）效果更佳。罗密欧与朱丽叶的家族固然是极端的例子，但对年轻爱侣施以铁腕控制，很有可能搞出一场炽热的地下恋爱悲剧。

肯内索镇政府制定了一项法律，要求本地所有成年居民都持有枪支和弹药，违者入狱 6 个月，并罚款 200 美元。肯内索持枪法所具有的每一个特点，都让它成了逆反心理的大靶子。持有枪械本来是大多数美国公民长久以来认为自己享有的一项重要自由，但这项法律硬性规定人人非得持枪不可，反而冒犯了自由。而且，肯内索议会在通过这项法律时，并未动员公众广泛参与。逆反理论预测，在这种情况下，镇上 5 400 名成年公民恐怕没几个会服从。然而，报道该消息的报纸却证实，该法通过以后的 3 ～ 4 个星期，肯内索的枪支销售的确很火爆。

我们该如何理解这个明显有违逆反原理的现象呢？答案要到那些在肯内索买枪的人身上去找。采访了肯内索几家商店的老板之后，我们发现，原来买枪的人并不是镇上的居民，而是游客，不少人都是看到消息之后，禁不住诱惑跑来购买自己的第一支枪的。唐纳·格林是一家商店的经营者，报上形容她的这家店“简直就是个军火库”。唐纳说：“生意棒极了。但大部分枪械都是镇外的人买去的。按法律规定来买枪的本地人只有两三个。”法律通过之后，购买枪支成了肯内索的频繁活动，但买枪的人却并不是那些法律有意管辖的人。当地居民大多都在消极抵抗，只有那些自由并未受到此地法律限制的人才热衷在这里买枪。

十多年前，在离肯内索几百公里以外的佛罗里达州迈阿密也出现过类似情况。

影响力研究

当时，为保护环境，迈阿密地区制定了一项条例，禁止使用和拥有含磷酸盐的洗衣剂或清洁剂。一项研究发现，对于这项法律带来的社会影响，迈阿密居民同时做出了两种反应。

第一种反应是不少迈阿密人按本地的“传统”开始走私。有时候，他们会跟邻居和朋友一起开着“大篷车”，到相邻的县大宗买入磷酸盐洗衣剂。囤积现象迅速蔓延，好些人甚至为此着了迷，吹嘘自己已经囤积了足够使用20年的磷酸盐洗衣剂。

第二种反应比走私和囤积这种蓄意挑衅更为微妙而普遍。因为人们总是想要得不到的东西，迈阿密绝大多数的消费者逐渐对磷酸盐洗衣剂这种产品有了质量更好的印象。跟相邻的坦帕市居民相比（坦帕市不受迈阿密条例的管辖），迈阿密市民认为磷酸盐洗衣剂更温和，在冷水中使用效果更好，增白更佳，还能整旧如新，强力地清除污渍。等条例通过后，他们甚至觉得磷酸盐洗衣剂更容易从瓶子里倒出来。

这类反应，对那些丧失了既得自由的人是很典型的。要理解逆反心理和稀缺原理的运作，理解这一点十分重要。**每当有东西**

获取起来比从前难时，说明我们拥有它的自由受到了限制，那么我们就会越发地想要得到它。不过，我们很少意识到，是逆反心理带来了这种想要的迫切感，我们只知道自己就是想要。为了解释这种莫名的渴望，我们开始给它安上各种积极的特质。在迈阿密禁用磷酸盐洗衣剂以及其他类似的例子中，人们的渴望与东西本身具备的优点并没有什么因果关系。磷酸盐洗衣剂的清洁、漂白和流动性并没有在遭禁止以后变得更好。我们之所以会这么想，只是因为我们更想得到它罢了。

读者报告 7-2 来自弗吉尼亚州布莱克斯堡的一位女士

去年圣诞节，我碰到一个 27 岁的男人，那时我 19 岁。他其实并不是我喜欢的那种，但我还是跟他约会了，大概是因为跟年纪较大的男人约会显得很有面子吧。我本来对他没多大兴趣的，可我的家人却纷纷对他的年纪表示异议。结果他们越是插手我的私生活，我就越是爱他。这段关系只持续了 5 个月，可要是我爸妈没说这说那的，能维持 1 个月就算好了。

作者点评：

罗密欧与朱丽叶虽然早就殉情离去了，“罗密欧与朱丽叶效应”却延续至今，连在弗吉尼亚布莱克斯堡这样的地方都时不时地会露个面。

审查

因为一样东西遭到禁止而觉得它更有价值，这种倾向不仅限于洗衣剂等消费品，连信息的获取也是这样。当今时代，获取、存储和管理信息的能力越发影响到了财富和权力的分配，因此，我们有必要理解，面对审查或限制人们获取信息的做法，我们会做出什么样的反应。我们对有可能受审查的资料会做出怎样的反应，这方面的数据很多，可对于我们对审查本身会有什么样的反应，相关证据却惊人地少。幸运的是，几项有关审查的研究得出了异常一致的结果。某类信息遭到禁止之后，我们无一例外地更想得到这种信息，相较被禁之前，我们会对其给出更有利的评价。

说到信息审查对受众的影响，最耐人寻味的一点倒不是受众比从前更渴望得到这些信息了，而是人们对得不到的信息变得更易接受、更包容了。例如，北卡罗来纳的大学生们在得知一场反对男女混住宿舍的演讲遭禁之后，对男女混住的想法越发地反对。故此，尽管从来没能听到这场讲演，学生们对它的论点却更支持和同情了。这样一来，就有可能出现以下的情况，要是一些特别聪明的人在某问题上持有不受欢迎的立场，或其观点根本站不住脚，他们兴许会做一些刻意的安排，让自己的信息遭到禁止，从而博取我们的赞同。具有讽刺意味的是，对这类人（如一些边缘群体的成员）来说，最有效的策略恐怕不是大肆宣传他们不受欢迎的意见，反倒是让这些观点遭到官方的审查，再告知公众自己遭到封杀的消息。由此看来，美国国父们在起草宪法的时候，把保护言论自由写进了宪法第一修正案，不只体现了他们坚定地倡导自由主义，还体现了他们对社会心理的透彻理解。因为他们拒绝对言论自由加以限制，也就减少了新的政治概念通过逆反心理这一非理性过程赢得支持的概率。①

当然，政治理念并不是唯一容易遭到限制的东西，跟性有关的素材也一样。除了警方偶尔会打压“成人”书店和电影院之外，家长和公民团体也频频施压，要求审查教育资料（性教科书、生理卫生教科书，甚至学校图书馆收录的书籍）里有关性的内容。斗争的双方似乎都有着良好的用意，但整件事情却很不简单，因为它牵涉道德、艺术、家长对学校的控制、宪法第一修正案保障的自由等方方面面的议题。不过，从单纯的心理学角度出发，支持严格审查的人不妨来仔细看看在普渡大学本科生中完成的一项研究。

影响力研究

研究人员向大学生们出示了一本小说的若干广告。一半学生看到的广告文案中说“本书仅限 21 岁以上的成人阅读”，另一半学生看的广告里没有提及这样的年龄限制。稍后，研究人员询问学生们对这本书有什么感

① 赫尔曼（Heilman）的一项研究证明，逆反心理真的会让人们支持本来并无好感的政治立场。有人写了一份支持联邦物价控制的请愿书，拿到超市外面让购物的人签名。要是听说有一名联邦官员反对散发这份请愿书，购物者签名表示支持的可能性就会更大。

受。学生们的反应就跟对其他禁令一样，与能够随意阅读该书的学生相比，看到了年龄限制的学生更想读这本书，并觉得自己会更喜欢它。

支持从学校课程里正式取缔性内容的人或许会说，他们的目标是减少社会，尤其是年轻人的色情倾向。可从普渡大学以及对其他有关禁令效应的研究来看，官方审查的手段恐怕并不能达到这一目标。倘若研究的结果是可信的，那么，审查反倒有可能提高学生对性资料的渴望度，令他们以为自己就是偏爱这一类内容。

蒙大拿州的乔托最近就发生了一件类似的事情。当地督学凯文·约翰（Kevin St. John）取消了史蒂夫·朗宁（Steve Running）对高中生要做的一场演讲。朗宁曾因研究气候变化带来的威胁，和其他人共同获得2007年的诺贝尔和平奖。乔托校董事会的一些成员向约翰先生施加压力，要他找个持反对意见的人来做演讲，因为他们担心朗宁博士对全球变暖的看法会被看成反对农业。尽管督学认为，在此种情况下，取消演讲是“中立的选择”，但我相信，他为辩论一方的获胜打下了牢固的基础，当然是支持气候变化威胁的那一方。出于对官方审查产生的逆反心理，很有可能乔托的绝大多数高中生，甚至大部分蒙大拿人在事后都成了朗宁博士的支持者……哪怕他们根本没有听他做演讲。事实上，有一名学生随后愤怒地写信抗议说，校董事会的做法剥夺了学生的宝贵机会，使他们不能了解“事关地球未来的重要信息”；还有一名同样愤怒的作家则说，这是“不让学生知悉真相的误导举措”。

还有一种常见的官方审查容易为我们忽视，大概是因为它出在事发之后。法庭议案时经常有这种情况，律师提出一份证据或证词，法官却裁定它无效，还要陪审员们忽略这项证据。从这个角度看，法官就是审查员，尽管他审查的方式比较特别，他并不禁止把信息呈交给陪审团（因为已经太晚了），而是禁止陪审团使用该信息。法官下这样的规定管用吗？有没有这样的可能，陪审员认为自己有权考虑所有可用的信息，而法官要他们忽视某一证据的做法，激起了他们的逆反心理，于是，陪审员对遭禁的证据反而给予了更大的关注？很多时候，事实正是如此。

我们看重受限的信息，一旦认识到这一点，稀缺原理就能被应用到物质商品之外的领域，信息、沟通和知识都适用这条原理。从这个角度考虑，我们可以看出，**想让信息变得更宝贵，不一定非要封杀它，只要把它变得稀缺就行了**。根据稀缺原理，要是我们觉得没法从别处获取某条信息，就会认为它更具说服力。两位心理学家，蒂莫西·布罗克（Timothy Brock）和霍华德·弗罗姆金（Howard Fromkin）提出了一套对说服力进行“商品分析”的理论。他们理论的中心论点就是：“独家信息最能说服人。”

据我所知，对布罗克和弗罗姆金理论最有力的支持，来自我从前的一名学生所做的一个小实验。当时，这名学生是个成功的商人，开着一家牛肉进口公司。他又回到学校学习是想在市场营销方面再接受一些深入的训练。一天，在我的办公室里，我们谈起了信息的稀缺性和独占性，他决定用自己的销售员来做个研究。

影响力研究

销售员照常给购买公司牛肉的客户打电话，但采取了 3 种不同的陈述方式。在下订单之前，第一群客户听到的是标准销售陈述；第二群客户则除了听到标准销售陈述，还知悉了未来几个月进口牛肉有可能短缺的信息；第三群客户除了听到标准销售陈述以及牛肉短缺的消息外，还了解到供应短缺消息的来源可不一般，是公司靠某条专门渠道获得的。① 所以，最后一组顾客不仅认为产品的供应有限，还以为相关消息也只有少数人知道，这样就形成了一种双重稀缺状态。

实验的结果很快就出来了。公司的销售人员要老板赶紧多采购一些牛肉，因为接到的订单太多，库存供应不了了。较之只听到标准销售陈述的顾客，听说牛肉即将短缺的客户买下了双倍的牛肉。但真正推动销售量的，还要数那些通过“独家”信息知道牛肉供应吃紧的客户。他们购买的牛肉量，是第一种客户的 6 倍。很明显，供应短缺的独家消息显得特别具有说服力。

---

① 出于道德上的原因，销售员向客户提供的消息是真实的。进口牛肉的确即将出现短缺，而且这个消息也的确是公司通过独家渠道得来的。

最佳条件

和其他有效的影响力武器一样，稀缺原理也有最为适用的条件。因此找出什么时候它对我们最起作用就是一种重要的防御措施。通过心理学家斯蒂芬·沃切尔（Stephen Worchel）和同事设计的一个实验，我们可以了解不少这方面的信息。

影响力研究

沃切尔和他的研究小组使用的基本程序很简单。他们给一群消费者偏好研究的参与者从罐子里拿了一块巧克力饼干，并让参与者给饼干的质量打分。有一半的评分者看到罐子里装着 10 块饼干；另一半则看到罐子里只有 2 块。

正如稀缺原理预测的，参与者吃的饼干属于仅有的 2 块之一时，给出的评价更高。较之供应充裕的饼干，人们觉得短缺的饼干味更美、吸引力更大、价格更高，虽说两种饼干根本就是一模一样的。

尽管这样的结果再次为稀缺原理提供了有力的证明，但并没有透露出什么我们还不知道的东西。我们只是又一次看到稀缺的东西更招人喜欢，更贵重。事实上饼干实验的真正价值来自两点额外的发现。

新的稀缺：昂贵的饼干和民权冲突

第一点值得注意的结果，是在实验基本程序稍加改动之后出现的。此时，饼干的稀缺状态并不是一成不变的。

影响力研究　实验人员先给部分参与者看装着 10 块饼干的罐子，之后又换成装有 2 块饼干的罐子。故此，在张嘴吃饼干之前，有些参与者眼睁睁看到饼干从供应充裕变成了短缺。另一些参与者则从最开始就知道供应短缺，因为他们的罐子里本来就只有 2 块饼干。靠着这样的做法，研究人员想解答一个有关稀缺类型的问题：我们觉得新近变得短缺的东西更宝贵，还是一直就短缺的东西更宝贵？在饼干实验里，答案一目了然。较之一贯短缺，对从充裕变到短缺的饼干，人们的反应更为积极。

新出现的稀缺更能让人觉得迫切这个概念的适用范围，远远不只饼干实验。举例来说，社会科学家已经确定，这种稀缺是造成国家政治动荡和暴乱的主要原因。这一观点最重要的支持者詹姆斯·戴维斯（James C. Davies）曾指出，一个国家经济和社会条件改善后，要是在短期内出现剧烈逆转，最有可能爆发革命，而且最容易起义的不是那些传统上最受压迫的底层人民，这些人已经把自己的贫困潦倒看成社会的自然秩序了。相反，走上革命道路的，往往是至少品尝过了更美好生活的人。他们经历并习以为常的经济和社会进步突然之间可望不可及了，于是他们对进步产生了更为迫切的渴望，甚至不惜采取暴力来保护既得的进步。例如，很少有人知道，在美国独立战争时期，移民们的生活标准在西方世界是最高的，纳税也最低。据历史学家托马斯·弗莱明（Thomas Fleming）的说法，要不是英国人想通过加税从这种普遍繁荣里分上一杯羹，北美移民根本不会造反。

戴维斯为这一新颖的论点从各地的革命、暴乱和内战中收集了一系列令人信服的证据。从法国、俄国和埃及的革命，以及19世纪罗得岛州的多尔叛乱、美国南北战争，到20世纪60年代的城市黑人反抗斗争……在上述每一个例子当中，较长的安定发展时期后都出现了一连串紧张的倒退，并最终引发了武力斗争事件。

20世纪60年代中期，美国城市的种族冲突是一个我们许多人还能回想起来的好例子。当时经常能听到人们问："这种事情为什么会出现在这当口呢？"在美国300多年的历史里，黑人大部分时间都饱受奴役，生活贫困潦倒，可他们却选择在社会最为进步的60年代发出了反抗的怒吼。的确，正如戴维斯指出的，第二次世界大战结束后的20年给黑人群体带来了巨大的政治和社会利益。40年代，美国黑人在住房、交通和教育领域还都会受到严格的法律限制，而且就算教育程度相同，黑人家庭的平均收入也只有白人家庭的一半多一点。15年后，情况有了很大的改观。联邦已经立法废除了学校、居民区、公共场合和工作环境下的正式及非正式种族隔离，经济状况也有了很大的改善，黑人家庭的收入已经提高到同等教育程度的白人家庭的 56%～80%。

根据戴维斯对社会状况的分析，之后出现的一连串事件破坏了前些年的飞速进步所带来的昂扬乐观的氛围。首先，跟政治和法律上的变化比起来，社会现实的变化落在了后面。尽管 20 世纪四五十年代通过了一系列的进步立法，可大部分的街区、就业岗位和学校仍然把黑人摒弃在外。故此，跟政治上的胜利相比，身处的现实显得更像是一种挫败。例如，1954 年，最高法院裁定，所有公立学校都必须取消种族隔离，可在这之后的 4 年里，为了阻挠学校的种族融合，出现了 530 起以黑人为目标的暴力事件、直接威胁黑人儿童和家长的爆炸和纵火等。暴力行为让人感觉，黑人民众权益的保障再一次出现了倒退。第二次世界大战之前，每年平均会出现 78 起针对黑人的私刑。但在 20 世纪 60 年代，黑人群体头一回担心起家人的基本安全来。新的暴力事件也并不仅限于教育领域，和平的民权示威游行也频频跟充满敌意的人群和警察发生对峙。

其次，还有一种形式的倒退出现在黑人民众的经济状况上。1962 年，黑人家庭的平均收入下滑至同等教育程度的白人家庭的 74%。按戴维斯的说法，本来，74% 这个数字代表的是第二次世界大战结束后长期发展的结果，可在当时的黑人眼里，它意味着 50 年代中期兴旺繁荣后的短期倒退。1963 年爆发了伯明翰骚乱，之后又断断续续地发生了多起后继的反暴力示威，最终累积导致瓦茨、纽瓦克和底特律的大规模反暴运动。

跟革命历来的鲜明模式一样，长期的进步一旦遭到阻碍，美国黑人的反抗情绪就会比进步开始之前还要强烈。这种模式为统治者提供了一条宝贵的经验：自由这种东西，给一点又拿走，比完全不给更危险。倘若政府想要从政治和经济上改善传统中受压迫群体的地位，问题就来了：在这么做的过程中，该群体得到了以前从来没有的自由，一旦有人想要夺走这些自由，那政府就注定要付出惨痛的代价。

这个道理不仅适用于国家政治，家庭也是一样。父母随随便便地许诺权利、设定规矩，有可能在无意之间给了孩子一些自由，之后再想夺走这些自由的话，孩子们必然会反抗不休。有些家长只在想起来的时候才禁止孩子正餐后吃零食，于是孩子觉得吃些零食是理所当然的。这时，再想定规矩不让他们吃，事情可就棘手、麻烦多了，因为孩子并非少了一种从来没享受过的权利，而是丧失了一种既得的权利。正如我们在政治自由以及（尤其切合当前讨论的）巧克力饼干的例子中所见，跟一贯的稀缺比起来，一样本来有、后来没有了的东西，会叫人更想要。既然如此，以下研究结果也就没什么好奇怪的了：**不能前后一致地管教孩子的父母，最容易教出反叛心强的孩子。**[①]

① 要避免此问题，家长也无须过分严格，面对规矩毫不通融。举个例子，如果孩子老是错过午餐，那么晚餐之前可以来上一份饭前甜点，因为这并不违反禁吃零食的正常规矩，也就不会确立起吃零食的自由。可要是有些日子准许孩子享受特权，有些日子又不让他这么干，而且还给不出做法前后不一的理由，那事情就难办了。这种武断的做法最容易让孩子觉得享有了某种自由，而一旦自由没有了，他们当然会反抗。

读者报告 7-3

来自纽约的一位投资经理

我最近在《华尔街日报》上读到了一则报道，很好地阐释了稀缺原理以及人们对得不到的东西的渴望。文章里说，宝洁公司在纽约北部做了一个实验，取消了各类产品的优惠券，直接降低了产品的价格。此举招来了消费者的极大反感：他们抵制，抗议，写了无数的投诉。

尽管宝洁公司的数据表明，发出去的优惠券只有 2% 得到了使用；而且在取消优惠券期间，消费者为宝洁产品支付的价格跟之前大体是相当的。更何况，无须使用优惠券，对消费者来说其实更方便快捷。按文章的说法，消费者反感是因为宝洁公司没有意识到一点："对很多人来说，优惠券其实是一项不可剥夺的权利。"令人吃惊的是，一旦你想把东西拿走，哪怕人们从来不用它，人们的反应也会异常强烈。

作者点评：

虽然宝洁公司的负责人或许为消费者看似非理性的反应感到困惑，但归根结底，公司本身也要负一定的责任。一个多世纪以来，优惠券已经成了美国人生活的一部分，宝洁也主动为自己的产品发放了几十年的"优惠券"。这就难怪消费者觉得优惠券是自己天然的权利，面对长久以来确立的权利，人们总是会为了保护它而激烈抗争。

竞争稀缺资源：狂热愚行

让我们回到饼干实验，从另一个角度来探讨我们对稀缺的反应。从实验的结果当中我们已经看到，较之供应充足的饼干，稀缺的饼干会得到较高的评价；从充足转为稀缺的饼干，所得评价更高。那么，哪些饼干得到了最高的评价呢？就是那些由于需求造成供应短缺的饼干。

请记住实验里新出现的稀缺是如何出现的。实验人员先给参与者装着 10 块饼干的罐子，然后换成装有 2 块饼干的罐子。这种稀缺，实验人员是通过以下两种方法之一创造的。他们告诉一部分参与者，饼干还要拿给其他评分者，以便确保本次研究中对饼干的需求。另一部分参与者听到的说法是，饼干数量必须减少，因为研究人员犯了个错误，最开始拿来的罐子不对。结果表明，前一种参与者对饼干的喜爱程度明显高于后一种参与者。事实上，因为社会需求导致稀缺的饼干，在整轮研究中最招人喜欢。

这一发现凸显了在追求有限资源时竞争的重要性。我们不仅在物品稀缺时想要它，而且要是碰上有人竞争，那我们就更想要了。广告商经常利用我们的这种心理。在广告里，我们得知某样东西的“大众需求”极高，必须“赶紧来买”；我们看到商店开始营业之前，就有人群乌压压地围在门口；我们看到无数双手伸向货架，把产品一扫而空。这类图像不仅是想让社会认同原理发挥作用，它传递的信息是，其他人都觉得这件产品很好，所以它肯定很好；除此以外，我们还要跟其他人竞争，才能得到这件产品。

参与竞争稀缺资源的感觉，有着强大的刺激性。对情人的态度本来不咸不淡，可听说有对手出现，那便会立刻热情四射。因此，恋爱中的男女常用的一个小手段，就是透露或编造自己有了新的爱慕者。销售人员也会对举棋不定的客户玩弄同样的手法。比方说，要是地产经纪想把房子卖给一个犹豫不决的潜在客户，他可能会告诉客户说，有新的买家来看了房子，很是喜欢，还打算第二天来商谈细节条款。这个新买家当然是完全捏造出来的，销售人员一般会说他们是很有钱的外地人，为了避税的外州投资客，或者刚搬来镇上的一位医生和他妻子。有些圈子把这一手法叫作“赶鸭子上架”，效果好到出奇。因为不想败给对手，好些迟迟不出手的买家立刻就会果断地拍板。

渴望拥有一件众人竞争的东西，几乎是出于本能的身体反应。按购物者的说法，碰上商场结束营业前的大规模抛售或大降价特卖会，他们简直情不自禁地就给卷进去了。在热火朝天的竞争氛围下，人们一窝蜂地拼抢平时根本不想买的商品。这类行为让我想起野生动物的“狂喂滥吃”现象。商业捕鱼者喜欢利用这种现象（见图 7-5）。他们先冲着鱼群撒下大量的鱼饵，用不了多久，水里就满是扑腾着鱼鳍、大张着嘴巴夺食的家伙们了。等它们陷入了疯癫的状态，连光秃秃的金属鱼钩也往肚里吞的时候，渔民们便把空鱼钩投入水中，顺顺当当地钓起鱼来，既省时间又省钱。

图 7-5　传染性竞争

图为苹果粉丝们在争抢新上市的苹果手机。

蓄意在想钓上钩的对象当中掀起狂热的竞争，商业捕鱼者和百货公司的做法颇有异曲同工之处。为了吸引鱼群，渔民撒下切成小块的松散鱼饵。出于类似的目的，百货公司举办大减价特卖会，抛出一些价格特别优惠的商品，大肆宣传，招揽顾客。倘若这两种形式的诱饵发挥了作用，一大群饥渴的鱼或顾客很快就会聚集起来。受现场你争我夺的氛围影响，鱼群和人群会变得急躁不安，盲目、迫切地想要争抢。不管是人还是鱼，此时都会忘了自己想要的是什么，只要别人在抢的东西，自己也要冲上去争。到了最后，金枪鱼嘴巴里含着没有鱼饵的空钩子躺在甲板上挣扎，购物者提着大包小包的打折货回到家，此时，他们脑袋里说不定有着同样的困惑：我到底是中了什么邪？

别以为竞争有限资源的狂热症只出现在金枪鱼或贪图小便宜

的购物者这类头脑简单的生命体上。来看看发生在美国广播公司副总裁、后来又执掌了派拉蒙电影公司和福克斯电视网的巴里·迪勒（Barry Diller）身上的一个小故事吧。

影响力研究

1973 年，迪勒在美国广播公司（American Broadcasting Company）负责黄金时段的节目时做了一个非同凡响的采购决策。他答应为电影《海神号历险记》（*The Poseidon Adventure*）支付 330 万美元的一次性电视播放费。这个数字大大超过了有史以来一次性电视播放费的最高纪录，即《巴顿将军》的 200 万美元。事实上，这笔钱高得太过离谱，美国广播公司估计要亏 100 万美元。

一个像迪勒这样经验丰富又老到的商人，怎么会做一笔铁定会亏掉 100 万美元的生意呢？答案恐怕藏在这笔交易中另一个值得注意的特点上。这是电影首次以公开拍卖的方式把播映权卖给电视广播公司，三大电视网从来没有这样被迫地争夺过一项稀缺资源。

想出拍卖这个新颖点子的，是《海神号历险记》浮夸的制片人欧文·艾伦（Irwin Allen）和 20 世纪福克斯公司的副总裁威廉·谢尔夫（William Self）。如此出人意料的结局，铁定令他们大喜过望。但我们何以确定，是拍卖的壮观形式而不是电影本身的质量带来了这惊人的成交价格呢？

一些拍卖参与者的言论为我们提供了有力的证据。首先夺下拍卖的巴里·迪勒为自家电视台定下规矩。他似乎是有点咬牙切齿地说："美国广播公司将来决不再参与播映权的拍卖活动。"迪勒的对手，时任哥伦比亚广播公司（CBS）电视台总裁的罗伯特·伍德的评论更发人深省。在拍卖中，他几乎失去理智，开出了比美国广播公司和美国全国广播公司（NBC）还要高的价钱：

> 开始的时候，我们都很理性。我们先根据电影能带给我们的利润定好了价格，再在这上面留出一点回旋的余地。
>
> 之后拍卖开始了。美国广播公司开出了200万美元，我还以240万美元；美国广播公司提高到280万美元，这时候我们的脑袋都发起热来，我就像是失去了理智一样，不断开出高价投标；最后，我把价格抬到了320万美元。这时候，我内心冒出了一个声音："老天爷！万一是我中了标，我该怎么办呀？"还好，美国广播公司的出价最终高过了我，我这才松了一口气。这件事很有教育意义。

据采访记者鲍勃·麦肯齐（Bob MacKenzie）的观察，伍德在说"这件事很有教育意义"的时候，脸上挂着欣欣然的笑容。我们可以保证，美国广播公司的迪勒在发誓"决不再参与播映权的拍卖活动"的时候，肯定是笑不出来的。两人显然都从"伟大的海神号拍卖"事件中吸取了教训。但之所以一个人能笑出来，另一个人笑不出来，是因为后者付出了100万美元的代价。幸运的是，我们也能从这里吸取宝贵却不昂贵的一点教训。请注意，笑到最后的人居然是那个从竞争中败下阵来的家伙。作为一条一般性的规律，倘若尘埃落定之后，输家看起来像是赢家，说起话来也像是赢家，我们就该对掀起尘埃的条件多留个心眼。在本例中，也就是对稀缺资源的公开竞争留心眼。正如电视台的高级管理者们所学到的，**在碰到稀缺资源加竞争的魔鬼组合时，务必要小心谨慎**（见图 7-6）。

图 7-6　背心是不是搭着卖呀

约翰·屈伏塔在电影《周末夜狂热》(*Saturday Night Fever*) 里穿过一件休闲西装。最近，这件西装以 14.5 万美元的高价卖出，实在叫人大跌眼镜。注意到该次拍卖的两个特点，或许有助于解释这一惊人的天价。第一，这件西装款式特别，而且只有这一件；第二，在拍卖会上，有两个买家陷入了激烈的竞争性投标，双方的报价螺旋上升。事后，有人问中标者是否觉得成交价太高了，他优雅地回答："当然，就涤纶衣料而言，它肯定是史无前例的。"

如何防范

面对稀缺压力产生恰当的警觉还算容易，但根据警觉采取行动就难得多了。一部分原因在于，我们对稀缺的典型反应阻碍了我们的思考能力。一看到想要的东西就要得不到了，我们的身体就会亢奋起来。尤其是在涉及直接竞争的环境下，我们更是会血脉偾张，眼光短浅，情绪激昂。这种内在的冲动一旦冒出来，我们知性、理性的一面就会后退。处在此种亢奋状态，人们很难平静下来思量对策。哥伦比亚广播公司总裁罗伯特·伍德在自己的"海神号历险"之后评论说："你完全陷入了狂热，你的逻辑早就飞到了爪哇国。"

既然这是我们的困境，那么了解稀缺压力的成因和运作原理，或许还不足以保护我们，因为了解是一种认知行为，而认知过程是抵挡不了我们面对稀缺压力产生的情绪性反应的。事实上，这恐怕就是稀缺战术卓有成效的原因所在。只要运用得当，我们防御蠢行的第一道防线，即对形势加以深入分析，就会溃不成军。

倘若因为糊涂虫钻进了脑袋瓜子，我们无法依靠对稀缺原理的理解来激发妥当谨慎的行为，我们又该怎么做呢？不妨还是用四两拨千斤的柔道手法，把情绪高涨本身当成重要线索吧！这样一来，我们便可以把敌人的力量为己所用。不靠对整个形势做深思熟虑的认知分析，而是倾听来自内心的警告信号。**一旦在顺从环境下感受到高涨的情绪，我们就可以提醒自己，说不定有人在**

玩弄稀缺手法，必须谨慎行事。

不过，就算我们确实利用高涨的情绪信号，提醒自己平静下来，当心陷阱，那接下来又该怎么办呢？还有没有其他信息能帮助我们在碰到稀缺的时候做出明智决定呢？毕竟，光是意识到自己应该谨慎行事，并不能说明下一步该往哪个方向走，它只是提供了一个必要的背景，让你多想想再拿主意。

好在的确有这么一种信息，能让我们据此对稀缺物品做出合理决定，它仍然是从饼干研究里得来的。研究人员在实验过程中发现了一件看似奇怪却千真万确的事情：尽管人们明显更想要稀缺的饼干，却并不认为它比供应充足的饼干味更美。故此，哪怕渴望程度会随着稀缺而提高（评分人表示，他们将来想要更多稀缺的饼干，还愿意多出钱），它也并不能让饼干变得更好吃。这里隐藏着一点重要的洞见：**喜悦并非来自对稀缺商品的体验，而来自对它的占有**。我们千万不能把两者混为一谈。每当碰到某种稀缺压力时，我们也会面对一个问题，我们到底想从这样东西里获得什么呢？如果答案是占有这件稀缺的东西能让我们享受来自社会、经济或心理上的好处，那就去占有它吧！稀缺压力能相当准确地衡量我们愿意为它承担的价格，它越是难以得到，对我们来说也就越是宝贵。可更多时候，我们想要一样东西，并不是单纯地想要占有它。我们想要它，只是因为它的实用价值；我们想看它、喝它、摸它、听它、驾驭它或者以各种方式用它。在这样的情况下，我们务必记住：**稀缺的东西并不因为难以弄到手，就会变得更好吃、更好听、更好驾驭、更好用**。

尽管这一点非常简单，但处在对稀缺物品强烈的渴望感中时，我们常常会忽视它。我举个自己家里人的例子吧！我哥哥理查德就曾靠着大多数人的此种倾向，利用顺从技巧挣得了学费。确切地说，他的策略管用得出奇，只需每个周末干上几个小时就能挣够钱，其他时间都可以拿来学习。

理查德的工作是卖车，但并不是在经销处或者专营摊点上卖。他会按报纸上的消息，在这个周末私人买进几辆二手车，再把车子用肥皂和水洗干净，下个周末在报纸上打出广告卖掉，从中赚取可观的差价。要做这桩买卖，他得了解 3 件事：

- 他必须对汽车有足够的知识，以便按蓝皮书上的价格底线买进车辆，同时在合法的范围内以较高的价格卖出；
- 一旦买下了车，他必须知道如何编写一则能刺激潜在买家兴趣的报纸广告；
- 等买家到了，他必须知道如何利用稀缺原理，刺激对方对汽车产生物超所值的欲望。

这 3 件事，理查德都很精通。不过，就本处讨论的目的而言，我们只需来看看他在第三点上的高超技艺。

他会为自己前一个星期买下的车在星期天的报纸上登一则广告。因为广告写得特别高明，通常，星期天一早，他就能收到一大堆潜在买家打来的电话。他会安排一个时间，让每个想看车的人上门来，事实上，他让所有人都在同一个时间来。这也就是说，如果有 6 个人想看车，他会让这 6 个人全在当天下午两点来。这种在时间安排上的小小技巧，为之后的顺从铺平了道路，因为它创造了一种竞争有限资源的氛围。

一般而言，头一个到的潜在客户会对车况做一番详细的检查，展开标准的买车程序，比如指出车有哪些缺陷或不足，问价钱还有没有商量的余地。可等第二个买家一来，整个环境的心理氛围马上就变了。因为对方的存在，第一和第二个买家把车买到手的可能性突然受到了限制。很多时候，较早来的那个会在无意间煽动竞争意识，宣称自己有先到先得的权利。“只要一分钟就好，我先来的。”如果他不这么说，理查德也会帮他说。他会对着第二个买家解释说：“真不好意思，但这位先生先来的。所以，麻烦你到对面去稍等几分钟，等他看完车再过来好吗？如果他决定不要，或是暂时拿不定主意，我就请你看车。”

理查德说，有时候，你能亲眼见到第一个买家脸上现出激动的神情。他本来正悠闲地评估着车子的好坏，突然之间，这车就成了一项有人竞争的资源，他得分秒必争地做出决定。如果他不按理查德的要价把车买下来，再过几分钟，他就有可能败在那个在一旁窥视的新到者手里。竞争和资源有限的组合，也同样搞得第二个买家十分激动。他会在路旁来回踱步，明显很紧张地想得到这坨突然变得紧俏起来的金属疙瘩。要是一号买家不买车，或是不能当场拿定主意，二号买家便会立刻扑上前来。

倘若说光有这些条件还不够让买家立刻拿定主意，等三号买家赶到的时候，理查德的圈套就彻底收紧了。据他说，此时累积起来的竞争压力，往往会让最先来的买家没法承受。他要么答应理查德的要价，要么立刻走人，以此结束压力。如果碰到后一种情况，二号买家会为前一位买家没把车买走而长舒一口气，但同时也感觉到了在一旁窥视的三号买家带来的压力。

所有这些为我哥的大学学费做了贡献的买家，都没有意识到他们下决心买车的一点基本事实，那就是刺激他们出手买车的强烈欲望，跟车子自身的价值毫无关系。他们之所以没意识到这一点，有两个原因：

- 理查德设计的买车环境让他们产生了情绪反应，买家的脑袋不清醒了；
- 出于前一个原因，他们从来没停下来想过自己买车是为了使用，而不光是拥有它。理查德利用稀缺资源营造的竞争压力，只影响了他们对车的占有欲。但从买家买车的真正目的来看，这种压力并不会影响到车子的实际价值。

如果我们发现自己在顺从环境中受到了稀缺压力的包围，那么，我们最好是采用一套两步应对法。**一旦我们觉得自己在短缺影响下产生了高度的情绪波动，我们就应该把这种波动当成暂停的信号。**要做出明智的决定，恐慌、狂热的反应是不合适的。我们需要冷静下来，重拾理性的眼光。只要做到了这一点，我们就可以转入第二个阶段，**问问自己，为什么我们想要那件东西**。如果答案是我们想要它主要是因为想拥有它，那么我们应当利用它的稀缺性来判断该为它出多少钱。可倘若答案是我们想要它主要是为了它的功能，即想要驾驶它、喝它或吃它，那么我们必须牢记一点，该物品不管是稀缺还是充足，其功能都是一样的。简而言之，稀缺的饼干并没有变得更好吃。

读者报告 7-4 来自波特兰的一位女士

几个星期前，我被你提到的技巧给坑了。这令我很吃惊，因为我并不是那种容易被说服的人，而且我又刚刚读了《影响力》，对那些策略相当敏感。

超市里有个小型试饮活动，一个漂亮女孩递给我一杯饮料。我尝了一下，口感的确不错。然后她问我喜不喜欢，我做了肯定回答，于是她建议我买 4 罐（一致性原理：既然喜欢，我就应该买；互惠原理：她先免费给了我东西）。我可没那么天真，我拒绝了她的请求。可这位售货员并不放弃，她说："那么只买 1 罐如何呢？"（用的是"拒绝—后撤"策略）我还是不松口。

姑娘说，这种饮料是从巴西进口的，不知道以后超市里还能不能买到。这时，稀缺原理发挥作用了，我买了 1 罐。等回家再喝，我觉得味道还好，但也就是一般而已。幸运的是，大多数销售员不会这么耐心又执着。

作者点评：

尽管这位读者知道是稀缺原理，但她还是买了一件自己并不想要的东西。这是不是很有趣呢？最佳的防御做法是提醒自己：这跟饼干一样，饮料稀缺也不会变得更好喝。

本章小结

- 按照稀缺原理，人们认为难以获得的机会价值更高。从“数量有限”和“时间有限”等顺从手法中，可以看到利用这一原理牟利的方式。此时，顺从专业人士试图让我们相信，他们供应的东西有数量和时间上的限制。

- 稀缺原理的成立有两个原因。首先，由于难于获得的东西通常更有价值，因此一样东西或一种体验的稀缺性，便可以视为判断其质量的捷径。其次，随着东西越来越难以获取，我们丧失了自由。根据逆反心理理论，面对自由的丧失，我们的反应就是比从前更想要得到它们（以及与自由相关的商品和服务）。

- 在一生中的绝大部分时间里，人们都存在逆反心理这种行为动机。但有两个年龄段逆反心理表现得最为明显：“可怕的两岁”和青春期。这两个年龄段都以个性意识觉醒为特点，控制、权利和自由等问题显得极为突出。因此，处在这两个年龄段的人，对限制特别敏感。

- 除了对商品价值的影响，稀缺原理也适用于对信息的评估。研究表明，限制对某一信息的获取，会让人更想得到它或对它产生更多好感。后一结论，即受限的信息更具说服力，似乎很出人意料。以审查为例，哪怕是人们根本得不到信息，也要受到它的影响。反过来说，倘若人们得到的信息中包含独家内容，它的说服力会更强。

- 稀缺原理最适用于以下两种条件。其一，倘若物品是新近才变得稀缺的，它的感知价值会更高。也就是说，我们觉得新近受限的东西比素来受限的东西更宝贵。其二，当有人跟我们竞争时，稀缺资源对我们的吸引力最大。

- 人们很难用认知来增强自己免受稀缺压力影响的能力，因为这种影响能使人情绪高涨，让人无法思考。要想抵御它，我们或许可以试着在稀缺环境中对高昂的情绪保持警惕。一旦得到警告，我们可以采取步骤平息高涨的情绪，从“为什么会想要它”这个角度来评估机遇的价值。

习 题

这些你掌握了吗

1. 稀缺原理和布雷姆逆反心理理论之间有什么联系？
2. 是什么让“可怕的两岁”和青春期最容易受逆反心理的影响？
3. 现代社会学对莎士比亚笔下的著名人物，即罗密欧与朱丽叶，是怎么解释的？
4. 潜在受众对遭禁信息的标准反应是什么样的？
5. 就什么样的环境能让稀缺原理发挥最大作用一问，沃切尔等人的饼干实验有什么样的启示？

思考一下吧

1. 白银这种金属一直有用也很罕见。古希腊历史学家色诺芬（Xenophon）曾写道（公元前355）：“人就是拥有再多的银子，也还是想要更多。要是一个人发现自己有一大堆银子，用了它固然高兴，但把自己埋在里面也照样兴高采烈。”你认为他指的是白银的哪一项特点？
2. 奥维德（Ovid）说：“简单的东西没人想要，但一旦遭禁就分外诱人了。”试从心理学角度解释这句话的意思。
3. 还记得我哥哥理查德卖二手车的方法吗？他从不对任何人说谎，可有些朋友却指责他不道德。你是怎么想的？你认为他的手法在道德上是不是可以接受的？为什么？
4. 在十多年的时间里，弗吉尼亚细长女士卷烟一直在一个大规模广告活动中宣扬以下信息：当代女性早已告别了社会规范要她们“软弱、文雅和顺从”的过往岁月。该广告暗示，女性不应该再觉得自己的独立仍受男性沙文主义和过时限制的约束。不管你对这段基本信息怎么看，请用你对逆反心理的认识来解释以下事实：在该广告推广期间，全美国只有一个群体里吸烟者所占的比例出现了增长，那就是处在青春期的少女。

5. 本章的主题是怎样反映在这一章开头的照片里的呢？

Influence

第 8 章

即时的影响力

自动化时代的原始顺从

每时每刻，我都变得更好了。

——法国心理学家　埃米尔·库埃

每时每刻，我都变得更忙了。

——罗伯特·西奥迪尼

章首案例 刻薄的主持人和聪明的嘉宾

20 世纪 60 年代，有个叫乔・佩恩（Jon Pyne）的人主持过一出相当有名的脱口秀节目，整个加利福尼亚地区都可收看。这个节目独具一格的地方在于，佩恩总是会用一种刻薄又挑衅的态度对待嘉宾。嘉宾们绝大多数都是渴望曝光的娱乐圈人士、快要成名的新人，以及各种边缘政治或社会组织的代表。主持人的粗暴采访风格，是为了刺激嘉宾们，怂恿他们展开争论，让他们在慌乱中承认自己做过的尴尬事儿。简单地说，就是要让他们显出一副蠢样。佩恩经常在介绍嘉宾的时候就接二连三地攻击对方的信仰、天赋或外貌。有些人说，佩恩尖酸刻薄的个人风格，一部分原因在于他截过一条腿，受了生活的磨难；另一些人说，并非如此，佩恩只是天生牙尖嘴利罢了。

一天晚上，摇滚歌手弗兰克・扎帕（Frank Zappa）做了这个节目的嘉宾。那时候毕竟是 60 年代，男人留长发还不太常见，也引人争议。佩恩刚刚介绍完扎帕，不等他落座，下面的对话就噼里啪啦地开始了：

佩恩： 我猜，你的头发这么长，肯定是个姑娘。

扎帕： 我猜，你有条木头腿，肯定是张桌子。

原始的自动反应

佩恩和扎帕的这出唇枪舌剑里除了有我最喜欢的即兴发挥，亦例证了本书的一个基本主题：**很多时候，我们在对某人或某事做判断的时候，并没有用上所有可用的相关信息；相反，我们只用到了所有信息里最具代表性的一条**。这条孤立的信息虽说通常都能给我们以正确的指导，但它也能让我们犯下显而易见的愚蠢错误。这样的错误，一旦遭到其他聪明人利用，就会让我们显得又笨又呆，还很恶劣。

本书还贯穿了一个复杂的平行主题：**尽管只靠孤立数据容易做出愚蠢的决定，可现代生活的节奏又要求我们频繁使用这一捷径**。在第 1 章的开头部分，我们曾将这一捷径与低等动物的自动反应相比较，单独的一点刺激特征，如“叽叽”的叫声、一撮红色的胸羽或特定序列的闪光，就能触发一整套复杂的行为模式。这些低等动物必须频频依赖环境中的孤立刺激，原因在于它们的智商有限。它们的小脑袋瓜无法将环境中的所有相关信息进行登记和处理。因此这些物种对信息的某个方面进化出了极度的敏感性。正常而言，这类片面信息足以提示它们做出正确的反应，所以这套系统基本上是极为有效的。每当雌火鸡听到“叽叽”的声音，就会自动搬出一套恰当的机械化母性行为。因为这么做能让它节省自己有限的脑力，用以应对每天必须面对的其他环境和选择。

当然，在这方面，我们的大脑有着比雌火鸡或者任何其他动物都更为有效、复杂的机制。考虑多方相关信息并据此做出正确的决定，我们在这方面的能力是其它动物比不了的。事实上，人类成了地球上的支配物种，靠的就是这种信息处理上的优势。

不过，我们的能力也是有限的。况且为了追求效率，有时候我们也必须放弃耗时、复杂、须整体把握的决策过程，转而使用更简单、原始、由单一特征触发的响应方式。例如，在判断是否答应请求者要求的时候，我们经常是只注意到了相关信息中的一条。在前面的章节里，我们已经探讨了触发人做出顺从决定的几种最常用的单一信息。它们之所以最为常用，完全是因为它们的可靠性高，一般都能指引我们做出正确决定。这就是为什么我们会这么频繁地利用互惠、承诺与一致、社会认同、喜好、权威和稀缺等方面的因素自动做出顺从决定。究其本源，上述每一方面的因素都是极为可靠的线索，能提示我们在何时说“是”要比说“不”更恰当。

在没有意愿、没有时间、没有精力或没有认知资源对情况进行全面分析的时候，我们最容易使用这些孤立的线索。倘若我们正赶时间，正处于压力大、不确定、不在乎、心烦意乱或心力交瘁的时候，我们往往会把焦点放在一些片面的信息上。在这类环境下做决定，我们通常使用的都是原始而必要的“单一可靠证据”法。这一切带出了一个令人不安的结论：**靠着成熟而精密的大脑，我们建立了一个信息繁多的快节奏复杂世界，使得我们不得不越发依赖类似动物的原始反应方式来应对它。**

有时候，这样做会带来灾难性的后果。还记得美国联邦调查局因为受了误导在得克萨斯州韦科对大卫教总部发起的那场声名狼藉的袭击吗？按美国司法部顾问的分析，美国联邦调查局在对大卫教总部长达51天的包围里，因为他们收集到的信息太多，绝大部分都只能置之不理。司法部顾问罗伯特·劳登教授（Robert Louden）说：“联邦调查局出现了严重的情报超载……只好重新依靠过去的老办法。可他们对宗教事件又毫无经验可循，于是只好把它当成了一座常规的堡垒。”事情的结局十分惨痛：等美国联邦调查局最终发动攻击时，80多名教徒已在信仰和恐惧的推动下自焚而死。

现代的自动反应

英国经济学家、政治思想家、科学哲学家约翰·斯图亚特·穆勒（John Stuart Mill）离世大概有140多年了。他的去世（1873年）是一件历史大事，因为他是最后一个享有“掌握世上已知的一切知识”美誉的人。如今，这样的说法变得很可笑了。经过世世代代的逐步积累，人类的知识如同滚雪球一般，进入了一个靠惯性驱动、成倍扩张的大爆炸时代。在我们现在生活的世界上，大部分信息的存在历史不超过15年。在某些科学领域，如物理学，据说知识的数量每8年就会翻一番。科学信息爆炸并非仅限于分子或量子物理化学等神秘领域，而是囊括了与我们日常生活息息相关的一切知识领域：健康、儿童发育、营养等。更重要的是，这种快速增长很可能会持续下去，因为研究人员还在源源不断地把最新发现发布到全世界40多万份科学期刊上。

除了科学的迅猛进步，与普通人生活相关的东西也在飞速变化。每年的盖洛普民意调查显示，公众关心的事件越来越多元化，但关心的时间却越来越短。此外，我们的出行更多、更快捷了；我们更频繁地搬迁到新的住宅，因为新住宅的兴建和拆迁也越来越快了；我们接触更多的人，但跟他们之间的联系却越发短暂；在超市、汽车展厅、购物中心，我们会碰到各式各样的选择，看到前一年闻所未闻的产品，但到下一年，这些产品说不定就销声匿迹了。在论及当代文明的时候，最常用的描述词就是新颖、短暂、多元、速度惊人。

排山倒海的信息和选择是飞速的技术进步带来的。这当中首先受到影响的要数我们收集、存储、检索和传递信息的能力。起初，享受这类进步成果的仅限于大型组织，如政府机关或强大的企业。随着电子通信和计算机技术的发展，连单个的公民也能接触到数量惊人的信息了。有线和卫星系统的普及，成了信息进入普通家庭的渠道之一（见图 8-1）。

图 8-1　选到没得选

选择太多也会让人疲倦。

另一条主要渠道是个人电脑。1972 年，《经济学人》杂志的编辑诺曼·麦克雷（Norman Macrae）对未来做了一番展望式的预想：

> 最终，我们将进入一个崭新的时代。任何人，只需坐在实验室、办公室、公共图书馆或自己家里的电脑终端前面，就能接入大规模的数据库，在难以想象的信息海洋里穿梭游弋。哪怕是爱因斯坦这样伟大的

脑袋，也不敌电脑终端机械“专注力”和计算能力的万分之一。

仅仅 10 年之后，《时代》周刊就把一台机器——个人电脑评选为“年度人物”，这宣告了麦克雷预言的未来时代正式到来。《时代》周刊的编辑引用消费者“蜂拥”购买小型电脑的现状为自己评出的榜单作出解释，他们说：“美国，甚至放眼整个世界，跟过去再也不一样了。”麦克雷的预言一步步走向了现实。如今，数以百万计的“普通人”坐在电脑面前，显示和分析着足以淹死爱因斯坦的数据。

当今时代的预言家，如微软公司的前董事长比尔·盖茨，有着跟麦克雷同样的看法。比尔·盖茨说，我们正在创造无数能够在“任何时间、任何地点”向“任何人”传递海量数据的设备。但有一点务必注意，当今时代通常被叫作“信息时代”，从来没有人称它为“知识时代”。信息并不直接转化为知识，它首先必须经过处理，如获取、吸收、理解、整合和保留。

捷径应受到尊重

因为技术的进化速度远远快于我们，我们处理信息的天然能力有可能越来越难于应对当代生活中繁多的变化、选择和挑战。我们越来越频繁地发现自己陷入了跟低等动物一样的处境：外界环境的错综复杂超出了我们心智器官的处理能力。当然，也有不同的地方，低等动物的认知能力从来就比较欠缺，可我们的问题却类似作茧自缚：是我们自己创造了一个太过复杂的世界，最终却搞得自己都应付不了。我们新产生的这种缺陷，跟动物长久以来的缺陷一样：在下决定的时候，我们越来越难以对整个局面加以全盘考虑了。为解决这种“分析瘫痪”问题，我们只好更多地把注意力放到环境中通常靠得住的单一特点上。[①]

倘若这些单一特征确实可靠，那么依靠聚焦注意力、自动响应特定信息的快捷方法做出决定并没有什么根本上的错误。问题在于，有些因素会让这些通常靠得住的线索误导我们，让我们做出错误的行为和糟糕的决定。正如我们所见，某些顺从专业人士要的手段就是误导因素之一。这些人利用我们不假思索的机械反应来获利。随着现代生活的节奏越来越快，复杂程度越来越高，假如我们利用快捷响应的频率也越来越高，那么可以肯定，别人对我们要这类手腕的频率也会越来越高。

既然预料到我们的捷径系统可能遭到密集的攻击，那么我们该怎么做呢？我认为，光回避是不管用的，还要进行有力的还击。但这里有一条重要的先决条件：**倘若顺从专业人士公平公正地利用我们的捷径响应方式，我们就不应该把他们看成敌人，事**

① 就连法官也经常采用这种快捷方法，他们也不像我们期待中的那样深思熟虑。以保释裁决为例，他们更有可能根据检察官、警察或上一轮法庭早前所做的选择下决定，而非对各方相关因素做复杂分析。

实上，他们是我们的盟友，有了他们，我们能更方便地开展高效率、高适应度的生意往来；只有那些通过弄虚作假、伪造或歪曲证据，误导我们做出快捷响应的人，才是正确的还击目标。

我们可以从最常用到的捷径里举个例子。根据社会认同原理，我们往往会效仿跟自己类似的其他人的做法。这么做是合情合理的，因为大多数时候，一种行为在特定环境下能得到众人的认同，往往说明它管用而且恰当。故此，广告商采用真实可靠的信息而不是欺骗性的数据告诉我们某个品牌的牙膏销量最大，这的确能说明这种产品质量好，我们很可能会喜欢上它。假设我们正在市场上寻找优质牙膏，其实就可以依赖“使用人数”这一单一信息来判断是否要购买它。这种策略给我们指明正确方向的可能性高于出错的可能性，我们可以把认知精力节省下来，去应付生活里铺天盖地的其他信息，做出更合理的决定。在广告商的帮助下，我们有效地利用了这一高效策略，所以此时广告商不是我们的敌人，而是我们的合作伙伴。

可要是顺从专业人士给我们虚假信号，试图刺激我们的捷径反应，那事情就完全不一样了。比方说，广告商拍摄了一系列现场“随机访谈”广告，让若干演员假扮普通市民盛赞该产品，试图营造出这种牙膏大受欢迎的假象，那么这样的广告商就是我们的敌人。因为在此受欢迎的证据是伪造的，我们、社会认同原理、我们对它的捷径反应都遭到了利用。在先前的章节中，我曾建议，凡是打虚假“随机访谈”广告的产品，我们都不要购买。不仅如此，我们还要写信向制造商投诉，并建议他们撤换广告代理公司。同时我还建议，只要碰到顺从专业人士用这种方式滥用社会认同原理或其他影响力武器，我们都应采取这一强硬立场。我们应该拒绝收看使用“罐头笑声”的电视节目；如果我们看到酒保在小费罐里先装上一两块钱，以诱使人给他小费，那么我们就不应当给这个酒保一分钱的小费；如果我们看到夜总会门外排着长长的人龙，可走进去一看，里头还有大把的空位，外面的长队只是为了制造生意兴隆的假象来打动路人的，那么我们应当立即离开，并把这么做的原因告知外面还在排队的人。**简而言之，我们要采取一切合理的方法，如抵制、威胁、对峙、谴责、抗议，来报复以刺激我们的捷径反应为目的的虚假信号。**

我并不认为自己是个天生好斗的人，但我建议大家主动还击。这是因为从某种意义上来说，我已经跟那些剥削者宣战了。确切地说，我们人人都应宣战。然而，有必要认识到，我们采取对抗做法，并不是因为他们想赚钱。说到底，我们人人都想赚钱。关键在于，他们赚钱的方式威胁到了我们捷径的可靠性，是真正的背叛，这才是我们无法容忍的地方。我们必须依赖可靠而合理的捷径和首选规则来应对现代生活的繁忙节奏。这不是什么奢侈品，而是不折不扣的必需品。随着生活节奏的加快，它们还会变得越来越重要。这就是碰到有人为谋求私利而误导这些规则时，我们应当还以颜色的原因，我们希望这些规则尽可能地有效。倘若投机客习惯性地耍手段利用它们，我们只好对其弃之不用，这样一来，我们也就没法卓有成效地应对日常生活的繁多抉择了。我们实在不能对此种局面听之任之，必须奋力一战来捍卫这些宝贵的捷径。这一仗，胜败的赌注太大了。

本章小结

- 当今有别于以往任何时代，技术的重大进步使得信息蓬勃发展，选择日益繁多，知识趋向爆炸。面对这种如雪崩般袭来的变化和选择，我们不得不进行调整，我们做决定的方式出现了一个根本性的变化。虽然我们在任何情况下都希望做出周到的决定，但当代生活变化多端，节奏又快，常常逼得我们没有条件对正反两方面的相关信息进行详尽分析。无奈之下，我们越来越多地采用另一种决策方法，一种便捷的方法，只根据基本可靠的单一信息做出决定。因此，在本书中，我们讨论了最可靠也最为人所接受的此类单一顺从触发因素：承诺与一致、互惠、社会认同、喜好、权威和稀缺。

- 由于我们当今社会的认知超负荷倾向日益严峻，抄捷径下决定的做法也随之普遍化。顺从专业人士只要在提要求时加入一两个影响力触发因素，就很可能成功实现他们的目的。从业者使用这些触发因素，不一定是在利用我们。只有当触发因素不是环境中自然蕴含的特征，而是从业者捏造出来的时，才是赤裸裸的剥削。为了维护快捷反应的有益特质，必须采用各种恰当的方式来反抗这种弄虚作假。

习 题

思考一下吧

1. 请从本书描述的影响力武器中任选 3 种。在你看来，怎样依靠它们来提高顺从的概率才不算是利用？那么怎样才算是利用？请逐一加以讨论。
2. 针对你挑选的 3 种影响力武器，要是有人用它们来对付你，你会怎样保护自己？
3. 说一说你从本书所述的影响过程中吸取了哪 3 点最深刻的教训。

致谢

这本书的最初版本，是想写给大众读者的，所以在写作的时候，我试着像讲故事那样将观点娓娓道来。之后的各版保留了这种叙述风格，除此之外，我还为自己的陈述、建议和结论加入了经研究得来的证据。虽说我用了采访、引述、系统化的个人观察等方式来表现结论、巩固结论，但归根结底，本书的结论是建立在严格控制变量的心理学研究基础之上的。读者们也能放心地看到，它不是所谓的“流行”心理学，而是有科学根据的专业论述。后续版本更是更新了素材，做了章节概要，并附上了思考题，以加强其功用。

新版本吸引人的一个特点在于：它既有趣，又实用，还提供了科学上的证明。或许，我们可以把本书看成一次示范，即只要展示得当，人们眼里干巴巴的科学其实也能生动、有益，与各位读者的亲身经历息息相关。

对《影响力》(时尚典藏版)的注解

距《影响力》上一个版本的出版已经颇有些时日了。在此期间发生的一些事情，有必要补充到这个新版本当中。首先，我们现在对影响过程比从前有了更深入的认识。对说服、顺从和改变的研究有了新进展，相关内容亦依此做了更新。除了对素材整体上进行了更新，我还特别注意对流行文化和新技术的涵盖，同时收录了有关跨文化社会影响力的研究，即在不同的人类文化中，影响过程是如何以类似或不同的方式运作的。

我还扩充了一个环节，这是先前读者的反馈让我想到的。这个环节的内容主要来自之前读了《影响力》的读者。这些读者意识到某个原则在特定的情况下是怎样对自己发挥作用或为自己所用的，并写信告诉我具体情况。他们的描述（即每一章的“读者报告”）说明，在日常生活里，我们是多么容易又多么频繁地成为影响过程的“受害者”。关于本书的原则适用于商业和个人生活的第一手资料，新版要比上一版多一倍。

多亏好些人的帮助，《影响力》(时尚典藏版）才得以问世。在此，我要向他们表示感谢。我的几位同事在读完本书的最初稿后，提出了针对性的意见，这极大地促进了本书后续版本的改进。他们是格斯·莱文（Gus Levine)、道格·肯里克（Doug Kenrick)、阿特·比曼（Art Beaman）和马克·赞纳（Mark Zanna)。此外，我的几位家人和朋友也读了最初稿，他们是：理查德·西奥迪尼（Richard Cialdini)、格洛丽亚·西奥迪尼

（Gloria Cialdini）、博贝特·戈登（Bobette Gorden）和特德·霍尔（Ted Hall）。他们不仅在情感上给了我大力支持，对于本书，还为我提供了深刻和颇有见地的评论。

我想感谢本书的以下读者，他们在电话回访中提供了宝贵的反馈意见：惠顿学院的埃默里·格里芬（Emory Griffin）、加利福尼亚州弗雷斯诺市的罗伯特·莱文（Robert Levine）、佐治亚州立大学的杰弗里·卢因（Jeffrey Lewin）和洛伊丝·莫尔（Lois Mohr）、代托纳比奇市社区大学的大卫·米勒（David Miller）和理查德·罗杰斯（Richard Rogers）。

之前的版本也要感谢以下诸君书评的大力支持：耶鲁大学的阿萨德·艾兹（Assaad Azzi）、阿肯色大学的罗伯特·布雷迪（Robert M. Brady）、得克萨斯州立大学圣安东尼分校的布赖恩·科恩（Brian M. Cohen）、佛罗里达大学的克里斯蒂安·克兰德尔（Christian B. Crandall）、阿拉斯加大学的凯瑟琳·古德温（Catherine Goodwin）、布拉德利大学的罗伯特·洛德（Robert G. Lowder）、弗吉尼亚理工学院暨州立大学的詹姆斯·迈克尔（James W. Michael）、北科罗拉多大学的尤金·希恩（Eugene P. Sheehan）、康涅狄格学院的杰弗森·辛格（Jefferson A. Singer），以及密歇根州立大学的桑迪·史密斯（Sandi W. Smith）。我还要感谢评论了新版《影响力》的各位：肯尼绍州立大学的艾米·巴迪（Amy M. Buddie）、得克萨斯州立大学的玛丽亚·奇泽夫斯卡（Maria Czyzewska）、北卡罗来纳州立大学的塞莱斯特·法尔（A. Celeste Farr）、沙尔瓦·瑞金纳大学的阿瑟·弗兰克尔（Arthur

Frankel），以及格雷斯兰大学的布雷恩·史密斯（Brian Smith）。

我还想感谢为之前版本的“读者报告”做出贡献的人。最后，在整本书的写作过程中，再没有谁比博贝特·戈登（Bobette Gorden）更支持我的了，我写下的每一个字，都包含着他的心血。

未来，属于终身学习者

我们正在亲历前所未有的变革——互联网改变了信息传递的方式，指数级技术快速发展并颠覆商业世界，人工智能正在侵占越来越多的人类领地。

面对这些变化，我们需要问自己：未来需要什么样的人才？

答案是，成为终身学习者。终身学习意味着永不停歇地追求全面的知识结构、强大的逻辑思考能力和敏锐的感知力。这是一种能够在不断变化中随时重建、更新认知体系的能力。阅读，无疑是帮助我们提高这种能力的最佳途径。

在充满不确定性的时代，答案并不总是简单地出现在书本之中。“读万卷书”不仅要亲自阅读、广泛阅读，也需要我们深入探索好书的内部世界，让知识不再局限于书本之中。

湛庐阅读 App：与最聪明的人共同进化

我们现在推出全新的湛庐阅读 App，它将成为您在书本之外，践行终身学习的场所。

- 不用考虑“读什么”。这里汇集了湛庐所有纸质书、电子书、有声书和各种阅读服务。
- 可以学习“怎么读”。我们提供包括课程、精读班和讲书在内的全方位阅读解决方案。
- 谁来领读？您能最先了解到作者、译者、专家等大咖的前沿洞见，他们是高质量思想的源泉。
- 与谁共读？您将加入优秀的读者和终身学习者的行列，他们对阅读和学习具有持久的热情和源源不断的动力。

在湛庐阅读 App 首页，编辑为您精选了经典书目和优质音视频内容，每天早、中、晚更新，满足您不间断的阅读需求。

【特别专题】【主题书单】【人物特写】等原创专栏，提供专业、深度的解读和选书参考，回应社会议题，是您了解湛庐近千位重要作者思想的独家渠道。

在每本图书的详情页，您将通过深度导读栏目【专家视点】【深度访谈】和【书评】读懂、读透一本好书。

通过这个不设限的学习平台，您在任何时间、任何地点都能获得有价值的思想，并通过阅读实现终身学习。我们邀您共建一个与最聪明的人共同进化的社区，使其成为先进思想交汇的聚集地，这正是我们的使命和价值所在。

北京市版权局著作权合同登记号　图字：01-2024-4233

本书法律顾问　北京市盈科律师事务所　崔爽律师

图书在版编目（CIP）数据

影响力 : 时尚典藏版 / （美）罗伯特·西奥迪尼 (Robert B. Cialdini) 著 ; 闾佳译. -- 北京 : 中国财政经济出版社, 2024.9. -- ISBN 978-7-5223-3363-2

Ⅰ. H019-49

中国国家版本馆 CIP 数据核字第 2024JJ4237 号

责任编辑：胡　懿　　　　责任校对：张　凡
封面设计：张志浩　　　　责任印制：张　健

影响力：时尚典藏版
YINGXIANGLI: SHISHANG DIANCANGBAN

中国财政经济出版社 出版
URL：http://www.cfeph.cn
E-mail:cfeph@cfemg.cn

社址：北京市海淀区阜成路甲 28 号　　邮政编码：100142
营销中心电话：010-88191522
天猫网店：中国财政经济出版社旗舰店
网址：https：//zgczjjcbs.tmall.com
唐山富达印务有限公司印装　　各地新华书店经销
成品尺寸：170mm×230mm　　16 开　　28.50 印张　　430 000 字
2024 年 9 月第 1 版　　2024 年 9 月河北第 1 次印刷
定价：99.90 元
ISBN 978-7-5223-3363-2
（图书出现印装问题，本社负责调换，电话：010-88190548）
本社图书质量投诉电话：010-88190744
打击盗版举报热线：010-88191661　　QQ：2242791300